碳路

武东升 ◎ 著

EXPLORING THE PATH
FOR LOW-CARBON DEVELOPMENT

清华大学出版社
北 京

内 容 简 介

"碳路"是"低碳之路",记录走在路上的人和事;寓意"探路",探索碳达峰、碳中和之路,探索一条从未走过但必走之路。本书详细讲述了作者20年来对应对全球气候变化、实现绿色低碳发展的理论探索、实务操作与远景构想,旨在号召更多同道者踏上"碳路"征程,为碳达峰、碳中和贡献智慧与汗水。本书生动再现了中国应对气候变化的探索之路,介绍了世界典型国家的经验做法,系统分析了中国降碳难度最大的能源资源型省份协同推进能源革命与低碳转型的历程,对能源转型、低碳发展、绿色金融等进行了前瞻性思考,并提出作者观点。本书提供了以全球视野向国际社会讲好中国低碳故事的一手素材。

本书可作为国际组织、政府决策者、企业人员直观了解中国气候治理历程和地方实践的参考资料,也可供对碳达峰、碳中和以及资源型地区绿色转型感兴趣的广大读者阅读。

图书在版编目(CIP)数据

碳路 / 武东升著 . —北京:清华大学出版社,2021.10
ISBN 978-7-302-59221-1

Ⅰ. ①碳… Ⅱ. ①武… Ⅲ. ①中国经济—低碳经济—经济发展—研究 Ⅳ. ① F124.5

中国版本图书馆 CIP 数据核字 (2021) 第 188098 号

责任编辑: 刘志彬 付潭娇
封面设计: 汉风唐韵
版式设计: 方加青
责任校对: 宋玉莲
责任印制: 宋 林

出版发行: 清华大学出版社
  网 址:http://www.tup.com.cn,http://www.wqbook.com
  地 址:北京清华大学学研大厦 A 座 邮 编:100084
  社 总 机:010-62770175 邮 购:010-62786544
  投稿与读者服务:010-62776969,c-service@tup.tsinghua.edu.cn
  质 量 反 馈:010-62772015,zhiliang@tup.tsinghua.edu.cn
印 装 者: 小森印刷(北京)有限公司
经 销: 全国新华书店
开 本: 170mm×240mm **印 张:** 19.5 **字 数:** 308 千字
版 次: 2021 年 10 月第 1 版 **印 次:** 2021 年 10 月第 1 次印刷
定 价: 99.00 元

产品编号:092575-01

献给我的父亲母亲，
他们给了我对生活的爱

献给我的夫人，
她给了我爱的生活

献给我的儿子，
他给了我对未来的憧憬和期冀

献给同行的"碳路者"们，
我将永远在路上……

在未来,

　　碳排放空间是比土地、资本、劳动力等更加稀缺的资源。

　　应对气候变化制度是比经济制度、金融制度、贸易制度等更重要的全球性制度安排。

　　碳货币时代是继黄金美元、石油美元之后新的货币时代。

　　碳达峰和碳中和是引领未来几十年中国及世界能源、经济、科技、社会等全领域、全方位深度转型的旗帜和方向。

——武东升

In the future,

The carbon emission space will be a resource scarcer than land, capital and labor, etc.

The climate change system will be a global institutional arrangement more important than the economic system, financial system, and trade system, etc.

The carbon currency era will be a new currency era after the gold dollar and petrodollar.

Peak carbon emissions and carbon neutrality will serve as banners leading an all-round and systemic transformation of China and world's energy, economy, technology and society in the coming decades.

—Wu Dongsheng

推荐语

　　我与武东升先生因都在哈佛大学肯尼迪政府学院兼任研究员而结缘，因低碳事业而相知。这些年来，我邀请他参加了多次"清华大学——哈佛大学低碳发展与公共政策研讨会"系列国际会议，并作会议发言。武东升先生对可持续发展事业有着赤子之情，他丰富的阅历、厚重的家国情怀、广博的知识，尤其是对山西乃至全国能源转型的深邃见解，给我留下了很深的印象，我们的学术合作也愈发深入。他出色的知识、情怀和人格魅力，为世界了解中国低碳发展之路搭建起很好的桥梁和纽带。本书是武先生汇通中西、深度参与中国低碳发展的阶段性回顾与总结，从中可以看到一位充满坚定民族自信的政府官员凭借对低碳事业的热爱，成为中外专业人士尊重的学者、实干家和对外交流大使。他是一位不平凡的碳路者，在漫长的可持续发展的探索道路上，他必将因自己的努力继续回报养育他的土壤，不断增进世界对中国的理解和认识！

——苏竣

清华大学公共管理学院教授、清华大学智库中心主任、

清华大学智能社会治理研究院院长

作为认识多年，相交"淡如水"的同龄同调，我衷心地恭喜东升兄大作的面世。东升先生是我近十多年来接触过，在全国各地负责节能环保的各级政府部门领导中，最为知性，最为国际化，最为开放，又最接地气佼佼者中的一位。他不仅可以自如出入于国内外一流学术殿堂，活跃于海内外各种能源气候论坛，为推进中国绿色转型奔走呼号，而且具有海纳百川的胸襟，为国内引入了大量世界领先的技术和理念，为他生于斯长于斯的"三晋"大地，为他挚爱的神州大江南北，变得更加绿色美丽，脚踏实地，从不计较个人得失地在默默耕耘。读过东升兄的大作，让人大有"思接千载，视通万里"，别有洞天的豁然之感；相信读者可以随着他充满理性，饱蘸情怀的笔触，透过一个个鲜活的故事，让我们对祖国和人类共同向往、孜孜以求的"零碳"和"碳中和"未来，油然增添了不少新的感悟和信心。

——车巍

丹麦丹佛斯集团中国区副总裁

我的碳路历程

在经历漫长的学生时代后，我成为长治钢铁公司的一名技术员。由于扎实的专业功底和较高的外语水平，在 1986 年，我以助理工程师的身份转入太原铝材厂工作，随后担任总工程师办主任兼任外事办主任和首席翻译。当时的太原铝材厂引进了全世界最先进的生产线，有法国 Pechiney 的连铸轧机、意大利 New Hunter 的冷轧机、美国 Stamco 的纵横剪切机和 Wallwick 的退火炉、德国 Siegen 的轧辊磨床等，除了承担大量商务谈判、技术交流、现场安装调试等口译工作外，我还翻译技术资料 300 余万字，因此荣获"全省外事先进工作者称号"，"做好引进工作的传递人"事迹材料印发全省并受到多家媒体报道。当时，我还被山西电视台特邀作为英文节目主持人，主持了"1990 年中外友好电视周暨山西电视台建台 30 周年庆典"的开幕式和闭幕式。1992—2003 年，我在山西省经济建设投资公司任职；1998 年任副总工程师并促成了亚洲开发银行赠款二氧化硫排污权交易项目，也因此与"碳"结缘。

2003 年 4 月，我以高级经济师的身份成为山西省亚洲开发银行贷款项目办公室副主任。同年 9 月，我调入山西省发展和改革委员会，任利用外资和境外投资处副处长，兼任山西省各类开发区设立审核办公室常务副主任、山西省清洁发展机制（Clean Development Mechanism，CDM）项目办公室常务副主任、山西省赴德研修生（MBA）项目办公室负责人，与"碳"有了进一步的"亲密接触"。2010 年，我又兼任了山西省 21 世纪议程管理中心主任。

鉴于以往的工作经验，自 2011 年 11 月起，我开始担任山西省发展和改革委员会应对气候变化处处长一职，由此正式开始了我的"碳"路之旅。除繁忙的政府工作外，我还应邀在众多高校和学术、行业协会任职，这些职务包括中国宏观经济智库联盟专家、美国哈佛大学肯尼迪政府学院研究员、山西大学等高校兼职教授和导师、北京大学光华管理学院授课教师和研究生面试主考官、北京大学光华管理学院金融协会常务理事、北京大学地产与金融50人论坛成员、中国气象学会气象经济学学科委员、山西省绿色低碳产品标准化技术委员会副主任委员、山西省宏观经济研究会常务理事、山西省外向型经济研究会常务理事、山西省工程咨询协会常务理事、山西省煤层气行业协会常务理事、山西省生态经济协会常务理事以及欧美同学会（中国留学人员联谊会）留美国分会理事、哈佛大学山西校友会副会长、北大光华山西校友会副会长等。

2015年，我成为美国哈佛大学肯尼迪政府学院贝尔弗科学和国际事务中心、艾什民主治理和创新中心两个中心的高级访问学者，是哈佛大学"中国环境可持续发展研究员项目"的第一位研究员。同年5月，我应邀在麻省理工学院斯隆商学院发表《低碳发展的国家战略》演讲。2016年5月，应邀在哈佛大学肯尼迪政府学院发表"中国的低碳革命：政策、实践和展望"（Low-Carbon Revolution in China: Perspective, Policies and Practice）演讲，得到广泛关注。2017年3月，我的论文《中国的低碳革命》（Low-Carbon Revolution in China）在哈佛大学肯尼迪政府学院网站发表，国内外众多高校和科研机构纷纷转载，同行业专家学者给予高度评价。2019年3月，应世界银行能源局局长Riccardo Puliti邀请，在华盛顿世界银行总部发表"低碳引领能源革命"（An Energy Revolution Led by the Low-Carbon Development）演讲。时至今日，我的"碳"路之旅依旧在路上。

本书共计30万余字，配百余张照片，旨在用平实的语言，力求系统、全方位地呈现一名普通"碳路者"在全球气候治理变局中的摸索与前进之路。

全书始于二氧化硫排污权项目，以我在全球、全国以及山西气候治理中的理论探索、实务操作与远景构想为核心谋篇布局，重点介绍了我自担任山西省发展和改革委员会应对气候变化处处长后，在资源型省份应对气候变化的政府管理、能力建设、技术推进与机制创新等方面做出的一些努力，总结了我在气候治理领域中的一些特色观点与战略构想，以交流气候变化治理领域经验与做法为重点，共同推进中国气候治理体系和治理能力的现代化。全书共分为十二章：

第一章"气候治理，碳路源起"，介绍了我在山西省发展和改革委员会利用外资和境外投资处工作期间，如何通过引入排污权交易项目、煤层气开发利用项目等经历，并以此为起点，逐步踏上低碳之路。

第二章"低碳发展，"三晋"之选"，主要结合了山西省的现实情况和我个人多年的工作经验，分析了山西省低碳转型的必要性，提出了山西省低碳发展的路径，介绍了山西省的低碳试点建设，对山西省打造全国能源革命排头兵行动方案作了应对气候变化角度的解读。

第三章"心系桑梓，披荆斩棘"，讲述了我在应对气候变化立法、控制温室气体排放和碳捕集、利用与封存（Carbon Capture，Utilization and Storage，CCUS）项目推动三大方面如何尽己所能，助力山西发展。

第四章"统一市场，携手共建"，提到了在全球控制温室气体排放、走低碳道路的背景下，我为山西省碳市场建设做出的努力。

第五章"低碳伟业，全民参与"，讲述了为宣传低碳理念和为全省企事业单位业务骨干提供对外交流学习机会，我深入高校、企业、民众中传"低碳环保"之道。

第六章"他山之石，可以攻玉"，讲述了为更好地探索属于中国的低碳发展之路，我奔赴意大利、日本、丹麦等国"取经"，以求助力中国低碳发展之路。

第七章"哈佛访学，别开生面"，介绍了我受邀到哈佛大学肯尼迪政府学院访学期间学习讨论、演讲交流，力求向世界展示一个真实的中国与别样的山西。

第八章"意气风发，侃侃而谈"，提到了我在世界银行、美国麻省理工学院、北京大学、清华大学、中国浦东干部学院以及《娴院演讲》栏目等高层次平台发表演讲、传播低碳理念、分享中国和山西低碳转型经验。

第九章"志同气和，谈笑风生"，讲述了我与乔治·索罗斯、理查德·桑德尔博士、戴维·温特、卢安武等名人的思想碰撞和友好相处。

第十章"低碳发展，前瞻思考"，以我在哈佛大学肯尼迪政府学院网站发表的《中国的低碳革命》一文为依托，介绍了世界、中国和山西低碳之路的实践历程与前景展望。

第十一章"能源革命，势在必行"，介绍了我在气候治理的道路上产生的一些思考与感悟，以及对能源革命重要性的认识。能源革命是解决气候变化问题的必由之路，由此提出通过国际合作助力能源转型之路，通过国际融资推动能源革命更进一步。

第十二章"妙趣横生,津津乐道",主要讲述了我在多年低碳之路探索中发现并总结的三大人生之"道"——经营之道、养生之道和生活之道,讲述了我个人津津乐道的人生哲学。

本书以我的"碳路"历程为线索,讲述了一个平凡"碳路者"在全球、全国以及山西气候治理中的理论探索、实务操作与远景构想。习近平主席已经向世界作出了"二氧化碳排放力争于 2030 年前达到峰值,努力争取 2060 年前实现碳中和"的气候承诺。我希望通过此书,让更多的人看到全球气候治理的紧迫性、重要性,同时也希望呼吁更多的人走上"低碳"之路,为全球的可持续发展贡献自己的一份力量!

武东升

2021 年 3 月

My Journey to the Low-Carbon Future

After years of studying, I graduated from university and became a technician in Changzhi Iron and Steel Company. Due to my solid professional knowledge and proficient in English, I was transferred shortly afterwards to Taiyuan Aluminum Products Plant (TAPP) as an assistant engineer in 1986, and served as the director of both the chief engineer office and the foreign affairs office in addition to being the chief translator. Back then, TAPP introduced the most advanced production lines in the world, including the continuous caster from Pechiney in France, the cold rolling mill from New Hunter in Italy, the vertical and horizontal cutter from Stamco in America, the annealing furnace from Wallwick in America, and the roll grinding machine from Siegen in Germany. While taking on numerous interpreting assignments such as business negotiations, technical exchanges, on-site installation and commissioning, I also translated technical documents totaling over 3 million words. For the work I had done, I was awarded the title of "Provincial Advanced Foreign Service Officer", and my deeds were covered by quite a number of media, made into a circular titled "Being an Excellent Relay in Foreign Affairs Work" and distributed across the province. I was also invited by Shanxi TV as the anchor of its English program, and hosted the opening and closing ceremonies of the "1990 China-Foreign Friendship TV Week—cum—the 30th Anniversary of Shanxi TV". From 1992 to 2003, I worked in Shanxi Provincial Economic Construction Investment Company and was promoted to Deputy Chief Engineer in 1998. Meanwhile, I also contributed to the signing of an Asian Development Bank grant project on the trading of sulfur dioxide emission rights and became attached to "carbon" thereafter.

In April 2003, as a senior economist, I became the deputy director of the loan project office of Asian Development Bank in Shanxi Province. In September of the same year, I was transferred to Shanxi Provincial Development and Reform Commission (SPDRC) and served as the Deputy Director of the Foreign Capital and Overseas Investment Division. Concurrently, I also served as the Executive Deputy Director of the Office for Reviewing the Establishment of Various Development Zones in Shanxi Province, the Executive Deputy Director of Shanxi Provincial Clean Development Mechanism (CDM) Project Office, and the Person in Charge of Shanxi Provincial Study-in-Germany Scholarship (MBA) Program Office. In my new roles, I had "closer contact" with "carbon". In 2010, I was also appointed as the director of the 21st Century Agenda Management Center of Shanxi Province.

Based on my previous work experience, I was appointed as the Director of the Climate Change Division of SPDRC, starting my "carbon" journey formally. In addition to my government work, I was also invited to take up various posts in universities, academic and professional associations, including being an expert of China Macroeconomic Think Tank Alliance, an associate at Harvard Kennedy School, an adjunct professor and supervisor at Shanxi University, the chief examiner for Graduate Interview at Peking University's Guanghua School of Management, the executive director of the Finance Association of Guanghua, a member of the Peking University Real Estate and Finance 50-People Forum, a Member of the Meteorological Economics Committee of Chinese Meteorological Society, the vice chairman of Shanxi Provincial Green and Low-carbon Product Standardization Technical Committee, the Executive Director of Shanxi Macroeconomic Research Association, the Executive Director of Shanxi Export-oriented Economy Research Association, the Executive Director of Shanxi Engineering Consulting Association, the Executive Director of Shanxi Coal Bed Methane Industry Association, the

Executive Director of Shanxi Ecological Economy Association, the Council Member of the American Branch of Western Returned Scholars Association (Overseas-educated Scholars Association of China), the Vice President of Shanxi Harvard Alumni Association, and the Vice President of Shanxi Peking University Guanghua Alumni Association.

In 2015, I became a senior fellow at the Belfer Center for Science and International Affairs, and the Ash Center for Democratic Governance and Innovation at Harvard Kennedy School, and the first researcher of Harvard University's "China Environmental Sustainability Research Project". In May of the same year, I was invited to give a speech titled the "National Strategy for Low-Carbon Development" at the MIT Sloan School of Business. In May 2016, I was invited to give a speech on "Low-Carbon Revolution in China: Perspective, Policies and Practice" at Harvard Kennedy School, which attracted wide attention. In March 2017, my paper "Low-Carbon Revolution in China" was published on the website of Harvard Kennedy School and reprinted by many universities and research institutes at home and abroad, and highly acclaimed by experts and scholars in the same field. In March 2019, at the invitation of Mr. Riccardo Puliti, senior director and global head of the World Bank's Energy and Extractives Global Practice, I delivered a speech titled "An Energy Revolution Led by the Low-Carbon Development" at the World Bank headquarters in Washington. Nowadays, I am still on my journey to the low-carbon future.

This book contains a total of over 300,000 words and 100 photos. It aims to systematically and comprehensively present, with plain language, the efforts of an ordinary "pathfinder" in exploring a low-carbon path against changes in global climate governance.

Starting from the project on the trading of sulfur dioxide emission rights and highlighting my theories, practices and long-term vision on global, national and Shanxi climate governance, this book delineates the attempts I have made since I became the director of the Climate Change Division of SPDRC in exploring ways for a resource-based province to address climate change in terms of government administration, capacity building, technological advancement and mechanism innovation, and summarizes my own views and thinkings about climate governance. Focusing on the exchange of experience and practice in the field of climate change governance, this book aims to be contributory to the modernization of China's climate governance system and capability. The book is divided into twelve chapters:

Chapter One— "Climate Governance, the Start of the Low-carbon Pathfinding Journey". This chapter introduces my experiences of introducing the emission trading and coalbed methane development and utilization projects during my service at the Foreign Capital and Overseas Investment Division of SPDRC. With these experiences, I gradually embarked on my low-carbon pathfinding journey.

Chapter Two— "Low-carbon Development, the Choice of Shanxi". This chapter analyzes the necessity of low-carbon transformation for Shanxi in view of the reality of the Province and my many years' work experience, presents the low-carbon development path for Shanxi, and introduces the construction of a low-carbon pilot in Shanxi. In addition, an interpretation of Shanxi's action plan for becoming the energy revolution pioneer in China is also made in this chapter from the perspective of climate change mitigation.

Chapter Three— "Attached to the Homeland and Overcoming Obstacles". This chapter narrates my contribution to the development of Shanxi in three major areas: climate change legislation, greenhouse gas emission control and CCUS project.

Chapter Four— "A Single Market and Joint Construction". This chapter presents the work I have made in constructing a carbon market in Shanxi Province against the backdrop of global greenhouse gas emission control and low-carbon development.

Chapter Five— "The Low-carbon Cause and Public Participation". This chapter narrates my experience of going to universities, enterprises and the public to promote the "low-carbon and environmental protection" concept and share knowledge with the key staff of these institutions.

Chapter Six— "Borrowing Talent from Abroad". This chapter narrates my trips to Italy, Japan, Denmark and other countries. to "borrow talent" in order to explore a low-carbon development path suitable for China.

Chapter Seven— "Breaking New Paths at Harvard as a Fellow". This chapter narrates my visit of Harvard Kennedy School as a scholar with a special description of my insistence to present a true China and a unique Shanxi.

Chapter Eight— "Speaking with Fervor and Assurance". This chapter lists the speeches I have made about my own low-carbon vision and the low-carbon transformation experience of China and Shanxi on high-level platforms, such as the World Bank, Massachusetts Institute of Technology, Peking University, Tsinghua University, China Executive Leadership Academy in Pudong, Xianyuan Talk, and so on.

Chapter Nine— "Great Minds Think Alike". This chapter narrates my conversations with celebrities, such as George Soros, Dr. Richard Sandor, David Wendt, Amory Lovins , and so on.

Chapter Ten— "Low-carbon Development, the Way Forward". This chapter presents the low-carbon practice and prospects in Shanxi, China and the world, based on the paper "China's Low Carbon Revolution" which I published on the website of Harvard Kennedy School.

Chapter Eleven— "Energy Revolution, the Only Way Out". This chapter introduces my thoughts and insights on climate governance. Meanwhile, the necessity of energy revolution is also highlighted. Energy revolution is the only way to tackle climate change. It is also proposed in this chapter that energy transition should be facilitated through international cooperation, and energy revolution be accelerated through international financing.

Chapter Twelve— "Wit and Humor, the Way of Life". This chapter presents three ways of life that I have essentialized on my low-carbon journey over the past years, i.e., "the way of management, the way of keeping healthy and the way of living our lives; as well as the philosophy of life that I embrace.

Taking my "low-carbon pathfinding" journey as its thread, this book depicts the endeavors of an ordinary "low-carbon pathfinder" in exploring theories about climate governance in Shanxi, China and the World, the actions he has taken to address the issue at hand and the vision he has sketched for the low-carbon future. President Xi Jinping has made a climate commitment to the world that "China will aim to hit peak emissions before 2030 and for carbon neutrality by 2060". It is my hope that through this book, more people can feel the importance and urgency of global climate governance. At the same time, it is also my wish that more people could embark on the "low-carbon" pathfinding journey and contribute to the sustainable development of the world.

序一

　　武东升与我都从事着相同的工作，有着相似的经历，肩负着共同的使命，都是应对气候变化过程中的碳路者。我和东升相识多年，彼此十分熟悉。在多年工作中，我们都深感低碳之路的必要性、迫切性。我曾在多个场合听过他的演讲，东升的演讲饱含激情，令人印象深刻。我们也多次进行过深入交谈，他总是观点独到，见地深刻。

　　东升擅长将自身经历与低碳工作结合起来，把自己在国外学习的经验，产生的想法，运用到山西省低碳发展的实践中来。这将有力地加速山西经济朝着符合自身省情、经济增长与碳排放相脱钩、绿色低碳的发展方向迈进；有利于推动中国应对气候变化的能力与水平的整体性提高，并进一步与国际接轨；在全球气候治理的大局中显示了中国力量，为资源型地区寻求低碳转型提供了良好借鉴。

　　《碳路》系统地介绍了东升多年来为山西低碳发展做出的贡献。在共谋低碳可持续发展的大环境下，在东升积极推动下，在全体低碳工作者的共同努力下，山西作为全国重要的煤炭生产大省，正逐步沿着低碳发展的道路砥砺前进。

　　山西省的应对气候变化工作始终走在国家前列。在东升的推进下，山西率先在全国设立省级应对气候变化专项资金，各项工作的开展得到基本保障；在东升的引领下，山西初步建立了温室气体排放基础统计制度，清单编制工作得到有序进行；在东升的参与下，山西出台了我国第二部应对气候变化的地方政府规章《山西省应对气候变化办法》，应对气候变化工作得到地方政府文件形式的规范。此外，东升还多次在各种会议上，由点及面，从山西省这一特例出发，对气候立法进行了深入思考和详尽阐述。东升所讲所述的内容使我们深受启发，受益良多。

同时，东升亲力亲为，带领团队奔赴各地学习交流，争做低碳道路的开拓者；东升尽职尽责，积极推进低碳城市、低碳市县、低碳园区试点示范，争做低碳道路的建设者；东升身体力行，不遗余力地深入到低碳宣传活动中，让更多的人了解低碳，争做低碳道路的参与者。作为同行，我为他这种敢为人先的举动感到自豪。我也衷心地希望更多像东升一样恪尽职守的人参与到我们的工作中来，让我国的应对气候变化工作可以取得重大突破。

　　今天，世界各国日益成为你中有我、我中有你的命运共同体。但全球气候治理进程仍面临诸多政治政策层面的不确定性。与此同时，全球气候变化挑战日趋紧迫，没有哪个国家能够独自应对气候变化这一摆在人类面前的严峻现实，也没有哪个国家可以在气候变化这场威胁中独善其身。应对这些挑战需要各国同舟共济、各尽所能、合作共赢。低碳发展是人类的必由之路，面对低碳发展道路上的机遇与挑战，我们亟须像东升这样有激情、有活力的低碳工作者去探索、去实践。我们期待广大人民群众的真诚参与和尽心奉献，最终使我国走上一条具有中国特色的低碳发展道路。希望《碳路》一书能帮助到更多同行，启迪更多群众，大家一道为中国低碳发展贡献自己的智慧与汗水。

中国气候变化事务特使

2021 年 2 月

序二

武东升先生是老朋友了，在哈佛大学肯尼迪政府学院就认识。武东升，人如其名，如日东升，充满活力，孜孜不倦。

2019 年我到中国参加能源基金会 20 周年活动，再次与武先生相逢，他也和我提到了他的专著《碳路》。我认为，对武先生来说，碳路者是很贴切的称呼。据我对他的了解，他一直关心"碳"和"炭"。一个是"碳"，即碳排放，是应对气候变化，这是我们共同关注的问题。另一个是"炭"，也就是煤炭，代表着他的家乡——山西，中国的煤炭大省。推动山西省实现低碳经济，在高"炭"的现实情况下，探寻独特的低"碳"路径，为中国的低碳发展贡献力量，是武先生的理想。

《碳路》不仅是武先生个人的碳路史，也是山西省低碳转型的发展过程的真实反映，更是中国积极应对气候变化的缩影。

《碳路》贵在"真诚"。望这部真诚之作能让更多人成为积极应对气候变化之行中的"碳"路人。这对中国好，也对世界好。

陆克文

澳大利亚第 26 任总理

亚洲协会会长兼 CEO

亚洲协会政策研究院主席

国际和平机构董事会主席

2021 年春

序
三

　　全球气候变化是 21 世纪人类社会共同面临的巨大挑战，也是世界各国携手应对、多边合作，实现绿色低碳转型的历史机遇。随着 2020 年 9 月 22 日国家主席习近平在第七十五届联合国大会上郑重宣布"中国将提高国家自主贡献力度，采取更加有力的政策和措施，二氧化碳排放量力争在 2030 年前达到峰值，努力争取 2060 年前实现碳中和"以来，"碳达峰、碳中和"已成为当下中国各行各业的重点课题和奋斗目标。山西作为中国的碳排放大省和煤炭大省，正积极探索改革之路，践行能源革命，实现以煤炭为支柱的经济体系向绿色低碳可持续发展的变革和转型。

　　《碳路》一书的出版恰逢其时。它反映了作者武东升先生对应对全球气候变化、实现绿色低碳可持续发展的思考、探索与实践。作者对山西开展能源革命、实现绿色低碳可持续发展所面临的困难、走过的碳路历程进行了分析，阐述了对低碳发展的前瞻思考，并从政府规划、政策指导、技术创新、市场机制、能力建设、全民参与、国际交流与合作各个方面系统性地提出了具体的建议。

　　山西能源生产和消耗的巨大体量和煤炭的占比对中国实现"碳达峰、碳中和"的目标乃至全球气候变化的应对都起到至关重要的作用。世界银行致力于中国的能源转型和低碳发展，积极支持山西的能源革命和经济转型。早在 2009 年世界银行就向山西提供全球环境基金赠款支持火电厂更新改造和节能减排。目前世界银行正和法国政府、英国政府一道，与山西省政府探索山西的低碳发展之路，积极开展山西能源革命和经济转型的赠款和政策性贷款项目的前期政策研究和准备工作。武东升先生直接参与和领导了该项目的倡议、立项和前期准备工作。《碳路》一书的出版将对该项目的设计和实施，对山西在低碳发展之路上的国际合作与交流提供重要的参考和指导。

世界银行能源和采掘业全球发展实践局（东亚及太平洋地区）副局长

2021 年春

目录

Table of Contents

01—03

04—06

07—09

10—12

01

气候治理
碳路源起

路漫漫其修远兮，吾将上下而求索

第一章
气候治理，碳路源起

    在古人的笔墨中，我们身边有"日出江花红胜火，春来江水绿如蓝"的一江碧水，有"绿树村边合，青山郭外斜"的绿树青山，还有"明月松间照，清泉石上流"的晴朗夜空。然而，这一幅幅宁静和谐的画面在很多地方早已荡然无存，工业化的浓烟笼罩全城、浸漫乡野，日渐频繁的极端天气吞噬着人类现有的财富、威胁着子孙后代的生存。所有这一切，都呼唤着我们携手投身一场保护人类自身免于自然惩罚的战争中去，我们要竭尽全力，从为全人类和子孙后代负责的角度出发，积极应对气候变化，保护生态环境，探寻一条长久的、持续的绿色低碳发展之路。

    中国是最大的发展中国家，也是世界第二大经济体，温室气体排放占全球 25% 以上。积极应对气候变化，既是中华民族永续发展的内在需要，也是我国构建人类命运共同体的责任担当。"为了国家的利益，使自己的一生变为有用的一生，纵然只能效绵薄之力，我也会热血沸腾"，果戈理的这句名言经常响彻耳畔，鞭策着我和诸位志同道合的同事们踏上"碳"路征程。"路漫漫其修远兮，吾将上下而求索"。

第一节　排污交易，一波三折

　　我和气候治理相关工作的缘分始于 1999 年。彼时，山西省的大气环境已经遭到一定程度破坏，引起了政府相关部门的高度重视。因偶然的机会，基于市场手段治理大气污染的排污权交易方法进入了我们的视野，但那时排污权交易还属于新生事物，仅仅在美国、德国等极少数国家有所实践。为引入国际先进排污权交易方法、寻求改善山西省大气质量的有效途径，当时的山西省计划委员会积极争取，获得了亚洲开发银行 70 万美元的技术援助赠款。

　　1999 年，我作为中国代表团团长，赴马尼拉与亚洲开发银行、美国国家环保局所属未来资源研究所进行三方谈判，就相关事宜达成一致，并代表中方顺利签署了《亚行赠款山西大气质量改善项目合作谈判纪要》。经过多方面协商，项目主要内容终于得以确定：从 2000—2002 年，在太原市建立试点，进行二氧化硫排污权交易的研究、启动工作；通过试点加强山西省在环境管理中运用市场化经济手段的能力，以此为改善山西省大气环境质量提供服务。

图 1.1.1　为引入排污权交易机制多次赴马尼拉亚行总部谈判

图 1.1.2　与张文才（时任中国驻亚行执行董事、后任亚行
副行长）在其亚行总部办公室合影

　　项目于 2002 年 10 月在太原正式启动。项目的实施，推动了《太原市二氧化硫排污权交易管理办法》的出台，使太原市成为全国第一个针对二氧化硫排污权交易制定地方性管理规章的城市；2002 年，项目组在收集、分析有关数据的基础上，提出了试点企业配额分配计划，并于当年 12 月经太原市环保局审核后下发到试点企业；此外，26 家试点企业还试运行了刚设计完成的二氧化硫排放跟踪系统和配额跟踪系统软件；2002 年 11 月，太原市环保局组织太原第一热电厂、太原第二热电厂等多家大型企业开展了二氧化硫排污权模拟交易。

　　该项目的启动为山西省系统地引进了排污权交易的新理念，推进了相关领域的制度建设，期间完成了试点企业配额分配，开展了模拟交易，为多手段解决大气污染问题积累了宝贵经验。太原市排污权交易的实践，走在了全国前列，开启了全中国用市场化手段解决环境问题的大门，为其他省市开展排污权交易提供了良好借鉴，为国家设立排污权交易试点做出了良好示范。

　　我很荣幸组织并参与了全过程，在二氧化硫排污权交易这件事上成了第一个吃螃蟹的人。现在回过头来看，这一项目的实际推进过程真可谓一波三折。

制度保障难

　　排污权交易在当时是一个彻头彻尾的新生事物，在山西省、甚至在全中国都前所未有，许多工作都要从头起步。另外，从某种意义上说，排污权交易又是经济学家的一项发明，是根据经济理论凭空创造出的一个市场，它的实施是一项系统工程，需要诸多严谨科学的顶层设计，其中第一项就是立法问题。

排污权交易作为一种经济管理手段，只有在被纳入法律规范的前提下才能发挥作用，只有法律规定了企业可以被允许的排污量，交易才成为可能。从选定污染控制项目、确定污染排放总量到许可证的发放等都需要完善的法律制度来保证。如美国，1970年通过了《清洁空气法》，并于1990年修正案中正式对排污权交易立法目的、定义、许可证和遵守计划等诸多方面进行了规定，这是美国排污权交易得以实现的前提条件。

但是项目实施时，我国的几部污染防治法规《大气污染防治法》《水污染防治法》等仅对排污许可制度做了规定，总量控制、环境资源有偿使用、排污权交易等缺乏法律依据，国家层面缺乏完善的法律体系来保障排污权交易的实施。

立法工作有严格的要求，山西省只有省人大才有权立法，短时间内要省人大专门对二氧化硫排污权交易进行立法是不现实的。我们陷入两难境地，一方面是立法工作难以展开，另一方面是二氧化硫排污权工作刻不容缓。通过权衡多方因素，我转换思路，一次次与太原市环保局和太原市政府进行沟通，最终确定由太原市政府出台《二氧化硫排污权交易暂行管理办法》、国家环保总局出具支持函，为项目顺利实施提供了制度保障。

具体执行机构确定难

制度问题解决了，确定具体的执行机构又遇到了困难。从原则上来看，排污权交易是在总量控制的前提下，内部各污染源之间以货币交换的方式来调剂排污量。从法律上讲，排污交易应由地方环保部门负责监督执行，相应的税费也由其征收，用于地方环保部门的行政开支和自主减排项目。

但是各部门都有所顾虑。我多次前往太原市环保局，从理论到实际再到未来设想，阐述了整个二氧化硫排污交易体系的全部细节，最终双方达成共识，由太原市环保局负责项目的执行和监督。

总量设定、配额分配难

总量设定、配额分配是排污权交易的核心内容，也是关键环节。对企业二氧化硫排放量进行准确监测是科学进行总量设定和配额分配的前提。美国、德国等发达国家早已建立了完善的排污监测系统，而在当时我国对企业的排污监测还不到位，基础数据严重缺失，这对二氧化硫总量设定和配额分配问题带来了极大挑战。

在各方共同努力下，也得益于国内外专家的有力帮助。2002 年 9 月，太原市二氧化硫排污权交易排放跟踪系统和配额跟踪系统软件设计完成并下发企业投入使用。与此同时，依据太原市"十五"总量控制计划目标，项目组设定了可交易二氧化硫排放总量，并对试点企业进行了排放指标分配。亚洲开发银行以及美国方面的专家多次到太原市考察，在他们的建议下，2002 年 11 月，太原市环保局组织太原第一热电厂、太原第二热电厂、太原重型机械集团公司、太原刚玉东山热电公司开展了二氧化硫排污模拟交易。太原市二氧化硫排污权交易试点最终得以建成。

在此过程中，英国《经济学人》杂志专门派记者到山西省采访我。在访谈期间，我向记者详细介绍了太原市二氧化硫排污权交易的具体情况。之后，《经济学人》发表报道："在这个领域，太原市第一次走上国际舞台；这一次，太原市不是与北京、上海比，而是和伦敦、纽约比。"见到这篇报道的时候，我心潮澎湃，为山西自豪！

这个项目是我首次真正意义上接触大气治理相关工作，项目推进过程中与外方交流的出色表现，为进一步推进国际合作奠定了基础。那时的我尚未意识到这件事会成为我打开低碳领域之门的钥匙，并为我日后组织碳排放权交易、参与碳市场建设提供借鉴。

第二节　初生牛犊，积极尝试

消费、投资和出口通常被视为拉动经济增长的"三驾马车"，其中，投资一直是我国经济增长的主要力量。20 世纪 90 年代，国内极度缺少资金，利用外资工作受到各级政府高度重视。为确保外资工作顺利进行，我国国家计划委员会专门成立了利用外资和境外投资司，山西省也在省计划委员会设立了利用外资和境外投资处（以下简称"外资处"），主要负责全省对外开放、利用外资和境外投资的相关事宜。

外资处工作涉及国民经济各行各业，综合而复杂，是综合经济部门的综合处室，工作人员既需要有扎实的经济金融专业知识，也要掌握基本的国际规则，具备娴熟的谈判技巧以及一定的前瞻性。1992 年以来，我开始从事利用外资和境外投资工作，并多次作为中国政府代表团成员（项目主管），赴世界银行总部、亚洲开发银行总部和其他国家金融机构，参加有关《贷款协定》《项目协定》和《技术援助合同》谈判，此外还赴美国、加拿大、德国、澳大利亚、巴西、土耳其、菲律宾、毛里求斯等地开展海外投资和收购兼并项目。由于我擅长谈判，被同事冠以"能说"的头衔，每当有棘手的任务，上级总会戏言："叫那个'能说'的武东升来！"可能正是因为"擅言"，2003 年 9 月，我被正式调入外资处，担任副处长。

初上任，煤层气项目显身手

我刚上任时，恰逢美国安然公司和美国煤层气公司来到山西，希望与山西省展开煤层气开发方面的合作。煤层气的主要成分甲烷，是重要的化工原料和清洁燃料，具有重要的能源价值和环境价值。但当其在空气浓度达到 5%～16% 时，遇明火就会产生爆炸，有很大的安全隐患。而煤层气若直接排放到大气中，其温室效应约为二氧化碳的 25 倍，对生态环境破坏性极强。这样的情况下，利用好煤层气，能变害为宝，同时兼顾安全生产和能源利用低碳化，是当前最理想的选择。煤层气开采有一举多得的效果，采煤前若先开采煤层气，煤矿瓦斯爆炸率将降低 70%～85%，同时相比于煤炭燃烧还可以减少碳排放量，产生巨大的环境效益和经济效益。

山西省作为煤炭大省，煤层气资源十分丰富，其资源量预测可达 10 万亿立方米，约占全国煤层气总量的三分之一，与美国煤层气资源储量相当。开发利用好煤层气这一洁净能源，对于优化山西省的能源结构，减少温室气体排放，减轻大气污染，保证煤矿安全生产以及实现我国国民经济可持续发展都具有重大现实意义。

煤层气开采项目在当时是一个新兴项目，不确定性很大，国内大多数人对该项目知之甚少，政府和很多企业都不愿意尝试，银行不愿意提供贷款。由于得不到大多数人的认可，资金极度缺乏，煤层气开发利用项目停滞不前。国内资金缺乏，我们转而寻求与国际金融组织的合作，最终与亚洲开发银行（以下简称亚行）达成合作协议，由亚行提供 11 740 万美元贷款支持山西省开展煤层气项目，资金问题得以解决。此后，我与山西焦煤集团、阳煤集团以及晋煤集团负责人进行沟通，详细介绍了拟利用亚行贷款开发煤层气计划，各集团负责人均表现出极大兴趣。经过综合考虑，最终确定晋煤集团为利用亚行贷款开发利用煤层气项目的主要承担单位。晋煤集团所在的晋城矿区位于沁水煤田南部，煤层气探明储量有 1 040 亿立方米，可开采储量达 728 亿立方米。晋城矿区煤层气含量高、渗透性好、可抽采性好。2000—2004 年，晋城煤业集团井下瓦斯采抽量就达到 2.4 亿立方米。

图 1.2.1　山西省煤层气工程一景

日本相关人士惊叹于山西省煤层气的储量之丰、潜力之大，积极与我方洽谈，寻求合作。日本国际协力银行多次派代表到太原市，反复表达加入山西煤层气开发的兴趣。出于对多方面因素的考虑，山西省起初并没有答应他们的请求。但是日方对本次合作抱有极大的诚意，又通过多种渠道积极与我方洽谈。在随后的接触中，我代表山西省向日方代表提出了两个要求：第一，鉴于亚洲开发银行对山西省煤层气已经做了大量的调研工作，相关资料非常完整，为避免资源浪费，日方提供融资前不应再开展调研工作；第二，日方的贷款条件、支付条件和招投标要求等应至少与亚洲开发银行等同。经过再次沟通协调，最终日本国际协力银行提供联合融资贷款 2 000 万美元，加入到山西省煤层气开发项目中来。

2004 年 11 月，总投资达 20.65 亿元人民币的亚洲开发银行贷款山西省煤层气综合开发利用项目由国家发展改革委正式批准建设。该项目包括山西能源产业集团沁水煤田煤层气集输工程、晋城市城市煤层气输配工程和晋城无烟煤矿业集团煤层气发电工程 3 个子项目。这一项目是亚洲开发银行的洁净能源示范项目，也是当时全国规模最大的矿井煤层气开发利用工程，它的实施标志着山西省在煤层气开发利用方面迈上了新台阶。同时，以项目为平台和载体，引进了国际先进的理念、思维和管理，促进了体制机制创新，对推动我国煤层气资源的大规模商业化开发利用起到了示范引领作用，具有显著的经济效益、社会效益和环境效益，被评为"亚行十大标杆项目"。

谈并购，境外投资亲考察

随着经济的高速发展，山西省也涌现出一批经济效益好，资本实力雄厚的优质企业，他们或由于企业扩张的需要，或出于对优质能源的需求，或因为企业战略转型，而产生了对外投资的意愿，但对外投资风险较大，实地考察变得十分必要。于是，出国进行项目考察也成了我日常工作的组成部分，奔波于全国各地，乃至全球各地成为工作常态。山西已在世界六大洲 50 多个国家进行了跨境投资合作。外资工作无疑是繁忙的，但我尽己所能，乐在其中。我和同事们共同努力的成绩，获得了社会的认可，倍感欣慰。

图 1.2.2　在土耳其深入矿井考察

用资金，开发区建设牵我心

外资处的工作艰巨且冗杂，既涉及外商直接投资、国际金融组织贷款、外国政府贷款、国际商业性贷款和境外发行企业债券管理，也包括跨境收购兼并等境外投资管理。资金的引进就好比引流，但是资金引进后，怎样让资金流成为活水，如何积极、合理、有效利用外资更好发展当地经济，造福一方，也是至关重要的问题。而开发区因其工业用地大、配套设施齐全、税收政策优惠成为接纳吸收外资的重要基地。在积极引进外资的同时，我还十分关心开发区建设情况，多次赴各地市开发区调研，了解在外资利用中实际存在的问题和困难，寻求打造山西省的利用外资新模式，让资金发挥更大的效用。

图 1.2.3　2004 年就开发区设立审核到各市调研

从事外资工作以来，我接触了很多能源和环境领域的项目，如二氧化硫排污权交易项目、煤层气开发利用项目等，这些工作引发了我对能源和环境问题的思考，使我对低碳由不解到认识、由认识到熟悉、由熟悉到热爱，牵引着我这个"外行人"逐步踏上低碳征程。

第三节　勇挑重担，踏上征程

近百年以来，受自然和人类活动的共同影响，全球正经历着以变暖为显著特征的气候变化，全球自然生态系统受到明显影响，引发了难以回避的气候安全和生态安全问题，提高应对气候变化能力成为世界各国共同面临的紧迫任务。

中国作为受气候变化影响最为严重的国家之一，高度重视气候变化问题。2007年6月，中国政府发布《中国应对气候变化国家方案》，全面阐述了中国在2010年前应对气候变化的对策。2008年10月，中国政府发布《中国应对气候变化的政策与行动》白皮书，全面介绍中国减缓和适应气候变化的政策与行动。2009年11月，中国提出了2020年单位国内生产总值二氧化碳排放比2005年下降40%～45%的行动目标。2013年11月，中国第一部专门针对适应气候变化的战略规划《国家适应气候变化战略》颁布。2015年6月，中国向《联合国气候变化框架公约》秘书处提交了应对气候变化国家自主贡献文件，提出在2030年左右，碳排放达到峰值且争取提前达到峰值，非化石能源消费占一次能源消费的20%左右，单位国内生产总值二氧化碳排放比2005年下降60%～65%等目标。2016年中国把应对气候变化行动列入"十三五"发展规划中，把2020年单位GDP二氧化碳排放下降40%～45%的行动目标作为约束性指标，并作了部署。2017年，全国统一碳市场全面启动，应对气候变化的中国"碳"路渐行渐宽。

中央政府在应对气候变化方面做出了巨大努力，山西省也不甘落后。2008年，国家发展和改革委员会（以下简称"发改委"）成立应对气候变化司，山西省发改委在2009年紧跟着成立应对气候变化处。2011年，山西省政府发布了我国第二部应对气候变化的地方政府规章——《山西省应对气候变化办法》；

2013 年，印发《山西省"十二五"控制温室气体排放工作方案》；2014 年，出台全国首个应对气候变化中长期规划——《山西省应对气候变化规划（2013—2020 年）》，坚持规划统领，理顺工作机制，合理有序推进各项工作；2016 年，《山西省"十三五"控制温室气体排放规划》发布；2017 年 8 月，山西省政府第 160 次常务会议审议通过《山西省"十三五"控制温室气体排放实施方案》。无论是组织机构的设立，还是《规划》的出台，山西省应对气候变化工作始终走在全国前列。因此，天津、江西、广西、江苏等很多省（市）在进行相关机构设置和政策出台时纷纷来山西省发改委"取经"。"榜样力量"驱动着山西在应对气候变化工作中不断前行！

2011 年 11 月，鉴于我在应对气候变化方面的工作经验，上级将我调入气候处，我正式开启了"碳"路之旅。那时山西省应对气候变化工作刚刚开展，百事待兴，相关领域存在诸多难题甚至空白。

首先是资金问题。山西省是应对气候变化任务较重的省份，适应气候变化能力亟待加强，充裕的资金支持是各项工作顺利开展的基本保障。处于黄土高原地区，"煤长水短"是山西省的省情，省内还长期存在水土流失等严重生态问题，这些自然地理特征使得山西省的应对气候变化任务更加艰巨。为了更好开展山西省的应对气候变化工作，我向领导申请资金支持。在各方面的共同努力下，山西在全国率先安排了省级应对气候变化专项资金，山西省发改委每年拿出 2 000 万元专门用于开展应对气候变化工作。

其次是温室气体排放清单的编制。开展温室气体清单编制是摸清山西省温室气体排放家底、掌握排放规律的一项基础性工作，然而当时山西省并没有建立相应的统计体系，清单编制工作难以推进。我焦急万分，亲自找到山西省统计局相关负责人，就山西省温室气体清单编制的紧迫性、重要性进行沟通，建议山西省统计局单独开展专门的核算业务，经过多次交流、商讨和专门课题研究，初步建立起了温室气体排放基础统计制度，将温室气体排放基础统计指标纳入统计体系，理顺了温室气体清单统计核算体系。

图 1.3.1　主持全省应对气候变化工作培训班开班仪式

图 1.3.2　主持中国清洁发展机制基金赠款《山西干旱缺水区农业适应气候变化对策研究》项目启动会

　　山西省作为国家能源基地，具有高碳发展特征，应对气候变化任务十分艰巨。这迫切要求我们脚踏实地开展工作，共同努力、顽强拼搏，闯出一条具有山西特色的发展道路，为全省应对气候变化和社会经济的可持续发展贡献力量。困难重重，但我们壮志凌云；挑战艰巨，但我们斗志昂扬！在未来，山西省的应对气候变化和低碳发展事业必定会大放异彩！

02

低碳发展
三晋之选

山重水复疑无路，柳暗花明又一村

第二章
低碳发展，三晋之选

"人说山西好风光，地肥水美五谷香"，这是歌曲中对"三晋"大地的诠释。自古人杰地灵的"华夏之根"不唯有"九州飞溅瑶池液，一醉炎黄万古春"的山川壮美，亦有"借问酒家何处去，牧童遥指杏花村"的悠然自得，千百种风情令人流连忘返。大自然似乎对山西省十分怜爱，除赠与他宏伟壮阔的风景，还赋予了它丰富的煤炭资源。

然而，这些"黑金"逐渐占据了能源消费的主导地位，煤炭给山西带来收益的同时，也导致了碳排放量的增加，温室效应不断加剧，环境负担不断加重……如何走出这种困境？低碳发展成为了山西省的必然选择。

第一节　节能转型，迫在眉睫

山西省是能源大省，煤炭资源十分丰富，累计查明煤炭保有量资源达2 674亿吨，占全国查明煤炭资源储量的25%。凭借这一优势，山西省曾创造了辉煌的成绩。然而，传统的能源利用模式，在带来短期经济效益的同时，也逐渐暴露出一些弊端。

首先，山西省能源消费结构不合理，非化石能源消费占比极低。2015年，全球非化石能源消费占比为13%，中国非化石能源占比为9%，而山西省非化石能源仅占2%，远低于全国的平均水平。受自身资源禀赋的影响，山西省长期以煤炭消费为主，能源消费比例严重失衡，现有非化石能源主要包括风能、太阳能和其他生物质能等。发展非化石能源，提高其在总能源中的比重，能够有效减少温室气体排放量，保护生态环境，降低能源可持续供应的风险。

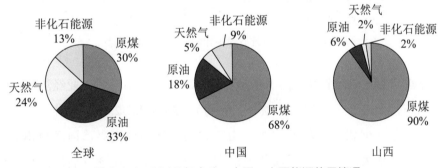

图2.1.1　2015年全球、中国、山西能源使用情况

其次，山西省的能源效率低下。能源消耗强度是衡量一个区域能源利用效率的重要指标，单位GDP所消耗的能源量，强度越低，能源效率越高。2015年，山西省能源消耗强度为1.48吨标煤/万元，是中国平均水平的2.05倍，是北京的4倍、日本的5.23倍。由此可见，山西省的能源消耗强度很高，能源效率极其低下。面对如此局面，山西省开始积极开发新能源，太阳能、生物质能和风

能是近年来发展最快的可再生能源。但目前新能源开发技术还不是很成熟，缺乏研发能力，设备制造能力弱，新能源开发成本高，且应用领域推广范围小，无法达到规模化应用，特别是新能源开发存在的供电间歇性等不稳定问题使得电网普遍存在"弃风弃光"现象，各类新能源难以得到高效经济化利用。对煤炭资源的不合理利用，还造成了经济增长动力不足，生态环境恶化加剧，碳排放量大幅度增加等一系列问题。

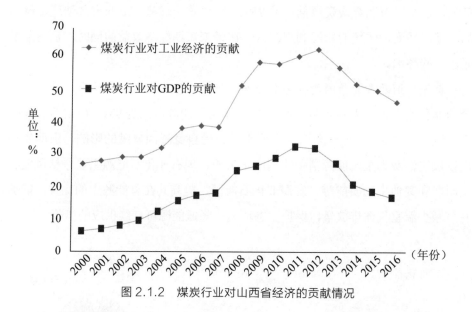

图 2.1.2　煤炭行业对山西省经济的贡献情况

　　煤炭产业是山西省经济增长的核心，煤炭行业对山西省工业经济和 GDP 的贡献在"十二五"初期达到顶峰，分别为 62.8% 和 32.8%，"十二五"末期有所回落，但仍保持较高水平。山西省的经济因煤而兴，问题也由煤而生，"一煤独大"的产业格局使经济发展陷入困境，经济发展缺乏增长动力。煤炭产业"黄金十年"过去之后，山西省经济发展几近停滞，人均 GDP 远落后于江苏、山东、浙江等东部省份，低于全国平均水平，且差距呈扩大趋势。

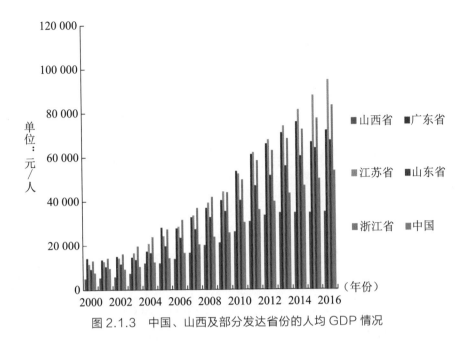

图 2.1.3　中国、山西及部分发达省份的人均 GDP 情况

　　山西省地处黄土高原，地形沟壑纵横，支离破碎，气候干燥少雨，十年九旱，生态环境极其脆弱，过度的煤炭开采加剧了生态破坏和环境污染。2016 年，山西省的绿色发展指数[①]为 76.78，在 31 个省份和地区中排在第 26 位，在几大评价指标中资源利用指数和环境质量指数名列 29 位，可见山西省生态、环境质量之差，可持续发展能力有待提高。

　　"煤炭能源高依赖，利用低效率"的特点给山西省带来高强度的碳排放。山西省 2015 年人均碳排放量达到 40.24 吨／人，2015 年单位 GDP 碳排放量达到 11.55 吨／万元，两项指标均为全国排名第一。高强度的碳排放意味着一个地区在经济增长的同时，二氧化碳排放量持续增加，环境破坏日益严重。此外，"高碳排放强度"也反映了山西省生产技术水平低下，发展原始粗放的问题。

　　山西省昔日风采不再，丰富的煤炭资源使其陷入了"资源诅咒"，经济发展缓慢。"高排放、高污染"的特点又给山西省的生态环境带来了巨大的灾

---

① 生态文明建设年度评价按照《绿色发展指标体系》实施，绿色发展指数采用综合指数法进行测算。绿色发展指标体系包括资源利用、环境治理、生态保护、增长质量、绿色生活、公众满意度 7 个方面，共 56 项评价指标。其中，前 6 个方面的 55 项评价指标纳入绿色发展指数的计算；公众满意度调查结果进行单独评价与分析。

难。近年来，恶劣天气频发，如雾霾、沙尘暴等，严重地影响人们的健康状况。经济发展的问题和环境问题使山西省陷入了两难的境地，山西省的发展该何去何从？

第二节　焦思苦虑，柳暗花明

当前山西省的经济正处于历史的低谷，依托煤炭资源形成的"黑色"发展模式难以维系，而且长期"黑色发展"形成的路径依赖和模式依赖严重限制了经济快速转型，更加剧了山西省的发展困境。山西省发展的颓势发人深省，解决经济增长和环境污染这对矛盾是当今工作的重点。面对如此严峻的形势，我一边分析目前发展过程中存在的阻碍，一边思索山西省未来的发展方向，坚定地认为低碳转型发展是山西省的必然选择，探索出适合当地摆脱困境的"绿色路径"是实现转型跨越的关键一步。

回顾山西省过去几十年的发展状况，我将低碳发展的障碍总结为以下四个方面：第一，在短期内，难以调整高度依赖煤炭发展的特点；第二，产业结构和能源结构的限制；第三，缺乏低碳发展核心力量，即技术和人才的匮乏；第四，自然环境限制以及对低碳发展的认识不足。现实即是如此，我们只能抱有"竹杖芒鞋轻胜马，谁怕？一蓑烟雨任平生"的胸襟才可以克服重重困难以达成功之境。为了克服这些阻碍、助力山西省实现绿色低碳转型，我们认真思考，积极探索，已陆续开展了一系列包括制度建设、技术创新等方面的工作。

体制创新，发展根本

多年来，我一直秉承这样的观点："无论遇到任何问题，都不应该畏惧，而应迎难而上，积极探索解决的方法。"在问题解决的过程中，我认为最重要的是创新，这不仅要求技术、政策的创新，还要求设计、策略的创新，更重要的是体制创新。因此，山西省的低碳发展必须以体制创新为根本，建立低碳发展重大制度并形成体系，逐步形成高碳产业低碳发展的制度屏障。在短期可推动完善四项低碳发展基础制度：一是完善单位 GDP 二氧化碳排放降低目标责任评价考核制度，以考核促进减排；二是完善温室气体排放统计与核算制度，夯实低碳转型基础能力；三是建立健全重点企事业单位温室气体排放直报制度，规范温室气体排放监督管理；四是建立健全低碳试点示范激励机制，以低碳试点为抓手推动山西省低碳转型工作。在长期可推动建立五项低碳基础制度：一是建立碳排放权交易制度，运用市场机制推动温室气体减排；二是进行二氧化碳峰值预测，建立总量控制和配额分配制度，形成经济转型倒逼机制；三是建立温室气体排放许可制度，约束温室气体排放行为；四是建立项目温室气体排放评价制度，从源头控制温室气体排放；五是建立低碳标准、标识认证制度，倡导优先购买低碳绿色产品。

政府与市场的关系一直是学术界争论的焦点，不同学派秉持不同的观点，是"自由放任"，还是"严格管制"？在我看来，政府与市场需要和谐共生，两者互为补充。政府既不可以"缺位"，也不可以"越位"，各部门工作人员需要把握好管制的度，因此，构建一个有效率的政府职能体系尤为重要。温室气体控制制度创新只是山西省低碳转型的一个缩影。目前，山西省已初步构建了推进低碳发展的政府职能体系，在法律保障、宏观规划、政策支持、组织协调、技术指导等职能建设方面虽取得了一定成效，但结合低碳发展工作的实际需求，仍存在着许多问题，这些问题主要包括：低碳发展顶层设计欠缺、政府组织协调机制尚未健全、工作管理机制亟须完善、推进低碳发展技术引领和指导作用不明显、低碳科技创新推进机制需完善等。

我认为完善政府职能体系可以从以下几个方面进行：第一，建立和完善低碳发展相关法律法规体系，加快空缺领域立法工作，完善辅助性法规及实施细则，增强法律法规可操作性；第二，提升低碳发展相关规划的科学性、前瞻性、合理性，发挥规划的引导作用；第三，健全完善政府推进低碳发展组织协调机制，切实转变传统政府管理模式，推进政府职能转型，构建低碳发展组织保障；第四，强化政府在低碳技术创新中的引领作用，营造良好的低碳技术创新环境，加强对低碳技术创新人才的培养和引导，健全低碳技术创新合作机制。

技术创新，时代潮流

1995 年时，我还在外资处工作，美国煤层气公司来到山西省，积极寻求与山西省煤层气进行开发方面的合作，这使我真正意义上认识到煤层气的潜在经济与环境价值。煤层气是煤炭形成过程中的伴生矿产，是刚崛起的新型能源，同时也是优质的洁净能源和重要的化工基础原料。中国煤层气资源量为 30 万亿～35 万亿立方米，山西煤层气资源储量约 10 万亿立方米，占到全国总量的近 1/3。考虑到山西省自身优势，我曾多次在会议上提出大力推进"气化山西"，即综合利用煤成气（煤层气、页岩气、致密气）、焦炉煤气和天然气。

近年来，习近平主席呼吁能源生产和消费方面要进行革命，50 多位中美专家制订了一个路线图，我们把这个路线称为"重塑能源"，它包含了非常高效的能源使用，同时也谈到了清洁能源和新能源多元化的使用。山西省作为国家五大综合能源基地之一，必定要在"能源革命"上起到排头兵作用。基于山西省情况，我认为能源体系的优化需从以下两个方面开展：一是加快实施"气化山西"战略和有效落实"煤层气 20 条"，推进地面煤层气开发和井下瓦斯抽采，构建六大煤层气勘探开发基地和五大瓦斯抽采利用园区，扩大社会和企业用气规模和范围，有效降低煤炭消费比例，优化调整化石能源消费内部结构；二是在充分发挥煤层气资源优势的同时，积极挖掘太阳能、风能、水能、生物质能、地热能等非化石能源潜力，逐步提高非化石能源在能源消费中的比例。通过化

图 2.2.1　煤层气开采工程

石能源消费内部结构的调整助力全省能源结构的优化，加快构建低碳能源体系，有效降低能源消费碳排放强度。

"兴于煤也困于煤"，山西省发展的现状，让我越来越清楚地认识到山西省不可能避开煤而谈低碳发展。山西省政府明确提出将山西省打造成煤基科技高地，要以科技创新促进山西省煤基的绿色转型。既要实现煤炭"高效、清洁、低碳"开发利用，又要实施"电力、焦炭、化工"等传统煤基行业的低碳化改造。两者的根本动力在于科技创新，核心在于低碳技术的推广与应用。在煤炭开发利用方面，应该重点攻克煤炭清洁高效开发利用、煤基清洁能源生产、煤基低碳替代燃料生产、煤矿瓦斯综合利用和火电整体煤气化联合循环发电等关键技术的难关；在产业低碳化改造方面重点攻克能源梯级综合利用、工业余能余热高效利用、原料燃料替代技术和碳捕集、利用与封存等关键共性技术的难关，加快引进、消纳和吸收现有的低碳节能技术，引领山西省产业低碳发展。

小宣传，大效应

通过不断地与他人交流经验，我清楚地意识到，一个人的力量终究是不够的，全民参与才是低碳发展的核心要义。一方面需要居民和企业履行相应的职责，另一方面需要政府部门制定相关政策。但目前双方均面临一些困难，如居民和企业管理者的"低碳发展意识"不足，政府部门官员的"低碳发展知识"匮乏。为摆脱诸如此类的困境，政府需要发挥主导作用，助推全民共同投入低碳发展的事业中去。

"低碳发展知识匮乏"是目前许多政府工作人员所面临的一大拦路虎，不仅会影响政策的制定，还会限制许多项目的顺利实施。为提升相关人员的素质，国家提供了一系列培训机会，如应对气候变化工作培训会、全国发展改革系统应对气候变化培训班、应对气候变化及推进低碳试点培训会等。我十分珍惜这些培训机会，无论有多忙，都积极带领应对气候变化处和省内技术支撑机构的同事们一起参加。虽然这些培训会取得了极佳的效果，但在未来的发展中我们仍需不断学习，紧跟时代步伐。

图 2.2.2　山西省低碳能力建设培训会

　　"低碳发展意识"的培养需要政府大力支持，目前山西省每年开展"全国低碳日"特色宣传，每次我也会全身心投入宣传中去，以使更多人了解低碳生活的必要性。但是，我认为每年一次的这种宣传力度远远不够。政府应定期开展一些活动，如植树造林、低碳知识竞答等，或每年评选"低碳标兵"，以激发群众的低碳兴趣。此外，政府应大力加强对学生的低碳教育，如定期安排专业人士给中小学生开展主题讲座，给高校投入一定的资金开展低碳学科建设等。学生是每个国家未来的希望，加强低碳教育不仅会培养他们的"低碳发展意识"，还会鞭策一些有学之士不断为低碳事业添砖加瓦。

图 2.2.3　组织山西省 2013 年首个 "全国低碳日" 宣传活动

榜样，伴我同行

"榜样力量"不断鞭策着他人前行，低碳示范项目的意义不言而喻，在不断推动山西省低碳试点项目发展的过程中，为同行业的低碳发展研究提供参考与借鉴。企业的微薄之力不足以支撑整个项目，因此需要国家和省政府的大力扶持，如资金、技术、人才等方面。

通过去北京、天津、上海、湖北、广东等地的交流学习，我收获了诸多宝贵经验，回来后，积极与同事们交流心得，在我们的不懈努力下，山西省取得了不错的成绩。目前，山西省已经建成两个国家级低碳试点，即晋城国家低碳城市试点和太原高新技术产业开发区低碳园区试点。山西省政府也启动了部分项目，包括低碳市县试点、开发区试点和低碳社区试点。开展低碳试点有利于充分调动各方面积极性，有利于积累不同地区和行业分类指导的工作经验，是推动山西省低碳转型目标实现的重要抓手。因此，我们必须从实际出发，立足省情、综合规划，加大改革力度、完善体制机制，依靠科技进步、加强示范推广，努力建设以低碳排放为特征的转型战略。

图 2.2.4　世外桃源般的太原市可持续发展试验区

纵然山西省的低碳发展之路崎岖不平，但坚定不移地探索出一条具有特色的道路是我们的必然选择。未来，我将继续坚守自己的岗位，积极进取，理论用于实践，大力开展低碳项目，为赢回"绿水青山"不懈努力。

第三节　先试先行，引领前沿

实践是检验真理的唯一标准。为不断发挥强大的"榜样力量"，我们积极申请，通过不懈努力，山西省大力度开展多个试点项目，以期推动山西省低碳事业的持续进行。目前，山西省已经建成了一批低碳试点，先试先行，为其他地区起到了示范引领作用。近年来，在山西省政府的正确领导下，各试点根据自身的总体任务，筑牢基础、大胆探索、完善措施、落实责任，工作扎实推进，取得了明显成效。

国家低碳试点城市

2010 年时，中国为积极应对气候变化，决定首先在广东、湖北、辽宁、陕西、云南 5 省和天津、重庆、杭州、厦门、深圳、贵阳、南昌、保定 8 市开展低碳试点工作。尽管山西省没有被评选为首批低碳试点，但也一直没有放弃低碳试点的建立。自 2011 年我接手应对气候变化工作以来，一方面我积极到各试点省市调研，学习借鉴他们的先进经验；另一方面，我带领晋城市着手申报国家第二批试点城市。功夫不负有心人，2012 年 11 月 26 日，国家发改委下发《国家发展改革委关于开展第二批低碳省区和低碳城市试点工作的通知》，晋城被确定为第二批国家低碳试点城市。

图 2.3.1　国家第二批低碳试点省市评审会现场

图 2.3.2　晋城低碳发展正当时

2013 年 8 月，晋城市国家低碳城市试点工作启动，标志着晋城市在探索资源型城市低碳发展道路、建设"美丽晋城"中迈出了新步伐。在试点工作中，晋城市重点开展低碳产业体系构建、重点节能提效改造、能源结构优化调整、生态城市森林增汇四大温室气体控制行动和低碳试点示范推进、低碳基础能力保障、低碳科技能力支撑、公众参与社会动员四大低碳城市塑造行动。这些项目的实施真切地解决了山西省正面临的各种棘手的难题，为保证试点行动的顺利实施，山西省政府和地方单位丝毫不敢懈怠，一直在努力推动中。

在建立低碳试点之初，我与晋城市相关负责人进行了多次讨论，并交流多年来所学习到的经验，而后，经过反复研究论证，晋城市制定了以下三项重点工作目标。

一是结合转方式、调结构的内在需求，把低碳试点工作作为建设两型社会、实现科学发展的重要抓手，特别是结合综合配套改革试验区的相关工作，有序推进试点工作的开展。

二是加强能力建设，用好低碳城市建设专项资金，加快建设温室气体排放数据统计和管理体系，编制晋城市温室气体排放清单，将试点工作方案中的目标任务分解到县（市、区），强化目标责任考核，推进试点工作的开展。

三是创新体制机制，积极研究制定鼓励低碳发展的政策措施，开展重点企业碳盘查和碳评估，探索建立规划和项目的评价制度，建设关键低碳技术研发平台，建立重点行业低碳评价指标体系和相关技术规范标准，建设低碳新城、低碳园区、低碳社区等示范工程，努力把晋城打造成低碳发展的先行者和试验田、国家低碳发展的典范。在我的建议下，晋城市在开展碳试点建设时因地制宜，建立专门工作小组，以低碳发展为目标，结合自身地域发展状况和排控需要，克服原有能源评价体系的缺点，积极探索建立符合实际情况的新建项目碳排放评价体系。

经过晋城市多年的努力，一些工作取得了一定成效，主要表现在：全市能源利用结构得到了显著优化；大力推进节能降耗，全面实施了"气化晋城"战略；努力建设绿色晋城，增加森林碳汇；全面开展了"六个一"低碳试点示范建设；构建了低碳发展的能力支撑体系；初步建立了低碳发展的体制机制。

图 2.3.3　晋城市低碳城市试点项目结题验收

其中，在体制机制探索与实践方面，晋城市先试先行，在碳评价、碳立法、碳标准、碳直报、碳盘查、碳中和、碳金融七个方面开展了体制机制创新。

（1）开展碳评价。我曾多次向晋城市的相关负责人介绍碳评价的重要性，并提供了我从国外访问交流时所带回来的珍贵资料。晋城市参考国内外相关技术标准和资料，编制了《晋城市新建项目碳评价实施暂行办法》，制定了《晋城市碳排放目标责任考核暂行办法》，建立以县（市、区）级政府为责任主体、市直主要部门牵头推进、责任单位按责任分工负责的考核机制，这将有利于该市达到碳排放强度下降的目标。

（2）开展碳立法。晋城市人大已经公开征集并确定将《晋城市低碳城市促进条例》（以下简称"条例"）作为首部地方法进行立法前期调研。《条例》将结合晋城市已有基础和工作实际，从低碳发展重点促进方向、发展规划、低碳经济、低碳社会、政策保障和监督管理等方面进行立法。

（3）建立碳标准。晋城市通过资料收集、评价方法、考评指标体系和权重研究等工作,编制完成了《低碳产业园区示范标准》《低碳工业企业示范标准》《低碳农业企业示范标准》《低碳服务业企业示范标准》《低碳乡村示范标准》《低碳社区示范标准》《低碳公共机构示范标准》和《低碳家庭示范标准》八个示范标准，在全国率先开展了低碳示范标准编制工作，此项工作属全国首创。

（4）开展碳直报。晋城市制定了《晋城市人民政府关于印发晋城市温室气体排放统计和核算暂行办法的通知》和《晋城市应对气候变化统计工作方案》，明确了温室气体报送与核查的工作机制、开展流程和时间要求等，在晋城市统计局建立了全市温室气体直报平台，并于 2015 年 12 月开始运行。

（5）开展碳盘查。晋城市制定了《晋城市重点排放单位碳盘查工作实施方案》，分 5 个盘查小组对全市用能 5000 吨标准煤以上的 72 家重点用能单位开展了碳盘查。

（6）开展碳中和。制定《碳中和方案》，在 2015 年"全国低碳日"活动开展期间，对此次活动所涉及的水电、横幅、宣传材料、交通运输及产生废弃物等在内的所有碳排放源进行识别和活动数据的收集盘查，并依据国内外重要标准和方法学进行推算，最终结果显示，活动共产生温室气体 29.19 吨二氧化碳当量，由晋城银行购买并种植的 15 亩"碳中和林"，在未来 5 年内可将本次活动造成的碳排放全部吸收，实现碳中和目标。

（7）开展碳金融。晋城市政府组织编制了《晋城市碳资产管理方案》，对正在实施的"气化晋城"项目减排量的价值发现和项目增值进行管理。根据晋城市现有燃煤量初步估算，"气化晋城"项目将实现年减排量约 500 万吨二氧化碳，并用于排放权质押、发行绿色债券、开展绿色信贷等。按照核证资源减排量 30 元 / 吨平均市场价格进行估算，"气化晋城"项目减排年收益约为 1.5 亿元，按计入期 7 年核算，可产生的总收益约 10.5 亿元。

国家级低碳园区

　　早在外资处时，我就十分关注开发区工作。在中国，各类开发区集产业、技术、资金、政策等优势于一身，它不仅发挥了城市经济"增长极"的作用，而且客观反映了城市的综合竞争力。后来发现，开发区还扮演着一个新角色，即它是能源消耗、碳排放以及环境问题的集中区域。推动开发区低碳发展，将为中国落实生态文明建设，促进绿色发展、低碳发展、循环发展发挥重要的示范作用。通过我们的共同努力，山西省唯一的国家高新区——太原市国家高新技术产业开发区经过组织推荐、层层遴选和评审，顺利从申报的106家园区中脱颖而出，成为国家首批低碳园区。作为试点园区，太原市高新技术产业开发区积极在"点"上做出尝试，起到带头示范作用。该园区牢牢把握低碳经济、绿色经济的大趋势，紧密结合山西资源型经济转型发展的实际，以低碳、绿色为核心价值取向，以多晶硅太阳能、燃煤烟气净化、污水净化回收、除尘消烟、环境监测测试、绿色包装等为重点，打造有特色的新能源与环保节能产业集群，使其成为山西省改善生态环境承载力、增强可持续发展能力、推进低碳能源体系建设的引领者和示范者。

图 2.3.4　太原低碳工业园区试点

省级低碳试点城市

仅靠国家级低碳试点城市带动全省发展是远远不够的，为此，我大力倡导开展省级低碳试点城市，以期全面带动各地的低碳发展。经过多次磋商，山西省发展和改革委员会组织开展了低碳试点市县申报工作。2014 年 10 月，山西省发展和改革委员会公布了第一批省级低碳市县试点名单，确定在太原市、朔州市、大同市阳高县、忻州市忻府区、吕梁市文水县、晋中市昔阳县和祁县、阳泉市平定县、长治市黎城县和沁县、晋城市高平市和泽州县、临汾市古县、运城市万荣县和垣曲县等 15 个县（市、区）开展省级低碳试点城市工作。

在这些省级低碳城市试点中，朔州市近年来的低碳发展成效尤为显著。1979年，亚洲最大的现代化露天煤矿——平朔安太堡露天煤矿开工建设，10 年后，国务院正式批准在该地区成立朔州市。朔州市成了改革开放以来第一座因能源而生的城市，也成为一块探索中国能源城市可持续发展的试验田。然而，因煤而生的朔州市在体会到煤炭带来的经济增长之时，高碳问题逐渐暴露出来，煤炭给环境和人们生活所带来的困扰，让朔州市开始重新思考自己的生存发展之道。

图 2.3.5　2016 年太原能源低碳发展论坛暨国际能博会现场

科技创新为朔州市"绿色发展"画上了浓墨重彩的一笔。在 2016 年国际能博会上，朔州展区的"循环低碳家庭"成为万众瞩目的焦点。这个装修和普通家庭无异的"小房子"是北京大学朔州固废研发中心和朔州市工业固废区部分企业自主研发的固废资源综合利用新成果。从门、衣柜、墙体填充物、墙砖、地板到洗脸池、马桶等卫生洁具均由粉煤灰制作而成。大众眼里被视为工业废弃物的粉煤灰，在北京大学朔州固废研发中心研究人员的努力下，摇身一变成了"低碳循环家庭"里高大上的装修材料。

除此之外，近年来朔州市一直以京津风沙源治理、退耕还林、三北防护林、天然林保护工程和碳汇造林为重点，在建设新兴能源基地、加速煤电产业发展的同时，坚持"生态立市"，以"绿色"作为朔州市未来发展的主色调，坚持不懈地植树造林。经过一系列的改造，如今的朔州，所到之处皆为绿色，很难让人想起"漫天黄沙"的过去。

省级低碳试点园区

企业是低碳发展的中坚力量，为建设一批有特色、代表性强的低碳产业园区，引领和带动山西省工业低碳发展，我们于 2014 年 4 月组织申报省级低碳产业园区试点工作。

图 2.3.6　鸟瞰长治高新区

2015 年 6 月，长治高新区被列为省级低碳产业园区试点单位，成为全省 5 家试点单位之一。长治高新区作为国家新型工业化示范基地，是山西省唯一的非煤、非重产业基地，初步形成了以装备制造业为主，生物医药、光电子等为辅的低碳产业格局和完备的工业体系，为该市低碳园区创建打下了良好基础。

此外，该高新区正在打造一批掌握低碳核心技术、具有先进管理水平的低碳企业，形成低碳发展模式，使园区内入驻企业单位工业增加值碳排放量大幅下降，传统产业低碳化改造和新型低碳产业发展取得显著成效，引领和带动全市工业低碳发展。可见，试点"先行先试"的成效日益显著，榜样的力量十分巨大。

低碳社区

2013 年 1 月 10 日，山西省印发《山西省"十二五"控制温室气体排放工作方案》。"十二五"期间，山西省结合保障性住房建设和城市房地产开发，按照绿色、便捷、节能、低碳的要求，在全省逐步开展低碳社区试点建设。为树立生态文明理念，增强大家主动承担碳减排的意识，山西省开展低碳社区试点，逐渐将示范效应扩大，助力碳排放减少目标的实现。"筛选基础条件较好的城市社区（街区）或农村新民居，逐步开展低碳社区试点。"主要选择基础较好、示范带动作用大的城市、园区、企业、社区和公共机构，开展全方位、多层次的低碳试点示范建设，以试点示范建设为抓手，调动各方参与应对气候变化工作的积极性，探索低碳发展模式和路径，促进山西省生产和生活方式低碳化的转变。各试点地区编制低碳发展规划和实施方案，积极探索具有本地区特色的低碳发展模式，率先形成了有利于低碳发展的政策体系和体制机制，建立了以低碳为特征的产业体系，践行了低碳消费的理念。

图 2.3.7　高效组件及光伏社区亮相太原

除此之外，山西省政府还大力开展社区节能减碳工程、加大低碳知识普及和宣传力度，组织社区居民开展低碳生活实践，推动社区生活方式、消费方式的转变；开展低碳公共机构建设，多措并举建设节约低碳型机关；开展机关绿色办公、鼓励干部职工低碳出行，加强机关日常低碳节能管理；开展废旧资源循环利用活动；推进公共机构新能源和可再生能源应用等。

山西省在低碳发展这件事上可谓是使出了浑身解数，通过不断努力，一些成效日益显现，"绿色"逐渐成为全省的主色调。除此之外，中国政府对这个全国最大碳排放地区的"绿色发展"情况格外重视，并将"能源革命排头兵"的重大使命交付山西省，山西省必将肩负起身上的重担。

第四节 长计远虑，大有可观

2014年，习近平总书记在中央财经领导小组第六次会议上提出了能源革命的重大战略思想。时隔三年，2017年6月，总书记到山西视察时，提出山西省要做示范，引领中国的能源革命向纵深推进，核心是低碳引领能源革命，将能源革命排头兵的历史使命交与山西省。2017年9月1日，国务院印发了《关于支持山西省进一步深化改革促进资源型经济转型发展的意见》，这是党中央、国务院为山西省转型发展做的又一次顶层设计，其中有两个关键词组：建成资源型经济转型发展示范区、打造能源革命排头兵。

山西省如何建成国家级资源型经济转型综改试验区？怎样打造成全国能源革命排头兵？这两个问题受到各方关注。应《山西日报》邀请，结合自己多年实践经验，我对《山西打造能源革命排头兵行动方案》作了应对气候变化角度的解读，《山西日报》全文刊发：

近年来，我省坚持把绿色低碳发展作为深化供给侧结构性改革与深化转型综改试验区建设的重要内容，着力加强应对气候变化基础能力建设，有效控制温室气体排放，各项工作取得积极进展。作为典型的资源型经济省份，山西省

图 2.4.1　参加"山西争当全国能源革命排头兵"中央部委及国
家级专家座谈会

能源消耗以煤为主，煤炭占能源消费总量的 85% 左右，远高于全国平均水平，且短时间内煤炭在能源结构中的主体地位难以改变，全省温室排放总量增长的压力较大，高碳特征明显。要将低碳发展作为全省生态文明建设和资源型经济转型综合配套改革试验区建设的重要途径，充分发挥市场机制与政府推动的双重作用，低碳引领能源革命，打造全国能源革命排头兵，全面推进产业绿色低碳转型，促进城镇化低碳发展和区域协调发展，推动供给侧结构性改革与消费端转型，深化低碳试点示范，强化科技创新和基础能力保障，有效控制温室气体排放，为推进全省绿色低碳发展做出新贡献。

积极开展碳排放权交易相关工作，通过市场机制倒逼形成绿色发展模式。重点组织省内符合条件的控排企业积极参与全国碳排放权交易。编制我省碳排放权交易市场建设实施方案，组织参与交易企业开展碳排放监测、报告、核查和配额分配；加快省、市、县温室气体排放清单编制，摸清底数，为应对气候变化政策制定和我省企业参与全国碳排放权交易提供数据支撑；探索开展碳普惠制、碳积分交易等碳交易机制创新和试点示范；深化碳排放峰值研究，研究我省碳排放驱动因素贡献程度，预测在未来不同发展情景下，我省温室气体特别是二氧化碳排放峰值以及各峰值出现的时间，尽快提出我省碳排放峰值目标和实现路径；加强应对气候变化能力建设，开展有针对性的培训，切实提高各方对碳排放权交易的认识水平和参与能力，同时按照专业技术人员的要求，培育企业核算报告人员、第三方核查人员、碳交易员等专业技术人才队伍，为参与全国碳排放权交易市场提供保障。创新应对气候变化投融资机制，大力推进绿色金融发展。促进应对气候变化国际交流合作。

深化低碳试点示范，主动探索资源型地区绿色低碳发展模式。推进国家低碳试点城市晋城市开展碳排放达峰路线及减排路径研究，力争在2025年左右实现碳排放率先达峰，在全面总结评估试点经验的基础上，进一步深化试点工作。推动太原、朔州等15个省级低碳市（县）开展碳排放总量控制和碳排放峰值研究，强化低碳发展顶层设计和基础能力建设，探索产城融合低碳发展模式，鼓励有条件的地方积极申报国家低碳城市、低碳城（镇）试点。推动国家低碳试点产业园区和省级低碳试点产业园区实施低碳运营管理，开展低碳技术研发应用，创新工业园区低碳发展模式。鼓励条件成熟的限制开发区域和禁止开发区域、生态功能区、工矿区、城镇等开展近零碳排放区示范工程。鼓励新建社区、既有社区和农村社区积极申报国家级和省级低碳社区试点，开展低碳社区建设和改造，实施低碳运营管理，普及低碳文化知识，引导培育低碳行为。

目前，山西省一系列的低碳发展项目都在紧锣密鼓地实施，如气候立法、温室气体控制、碳市场建立等。这些项目的推进保证了低碳发展有法可依，温室气体源头得以控制，"外部性"问题市场化解决，资源配置日趋合理，效率大幅提高。随着此类行动的不断推进，秉承"低碳发展是山西省的必然选择"的信念，"黑色"资源"绿色"发展并不是天方夜谭，踏上充满生机的道路也不会遥无可期。

03

心系桑梓
披荆斩棘

亦余心之所善兮，虽九死其犹未悔

第三章
心系桑梓，披荆斩棘

　　纵然没有"先天下之忧而忧，后天下之乐而乐"的崇高志向，没有"安得广厦千万间，大庇天下寒士俱欢颜"的伟大胸襟，没有"人生自古谁无死，留取丹心照汗青"的豪壮情怀，但山西省经济发展陷于瓶颈，生态环境不容乐观等现状在我心中激起了层层涟漪，家乡的困境敦促我不断探索山西省低碳发展路径。征程漫长而又坎坷，但"亦余心之所善兮，虽九死其犹未悔"。

　　经过几年的探索，山西省逐渐迈入了低碳发展的正轨，在诸多方面取得了良好的成效。比如凝聚敢为人先精神的"应对气候变化办法"，汇集苦干精神的温室气体控制和饱含创新精神的碳捕集、利用与封存（Carbon Capture、Utilization and Storage，CCUS）技术探索。

第一节　气候治理，立法先行

应对气候变化是目前全球性热点话题。作为碳排放大国，中国理应担当起深度参与全球治理、推动可持续发展的责任。习近平主席多次在发言时表示，应对气候变化是中国可持续发展的内在需要，也是负责任大国应有的担当。中国在应对全球气候变化、加强应对气候变化能力建设方面是积极主动、严肃认真的，以期为全球绿色低碳发展贡献自己的力量。中国气候变化事务特使解振华也多次表示中国政府高度重视应对气候变化工作，把推进绿色低碳发展作为生态文明建设的重要内容，作为加快转变经济发展方式、调整经济结构的重大机遇，中国愿继续与国际社会一道，发挥积极建设性作用，不断推动全球气候治理进程。

应对气候变化工作的有序开展和进行，离不开法律的规范和指导，有了法律才有行动的准则，才能为减排目标的实现提供强有力的制度保障。我国应对气候变化工作的重大责任，是气候变化立法的外在需求，而国内现有气候变化相关立法的不足，则是气候变化立法的内在动力。

在内外双重因素的推动下，国家采取了一系列积极措施，成立了国家应对气候变化领导小组，出台了多部法律法规，旨在加强应对气候变化能力建设，规范应对气候变化措施，努力提高全社会应对气候变化的意识。早在 2007 年 6 月，国务院就成立了专门的工作领导小组，作为国家议事协调机构，协调解决气候变化工作中的问题。在工作小组的领导下，国家发改委随后发布了《应对气候变化国家方案》，我国由此成为第一个制定应对气候变化国家方案的发展中国家。之后，国家发改委又先后出台了《中国应对气候变化的政策与行动》中英文版、《清洁发展机制项目运行管理办法》《温室气体自愿减排交易管理暂行办法》等相关法律法规。2012 年 3 月，《中华人民共和国气候变化应对法（草案）》完成初稿，国家层面的气候立法工作取得了阶段性进展。

山西省是气候变化不利影响的重灾区，同时以煤为主的产业结构和能源消费结构给山西省带来巨大的减排压力，省委省政府高度重视应对气候变化工作，积极落实国家发改委应对气候变化工作的有关安排，全面部署和统筹协调应对气候变化工作，尤其是在立法方面，紧跟中央步伐，率先制定了地方综合性应对气候变化法规。2011 年，历经数稿的《山西省应对气候变化办法》（以下简称《办法》）正式出台，这是继青海之后，中国第二部应对气候变化的地方政府规章。2011 年 6 月，《办法》由山西省政府牵头，具体由山西省发改委和省气象局共同制定，在 2011 年 8 月正式印发执行。《办法》共分为五章五十七条，主要明确了应对气候变化的责任主体和减缓气候变化、适应气候变化、温室气体排放管理的工作内容及应对气候变化的保障措施，为山西省应对气候变化工作的开展提供了法制保障。

　　《办法》颁布以来，引起了社会各界尤其是业界同行的高度关注。2011 年 8 月在哈尔滨召开的国家应对气候变化规划编制工作会议上，时任国家发改委副主任解振华指出，山西省应对气候变化工作扎实推进，成效显著，是其他省市学习和借鉴的榜样。2011 年 8 月 24 日，国家发改委内部刊物《气候变化与对策简报》第 37 期全文刊发了《山西省应对气候变化办法》，报送国家有关部门并下发全国各省市。上级领导部门对于我们工作成绩的肯定，让我们十分自豪，备受鼓舞。

　　2012 年 7 月 28 日，时任国家发改委气候司副巡视员孙桢一行组成调研组对山西省应对气候变化立法工作情况进行了调研，对山西省应对气候变化立法工作给予充分肯定，指出《山西省应对气候变化办法》是山西省应对气候变化工作取得的重要成果，为政府制定减排目标、推进低碳工作提供了重要依据。调研组认为，《办法》的颁布对于全国各省开展应对气候变化立法工作具有重要的借鉴作用；《办法》将单位 GDP 二氧化碳排放量纳入各级政府和企业的目标责任制和评价考核体系，是推动应对气候变化工作的创新举措，极大地调动了各级政府部门和企业节能减排的积极性。

图 3.1.1　国家发改委气候司对山西省开展应对气候变化立法
进行调研

为使全省应对气候变化工作更有目标、更有重点地开展，2014 年 6 月 9 日，经山西省政府同意，山西省发改委印发了《山西省应对气候变化规划（2013—2020 年）》（以下简称《规划》），这是山西省开展应对气候变化工作的纲领性文件，是全国首部省级应对气候变化的中长期规划，中央和省市媒体进行了报道。《规划》提出了山西省应对气候变化工作的指导思想、目标要求、重点任务、重点工程和保障措施。《规划》对于确保山西省实现"十二五""十三五"碳减排目标，促进山西省转型跨越发展也具有极其重要的意义。作为山西省应对气候变化工作的主要负责人之一，我亲身参与了《办法》和《规划》的组织制定和出台，为山西省应对气候变化立法工作贡献了自己的绵薄之力。

山西省的应对气候变化立法工作开展得有条不紊，同时为了加快我国应对气候变化的立法进程，我也积极参与了国家组织的有关应对气候变化的立法研讨会，分享了我在推进山西省应对气候变化工作时的经验教训。

2012 年 3 月 29 日，国家发改委召开"应对气候变化立法国际研讨会"，旨在加快我国应对气候变化的立法工作，建章立制，形成应对气候变化的长效机制，通过气候变化立法来转变经济社会的发展方式。此次会议由中国政法大学承办，并获英国驻华大使馆支持。时任国家发改委副主任解振华、全国人大环资委副主任王庆喜，国务院法制办副主任甘藏春，英国驻华大使吴思田、中国政法大学校长黄进、英国国会上院议员华凌柏等出席会议并致辞。国家相关部门、地方发改委以及国际组织、研究机构、企业、金融机构、驻华使馆的代表近百人参加了此次研讨会。

在此次会议中，作为唯一一位地方发言代表，我作了"山西省应对气候变化管理制度探索与思考"的专题发言，指出在全国开展应对气候变化工作之前，山西省已经在部分领域建立试点进行探索，并在山西省被批准为全国第一个全省域、全方位、系统性的"国家级资源型经济综合配套改革试验区"的大背景下，出台了《山西省应对气候变化办法》。结合在实际工作中的问题，我提出了关

图3.1.2　应对气候变化立法国际研讨会在北京召开

图3.1.3　在应对气候变化立法国际研讨会上发言

于应对气候变化在管理体制和制度建设上的建议：提高市县机构建设和能力建设，促进部门间协调，加快应对气候变化法制建设，完善法律体系。

国家发改委为了扩大应对气候变化立法工作的社会影响，加深各方对立法中有关重要问题的理解和认识，推进《应对气候变化法》的立法进程，于2015年11月11日在北京召开"应对气候变化法高级别研讨会"，会议由国家发改委应对气候变化司指导，国家应对气候变化战略中心主办，北京市发改委、中国政法大学、英国驻华大使馆、国际应对气候变化法专家等国内外百余位专家学者就《应对气候变化法（初稿）》进行了研讨。

我也积极参与了此次会议，并应邀作了"山西省应对气候变化实践和对国家层面气候立法的需求"的专题发言。在发言中，我建议应对气候变化应体现区域化差异，山西省是中国的新型能源基地，在全国经济社会发展中具有十分重要的地位。同时，山西省属于中部地区，经济发展水平相对较低。虽然正在推进转型发展，但短期内以煤为主的能源结构很难从根本上得到转变。因此，建议《应对气候变化法》借鉴《联合国气候变化公约》规定的"共同但有区别的责任"原则，根据不同地区的经济发展水平和产业结构，采取不同的应对气候变化办法。在研讨会上，我同各位参会人员分享了山西省在《应对气候变化办法》实施过程中总结出的经验，以小见大，我从山西省这一特例出发延伸到国家层面，对国家立法进行了深入的思考和阐述，得到了与会专家学者的高度评价。

第二节　低碳之路，有序推进

山西省是我国煤炭生产和煤炭消费的大省，在过去几十年中，对我国的经济发展做出了突出贡献，然而与之相伴的是其温室气体排放量在全国名列前茅。高碳大省山西，承载着巨大的减排压力，而高碳产品与高碳产业的发展也将面临碳税、碳贸易壁垒、碳排放管制等重重限制，社会经济的可持续发展障碍重重。针对这一现状，山西省委省政府紧密结合经济发展和温室气体排放的特点，探索具有山西特色的低碳发展之路。

顶层设计：及时出台政策规划，强化对低碳发展的引领

无规矩不成方圆，政府的管理必须依靠法规和政策。山西省充分认识到两者的重要性，在出台应对气候变化综合性法规的同时，不断结合现状颁布政策规划，两者相辅相成，共同构成严密的制度网络。

2011年6月，山西省发改委下发了《关于全面开展应对气候变化工作的通知》，对进行低碳发展规划、编制温室气体排放清单、建立温室气体管理平台、开展低碳试点示范工作以及加快建设高碳产业低碳发展的产业体系等工作作出了具体安排。

2012年12月，山西省政府出台了《山西省"十二五"控制温室气体排放工作方案》，将碳减排指标分解到各地市，将控制温室气体排放重点任务分解到相关部门。随后，山西省制定了《山西省控制温室气体排放目标责任考核实施方案》，开展了对各地市人民政府2013年度、2014年度单位地区生产总值二氧化碳排放目标责任试评价考核和"十二五"正式考核。

2016年6月，山西省发改委印发《山西省"十三五"控制温室气体排放规划》，作为"十三五"期间山西省应对气候变化工作的顶层设计，该规划明确了山西省"十三五"应对气候变化重点工作，强化了山西省政府对低碳发展工作的引领，确保完成山西省"十三五"控制温室气体排放目标任务。

2017年8月，山西省政府第160次常务会议审议通过《山西省"十三五"控制温室气体排放实施方案》，并于同年9月11日印发。该方案结合了山西省实际情况，对于确保完成全省"十三五"控制温室气体排放目标任务，促进绿色低碳发展具有重大意义。

山西省一系列控制温室气体的政策文件相继出台与落实，为控制温室气体排放工作的顺利进行提供了制度保障。全省产业结构、能源结构逐步优化，产业技术装备水平逐步提升，碳强度呈持续下降趋势；全省充分利用新能源的资源优势，积极发展风电、煤层气、太阳能、水能等产业，非化石能源占一次能源消费比重有所上升，煤炭占一次能源消费比重逐渐下降；在规划的指导下，

山西省全面淘汰落后产能，提前两年全面完成国家下达的"十二五"目标任务，全省能效水平持续上升。山西省通过一系列制度建设与创新，走出了一条极具山西特色的经济发展和控制温室气体排放双赢的可持续之路。

基础数据：温室气体排放统计核算与专项研究工作有序推进

温室气体的排放统计核算工作大致可以分为三步：一是摸清家底，编制温室气体排放清单。为了更好地摸清山西省温室气体排放情况，我专门邀请山西省生态环境研究中心、山西省气象科学研究所、山西省环境科学院、山西省电力协会等单位的专家，申请了"山西省 2005 年温室气体排放量初步测算"研究课题，对山西省能源活动、工业生产过程、农业和畜牧业、土地利用变化和林业以及废弃物处理 5 个领域的温室气体排放量进行初步测算，在温室气体排放活动水平数据收集、排放因子测算、不确定性分析等方面做了具体研究。山西省政府专程邀请国家发改委能源所专家对测算工作提出修改和完善的意见，形成初步成果，为山西省应对气候变化工作提供了第一手资料。最终，我们先后编制完成山西省 2005 年和 2010 年、2012 年和 2014 年温室气体排放清单编制工作。

二是实时监测，建设温室气体观测站网。山西省布局了全国首个覆盖全省主要城市的温室气体观测网络，分两期建成太原、大同、临汾、朔州、晋城和五台山 6 个观测站点，初步实现了山西省环境温室气体浓度数据在线监测、在线传输、在线处理和在线发布，形成了日常监测机制，为制定省域内差异化的应对气候变化政策措施提供了有力保障，为全国省级温室气体观测站网建设积累了经验，为国家提供了宝贵的一手实时监测数据，发挥了示范引领作用。

三是项目推动，降低温室气体排放。山西省积极推进清洁发展机制（Clean Development Mechanism，CDM）项目和温室气体自愿减排交易（Chinese Certified Emission Reduction，CCER）项目开发。截至 2016 年 8 月 23 日，山西省经国家发改委批准的 CDM 项目共 187 个，预计二氧化碳年减排量达 5 582 万吨；成功注册项目共 126 个，预计二氧化碳年减排量为 3 396 万吨；已签发项目共 38 个，预计二氧化碳年减排量为 2 105 万吨。但 2012 年以后，欧洲经济衰退，欧洲碳市场配额严重过剩，导致配额价格一路走低，CDM 项目市场逐渐滑落。但随着我国 7 个碳排放权交易试点的运行和全国碳排放权交易市场的启动，CCER 项目作为我国碳排放权交易市场的有效补充逐渐兴起，各省均在积极申请 CCER 项目备案。山西省已向国家发改委申请温室气体自愿减排交易项目备案 51 个，预计二氧化碳年减排量为 1 365 万吨。

基础研究：申报国家重点课题，积极组织研究学习

利用各类资金，开展课题研究。在个人努力和领导的大力支持下，山西省在全国率先安排了省级应对气候变化专项资金。在 2011—2014 年，我们争取到国家 CDM 基金赠款 2 500 余万元，同时安排省煤炭可持续发展基金 200 余万元，开展"山西省应对气候变化规划（2013—2020）""山西省低碳发展行动战略""山西省'十三五'控制温室气体排放实施方案""山西省省级温室气体清单编制"，以及"山西省碳排放峰值预测及总量控制研究""山西省主要工业行业温室气体排放评估与绿色低碳发展研究""山西省实施重点企事业单位温室气体排放报告制度相关研究""山西省应对气候变化统计核算工作方案研究""山西省温室气体数据库建设研究""350MW 富氧燃烧发电 CCUS 工程可行性研究""二氧化碳深部煤层封存及驱替煤层气主要影响因素研究""山西省适应气候变化方案编制研究""碳交易总量控制和配额分配研究"等 20 多项课题研究，大力地推动了山西省应对气候变化基础能力建设。2016 年 12 月开始，山西省组织开展了 2011—2012 年度中国清洁发展机制基金赠款项目的结题验收工作，对"山西省 2005 年省级温室气体清单编制""山西省应对气候变化规划思路研究"等七个赠款项目进行了专家评审，并向国家发改委正式提出结题申请。评审专家组经过听取课题组汇报和答辩，对项目所做的工作及取得的成果给予高度肯定并同意通过结题验收，希望项目组成员充分利用现有研究基础和团队优势，积极参与全省低碳经济重大问题联合攻关和示范推广工作，为建设低碳山西做出更大贡献。2017 年 1 月 22 日，山西省发改委组织以山西省投资咨询和发展规划院为牵头单位，以北京中创碳投科技有限公司、山西大学、山西省生态环境研究中心为成员单位的联合体方式积极准备项目申报材料，争取到世界银行"市场准备伙伴基金"赠款 26.7 万美元，并用于开展"山西参与碳排放权交易关键问题研究"课题研究。

组织培训学习，提高人员素质。2011年6月19日，全省地市发改委对口负责人参加了清华大学主办的"地方政府应对气候变化，抓好十二五开局"高级培训研讨班，就温室气体排放统计检测与考核等内容进行了认真研讨和交流。其间，我们还前往华能北京热电厂参观了全国第一套二氧化碳捕集（Carbon Capture and Storage，CCS）试验示范装置。2011年7月13日，山西省组织科研院所技术人员参加了国家发改委气候司举办的"省级温室气体清单编制指南培训班"及有关工业、农业、林业、废弃物四个领域的温室气体清单编制交流研讨会，这一活动在加强山西省省级清单编制的科学性、规划性和可操作性等方面大有裨益。之后，山西省发改委组织各市发改委和相关单位参加了国务院发展研究中心资源与环境政策研究所在太原举办的"碳交易体系与碳计量方法专题研修班"，同时也派相关人员参加了"国家应对气候变化规划编制工作中部边会""中国适应气候变化政策与行动专题培训""中德适应气候变化研讨会""中国应对气候变化技术引进需求评估"等培训和研讨会，及时掌握国家应对气候变化规划和行动的重点问题。同时，我每年组织召开全省发展改革系统应对气候变化工作推进会，传达全国发展改革系统应对气候变化工作会议精神，安排部署全年工作任务，开展应对气候变化基础知识、国家政策、国际形势、碳排放权交易等方面的培训。

图 3.2.1　山西省发展改革系统应对气候变化工作推进会议
在晋城召开

与周边省份互动，加强学习交流。天津市作为全国省级温室气体清单编制试点、低碳城市试点、碳交易试点之一，在应对气候变化工作方面先于其他省市开展了大量的研究和实践，并积累了一定的经验。2012年4月17日，山西省发改委气候处组织太原市发改委、山西省生态环境研究中心和山西省气象科学研究所一行七人，由我带队赴天津调研学习应对气候变化工作管理、应对气候变化规划编制、省级温室气体清单编制、碳排放权交易和低碳试点的设立等工作情况。其间，山西省清单编制技术人员与承担天津市温室气体清单编制工作的课题组成员就能源活动、工业生产过程、农业、土地利用变化和林业、废弃物处理五个领域的具体问题进行了深入沟通和交流。通过调研学习，我们对试点省市先行开展的温室气体清单编制等工作有了进一步了解，对山西省开展控制温室气体工作产生了积极作用。

2012年7月31日，由江西省发改委气候处沈丰处长带队，江西省发改委、省气候中心、省科学院，各地市发改委以及省级低碳试点县发改委的同志一行26人组成调研组，来山西省考察学习应对气候变化工作方面的经验和做法。山西省发改委气候处组织省生态环境研究中心、省气科所等科研单位与调研组进行了座谈，我主持了此次座谈，双方主要就应对气候变化工作开展情况、温室气体监测网点建设、省级温室气体清单编制以及应对气候变化法制建设等情况进行了交流和探讨。

图3.2.2　江西省发改委应对气候变化调研组来山西省调研

能力建设：发挥政府领跑作用

当今，应对气候变化是中国无法回避的问题，气候治理是中国生态环境改善，经济发展方式转变的重要内容。如果应对气候变化工作缺乏政府组织和引导，单凭市场很难克服经济发展对生态环境造成的一系列外部性问题。政府在气候治理工作中扮演着领跑者角色，有着关键性作用。政府要发挥好领导作用，必须重视能力建设。能力建设，事关理念、人才、技术等诸多方面，在气候治理工作中处于核心地位。然而，当前省际气候变化治理能力差异大，能力建设成效差异大，阻碍气候变化治理"同一战线"的形成。

自2011年进入气候处以来，我深入参与山西省气候治理工作已经十个年头。作为一个"老碳路者"，多年的探索实践和学习经验使我对地方政府气候治理能力建设有一定的见解，愿与大家分享，共同探寻出气候治理建设的新路径。我认为，地方政府气候治理能力建设应该着重注意以下几个方面：

（1）组织领导能力。地方政府组织领导能力建设问题，关键在于理清其与中央政府、企业、民众之间的关系。必须明白，地方政府在气候治理工作中的领导地位是相对的，其具体政策、措施必须与全国统一规划和框架相契合。在此基础上，地方政府必须发挥主动性，制定符合当地实际情况的气候治理方案、规划，切勿简单将中央的通知照搬甚至只做表面功夫。同时要发挥桥梁作用，做好中央、地方企业以及民众的"沟通者"。组织领导者，并不意味着发号施令，而是在全面掌握本地实际情况下，为自身打造一套"合体"的规划，并辅之以具有现实可行性的具体方案。何谓领导？其作用主要体现在两个方面：一是"领"，简单地说就是带领、领头，市场机制实现不了的，中央政府无法顾及的，企业、民众难以完成的，地方政府要敢于站出来做"带头人"，为气候治理工作奠定基准，打下基调，扛起应对气候变化的大旗；二是"导"，也就是疏导、引导，地方政府不仅要带着企业和民众走，而且在走的过程中必须把握方向问题，处理好经济发展和气候治理的关系，既要保证整体前进的大方向，也要对企业、民众的小方向进行及时指导。

（2）政策保证能力。通俗地说就是政府颁布的政策能不能实现。政策保证能力是政府决策能力、执行能力、评估能力、调整能力的总称。政策保证能力贯穿政策推进全过程，关乎政策实施的成败。

第一步是决策，做出正确合理的决策意味着成功了一半。地方政府的决策关系到一方民生，不能靠"拍脑袋"决定。决策的形成必须有理论支持和现实可行性，必要时需广泛征求专家学者、企业、民众的意见。第二步是执行，"纸上得来终觉浅"，如果决策执行不畅，不仅最终结果不理想，而且还耗费人力物力。执行过程中要处理好多种关系，一是处理好和中央政府的关系，执行中央政府决策时，要充分了解决策的实质；二是处理好不同部门之间的关系，气候治理工作涉及能源、环保、经济、统计等诸多领域，一项工作往往需要举多部门之力才能完成，各部门间要突出优势，明确职责，建立良好的沟通合作机制；三是处理好与被执行主体的关系，执行人员必须对所执行项目有充分的了解和认识，并且熟悉掌握方法、规章流程，同时要注意执行方式不应过于激进强硬，要考虑被执行主体接受能力和接受程度，必要时要对被执行主体进行培训。第三步是评估，决策的实施并不是目的，重点在于实际执行效果与规划目标之间的差距，因此对决策实施效果的评估就显得极为重要。通过评估，要清楚实际效果和预计目标之间有何偏差，中间是哪一环节出现问题，是否可以调整等。同时由于政府本身是决策的执行主体之一，评估工作可以交由专门的部门或者委托第三方进行，但是决策部门内部也要建立评估机制，以便及时发现问题，寻找新方法、新思路，推动气候治理工作朝着更深层次进行。第四步是调整，这一步是建立在前几步的基础之上，是对原有方案的修正补充，是理论指导下的实践对原有理论的反馈，是影响决策执行质量、目标实现程度的重大因素，有利于形成具有地方特色的气候治理方针规划。

（3）社会动员能力。简单地说就是政府的号召有没有人响应和支持。也就是政府动用各种社会力量和资源调节分配的能力。具体到气候治理领域，一是动员企业积极配合政府工作，让企业积极承担和履行社会责任，树立低碳发展的经营理念，使用清洁能源、发展低碳技术，减少温室气体排放。使企业真正意识到低碳经济事关企业的切身利益和未来发展空间，把低碳意识运用于企业决策之中；二是对社区、机关、学校等群众进行宣传、教育、培训，帮助人们逐渐树立低碳理念，鼓励、倡导、培育健康的低碳生活方式，形成绿色、低碳、节约型消费模式。

（4）服务回应能力。服务回应能力，即对社会需求保持回应并提供有效服务的能力。我们的政府应该是服务型政府，在气候治理工作中也要时刻树立服务观念，倡导高效作风。气候治理工作离不开企业参与，但企业往往在气候治理领域缺乏专业人才，这就要求政府要了解企业困难，要为其积极创造条件共同解决难题。地方政府要做好前期准备工作，出台相应的制度和规范，建立专门的服务平台，对企业相关人员进行培训，并不定期深入企业了解，对其疑难之处要及时进行回应，建立良好的沟通反馈机制。同时，地方政府要对外部环境保持高度敏感性，善于发现问题，把握机遇。

能力的提升都离不开人才的支撑。地方政府也必须建立起气候治理领域的专业队伍。一方面在人员录用时要注重专业素质和能力，另一方面要在日常工作中加大对内部人员的培训，充分挖掘内部人员的潜能。

潮流引领：积极探索绿色出行模式

太原市是全国最早推行公共自行车的城市之一，2012 年 9 月已基本建成公共自行车租赁系统。目前太原市已经设立站点 1 285 个，公共自行车约 4.1 万辆，基本覆盖城区各主要街道。截至 2020 年 12 月底，租骑总量达到 8.975 亿次，单车日租周转最高达 20.08 次／车。太原公共自行车大规模投入使用以来，"一骑独乘"，骑出了全国自行车单日租骑量、单车周转率、免费租用率等多个第一，生态效益和经济效益都十分可观，中新网、国际在线等多家新闻媒体纷纷报道。公共自行车已经成为太原市民日常必不可少的短途出行交通工具。2016 年共享单车入驻太原，太原市公共自行车系统也匹配升级，两者有效结合，共同为太原市民绿色出行增添助力。

图 3.2.3 整齐排放的公共自行车

太原市发展电动出租汽车在国内不是最早的，却是发展最快的。2016年太原市8 292辆出租车由燃气车、燃油车全部变身为纯电动车，成为全球首个全部为纯电动出租车的城市和全球纯电动出租车拥有量最大城市，彭博社以"中国煤都斥巨资谋变绿——太原意外成为产生未来绿色领军者的地方"为题进行了报道。

此次更换的比亚迪e6纯电动出租车具有"零排放、零污染"的特点。凭借"以电代油"，一辆比亚迪e6一年可节省燃油14 120升，减少二氧化碳排放量32吨，相当于种植阔叶林32万平方米，环保效益显著。太原发展电动出租车，是构建低碳交通体系的关键环节，也是防控大气污染的重要举措，有利于发挥山西省得天独厚的能源优势，打造太原"绿色交通"城市名片。

图3.2.4　央视报道电动出租车发展的"太原模式"

近年来，山西省牢固树立"创新、协调、绿色、开放、共享"发展理念，坚持把应对气候变化、绿色低碳发展作为生态文明建设和国家转型综改试验区建设的重要内容。同时，山西省还紧紧盯住"十三五"期间单位地区生产总值二氧化碳排放下降18%、到2030年左右碳排放达到峰值并努力尽早达峰这两个目标，不断完善应对气候变化体制机制，开展山西省碳排放权交易市场建设和低碳试点示范，加强应对气候变化基础能力建设和宣传，有效控制温室气体排放。"十二五"期间，山西省单位地区生产总值二氧化碳排放量下降22.04%，超额完成国务院下达的17%下降目标。在国务院组织的单位地区生产总值二氧化碳排放降低目标完成情况考核中，山西省2013年、2014年、

2015 年、2016 年连续四年评估结果均为优秀，获国家通报表扬。2016 年同比下降 5.53%，超额完成下降 3.9% 的进度目标。山西省做出的成绩有目共睹，但面临的问题仍不容忽视。

减缓和适应气候变化是我们必须面对的一个事实，除被动适应外，我们更应该主动采取措施进行源头治理。中国政府把应对气候变化作为重大战略，实现 2020 年控制温室气体排放行动目标需要坚持不懈的努力。对于山西省而言，控制温室气体排放这项工作无论从技术上还是实践上都是一个巨大的挑战，很多时候我们没有可以借鉴的地方，只能靠自己去揣摩，找到最适合山西省的方法。但是换个角度来看，控制温室气体排放有助于建立倒逼机制，促进企业和政府自觉推动转型发展和低碳发展。因此，我们要利用好应对气候变化的机遇，因势利导，趋利避害，加快发展低碳产业，努力建设以低碳排放为特征的产业体系和消费模式，促进经济社会可持续发展，实现经济发展和应对气候变化的双赢。

第三节　科技创新，前景广阔

为减缓全球气候变化趋势，人类正在通过持续不断的研究以及更加密切的国际合作，从技术、经济、政策、法律等层面探索减少以二氧化碳为主的温室气体排放的解决途径。自 20 世纪 80 年代起，CCS 技术已经成为应对气候变化领域科学研究的主题之一，初始发展缓慢，直到 90 年代才作为研究重点被广泛关注。2003 年，碳封存领导人论坛成立，致力于 CCUS 技术的研发。2005 年，政府间气候变化专门委员会（Intergovernmental Panel on Climate Change，IPCC）发表了关于二氧化碳捕捉与封存技术特别报告，分析了 CCUS 技术的潜力，加快了这项技术的发展和推广。相对于发达国家，中国的 CCUS 技术研究起步较晚，但发展迅速。

2006 年发布的《国家中长期科学和技术发展规划纲要（2006—2020）》，在先进能源技术重点研究领域提出了"开发高效、清洁和二氧化碳近零排放的化石能源开发利用技术"。2007年6月发布的《中国应对气候变化科技专项行动》，将二氧化碳捕集、利用与封存技术作为控制温室气体排放和减缓气候变化的重要任务之一。2007年出台的《中国应对气候变化国家方案》中，明确提出"大力开发二氧化碳捕获及利用、封存技术等"。2008年《中国应对气候变化的政策与行动（2011）》提出重点研究的减缓温室气体排放技术中包括"二氧化碳捕集、利用与封存技术"。"十一五"期间，在973、861等计划的部署及国际合作项目的支持下，国内科研院所、高校、企业围绕CCUS开展了许多研究和示范工作。例如，在2008年，华能集团在北京热电厂建成投产了年回收能力为3 000吨的燃煤电厂烟气二氧化碳捕集试验。2010年1月，中国电力投资集团投资建设的重庆合川双槐电厂二氧化碳捕集工业示范项目正式投入应用。2010年底，中国神华集团建设的10万吨/年全流程示范工程正式开始现场注入测试。国家在不断探索CCUS技术的同时，山西省也在努力寻找一条适合自己的道路。山西省结合自身的资源优势和产业特色，重点推动在火电、煤化工、钢铁、煤层气开采等领域开展CCUS关键技术研发和规模适度的示范工程。

2013年2月6日，国家能源煤与煤层气共采技术重点实验室在山西晋煤集团成立，标志着我国煤与煤层气科学开发、循环利用将向更高的领域挺进。作为国家级科研机构，国家能源煤与煤层气共采技术重点实验室重点围绕煤炭与煤层气共采的基础理论、煤层气高效抽采模式等重大技术课题进行研究，在山西省发改委的推动下开展了二氧化碳驱替煤层气前期研究，为山西省CCUS技术的推广打下了坚实的基础。

2014年9月14日，山西国际能源集团完成了与美国巴威公司、空气化学品公司、西弗吉尼亚大学合作开展的"山西国际能源集团350MW富氧燃烧碳捕集利用封存可行性研究"项目，山西省发改委组织专家组评审，认为该项目较好完成了富氧燃烧发电与碳捕集封存利用工程可行性研究报告和专题研究报告，并达到了预期的"每年可减排二氧化碳200万吨，并以驱油、驱煤层气和食品利用为主要利用途径"目标，一致通过验收。该项目的完成对山西省CCUS技术而言是一个巨大进步。

2016年8月，在中科院战略性先导专项以及中科院科研装备研制支持下，

图 3.3.1　山西煤化所自主研制的循环流化移动床连续
二氧化碳吸脱附示范装置

中国科学院山西煤炭化学所（以下简称"山西煤化所"）完成了国内首套每小时 200 标准立方米循环流化移动床连续二氧化碳吸脱附示范装置实验。该实验的二氧化碳捕获率达到 90% 以上，标志着该技术向工业化迈出了坚实一步。山西煤化所组织课题组先后研制出具有自主知识产权的 K 基和有机胺类吸附剂，同时研制并搭建了与吸附剂相匹配的具有自主知识产权的 $200Nm^3/h$ 循环流化移动床连续二氧化碳吸脱附中试示范平台。该技术的成功研发为燃煤电厂的碳捕集提供了重要的技术支撑，同时提升了我国在碳减排技术领域的核心竞争力。同年，山西省煤炭地质资源环境调查院开展了 CDM 赠款二氧化碳深部煤层封存及驱替煤层气主要影响因素的研究。

在技术不断推进的同时，我也积极参加了多方交流会谈，以期获得更多与外界合作的机会，为山西省 CCUS 技术进一步的完善做出努力。2014 年 3 月，我带领山西国际能源集团负责人参加了中美气候变化工作组会议。4 月 22 日，为落实会议有关共识，国家发展改革委和美国能源部在京联合举办中美气候变化工作组碳捕集、利用和封存研讨会，国家发展改革委气候司司长与美国能源部副助理部长均出席了会议，双方就中美各自碳捕集、利用和封存试验示范项目进展、相关技术经验、潜在合作领域和项目等问题进行了交流讨论，为中美气候变化的相关合作项目奠定了基础，同时也为 2014 年第六轮中美战略与经济对话做了准备。

2017 年 5 月 10 日，我参加了由国际标准化组织主办，敦华石油企业与克拉玛依市政府等共同承办的"碳捕集、利用与封存（CCUS）论坛"，并主持了专题讨论。敦华石油是目前新疆地区唯一针对石油开采与炼制行业开展 CCUS 的企业。根据行业特性，敦华石油在石油石化行业进行了二氧化碳捕集、利用及埋存工作，打造了石油碳循环的节能与环境一体化工程。2015 年在新疆油田完成 48 口井降蒸汽实验，累计充注二氧化碳 1 200 吨，节约蒸汽 18 659 吨，降低生产成本近 300 万。本次论坛主题为"加快 CCUS 产业建设，助力低碳经济发展"。国家发展改革委、国家气候战略中心、新疆维吾尔自治区发改委、江西省发改委、广西壮族自治区发改委，国际标准化组织 6 个国际组织，中国、美国、日本、韩国等 14 个国家碳捕集、利用和封存领域的企业及科研院校等机构参加会议。与会专家分别就 CCUS 政策和标准、CCS 技术与工程、提高二氧化碳采收率、CCS 技术的风险交叉和量化、全球二氧化碳先进捕获技术、美国二氧化碳驱油技术进展等进行了探讨，并实地参观了新疆敦华石油炼厂二氧化碳捕获装置等。其间，我主持了中国 CCUS 政策和标准主题会议并作专题发言。

图 3.3.2　参加国际标准化组织碳捕集、利用与封存论坛
并主持专题讨论

图 3.3.3　论坛后大合影

2016 年 9 月 20 日，为进一步促进山西省与美国杰克逊侯全球事务中心在应对气候变化和低碳发展等方面的交流合作，我和杰克逊侯全球事务中心总裁戴维·温特（David Wendt）一行举行会谈，双方就碳捕集封存利用、风力发电、旅游项目合作等进行了充分交流，并在应对气候变化领域表现出强烈的合作意愿，并且展望了未来的合作前景，期望通过共同探索 CCUS 技术，更有效地减少以二氧化碳为主的温室气体排放。

图 3.3.4　向美国杰克逊侯全球事务中心戴维·温特总裁介绍
山西 CCUS 技术进展情况

山西省拥有丰富的煤炭资源和煤层气资源，是适宜开展二氧化碳地质封存及驱替煤层气技术的主要区域。无论是在技术研发、工程建设、资金筹措领域，还是在市场开拓方面，我都希望可以更多涉猎其中，为山西省 CCUS 的推进做出努力，相信 CCUS 在山西省将会有更广阔的发展前景。

04

统一市场
携手共建

长风破浪会有时，直挂云帆济沧海

第四章
统一市场，携手共建

　　工业化的脚步不断加快，二氧化碳排放量逐渐增多，为应对气候变化，国际组织和世界各国都付出了艰辛的努力。然而，单纯依靠联合国强制性减排要求及各经济体自主性减排意愿是无法实现减排目标的。"花房效应"日趋严重，"山重水复疑无路，柳暗花明又一村"，"看不见的手"为二氧化碳减排提供了新途径。总量控制下的碳配额交易可以将企业的碳排放行为变成企业运营的内部成本，从而促使他们履行社会职责，进行节能减排创新和产业结构升级，这不仅为企业的长久发展积蓄能量，也为区域经济的绿色低碳发展提供了有效保障，这样看来，碳市场建立已是大势所趋。

　　统一碳市场建设是当今世界关注的焦点，山西省也在砥砺中不断前行，"长风破浪会有时，直挂云帆济沧海"。中国碳市，欣欣向荣！山西碳市，未来可期！

第一节　碳市建设，方兴未艾

应对气候变化是人类生存和发展的一大课题。《巴黎协定》的 1.5℃温控目标对全球气候治理提出了更严格的要求，各国必须按照共同但有区别的责任原则，加大减排力度。为此，近年来，世界各国和国际组织都采取了许多针对性的措施，控制温室气体排放量，走低碳发展道路已经成为一种趋势，也成为越来越多的国家和人民的共识。而市场化手段，即建立统一碳市场成为各国低碳发展的重要举措。

1997 年《京都议定书》规定，在 2008—2012 年，主要工业发达国家要将 6 种温室气体排放量在 1990 年的基础上平均减少 5.2%，而发展中国家在 2012 年以前不需要承担减排义务。不同国家间有差别的减排任务和减排成本使得碳交易成为可能，碳市场应运而生，市场机制成为解决温室气体减排问题的新路径。《京都议定书》确立了三种国际间市场机制，分别是国际排放交易（International Emissions Trading，IET）、联合履行机制（Joint Implementation，JI）、清洁发展机制（Clean Development Mechanism，CDM）。发达国家通过这三种灵活机制可在本国以外的地区取得减排的抵消额，从而以较低的成本实现减排目标。在此基础上，一些国家和地区碳市场建设也有了很大发展。芝加哥气候交易所（Chicago Climate Exchange，CCX）在 2003 年以会员制的形式正式运行，在自愿配额交易领域进行了有益的开创和探索。欧洲碳排放交易体系（European Union Emission Trading Scheme，EU-ETS）启动于 2005 年 1 月 1 日，建立了当时世界上规模最大的碳排放交易市场，对其他碳市场具有极大的示范作用。其他国家也纷纷建立了交易形式多样、交易主体各异的碳市场。

表 4.1.1　全球部分碳市场及其主要信息

交 易 市 场	启动时间(年)	交 易 主 体	类　型
芝加哥气候交易所	2003	自愿加入的企业会员	自愿，配额
澳大利亚新南威尔士温室气体减排体系	2003	新南威尔士州电力销售商和其他参与者	强度，强制，配额
欧盟排放交易体系	2005	欧盟各国的排放实体	强制，配额
美国区域温室气体减排计划	2005	美国东北十余州的电力企业	强制，配额
西部气候倡议	2007	美国西部 5 个州，加拿大 4 省，墨西哥部分州企业	强制，配额
日本资源排放交易体系	2008	国内碳抵消体系和小排放者	自愿
加拿大蒙特尔气候交易所	2008	碳期货	
气候储备方案	2009	美国加州州内企业	强制，项目
新西兰排放权交易体系	2009	林业、运输、能源、农业，煤气、煤炭进口和开采的企业，有色金属生产企业等	强制，配额
日本东京都总量限制交易体系	2010	东京商业设施约 1 100 家和工厂约 300 家	强制，配额
澳大利亚固定碳价交易体系	2012	固定能源、工业过程、废弃物处置等年排放量 25 000 吨二氧化碳当量以上的约 300 个企业	强制，配额
巴西碳交易体系里约州绿色交易所	2013	包括水泥、石化、陶瓷等行业，另外减少毁林和森林退化所指排放量机制利用市场和财政机制奖励避免毁林和森林退化导致的排放	强制，配额
中国碳交易试点	2013	试点地区主要排放实体	强制，配额
墨西哥碳交易体系	2014	包括能源、消费、交通、农业、林业、土地利用、废弃物处置和工业生产过程，碳信用新机制	目前自愿强制，配额
韩国排放交易体系	2015	全国主要排放实体	强制，配额

中国作为世界上第一大温室气体排放国，面对重大的国际责任和不容乐观的国内气候现状，建立碳市场势在必行且任重道远。国际社会各大碳交易市场的实践为中国提供了良好借鉴。

中国紧跟国际碳减排的步伐，1998 年 5 月正式签署了《京都议定书》，经过一系列准备工作，2002 年中国清洁发展机制全面开始运作。2012 年，国务院首次颁布关于控制温室气体排放工作的重大政策文件《"十二五"控制温室气体排放工作方案》，提出探索建立我国碳排放交易市场，充分发挥市场机制在资源配置方面的基础性作用，以较低成本实现绿色低碳发展目标。2013 年 6月，深圳碳市场启动，深圳交易平台不仅是中国的第一个碳交易平台，也是发展中国家的第一个碳交易平台。2013 年 11 月至 12 月，上海、北京、广东、天津的碳交易市场也相继启动并开展了一系列工作。上海环境能源交易所专注于打造环保领域碳交易的完整产业链，为能源领域的各类交易者提供咨询、项目设计、技术支持等各种服务。北京环交所以会员制为基础从事环境权益交易，致力于提供一个集各类环境交易服务于一体的专业市场化平台。广州碳排放权交易所首次推出配额有偿发放，集中精力建设环境能源综合交易服务平台、生态补偿和生态文明建设平台。天津排放权交易所是全国首家综合环境权益交易机构。2014 年 4 月 2 日，湖北碳市场也正式启动，它注重碳期货市场，并且推出了中国首支碳基金。我受邀参加这次启动仪式，亲眼见证了中国碳市场建设的又一次尝试。2014 年 6 月，重庆资源与环境交易所也挂牌开市，其排污权交易范围覆盖六种温室气体。截至 2016 年 7 月，7 个碳市场试点现货市场共交易配额11 850 万吨，累计成交额 31.8 亿元。国家发展改革委审定项目累计达到 2 261 个，备案项目 762 个，签发项目 254 个，签发排量共计 5 283 万吨二氧化碳，为全国统一碳市场的建立奠定了良好的基础。

图 4.1.1　在湖北碳市场启动低碳转型与碳市场建设高峰
论坛上讲话

图 4.1.2　在湖北碳排放权交易试点工作汇报会上认真聆听

　　中国碳排放权交易市场取得了可喜的成绩，也积累了大量宝贵经验，但当前很多工作还有待完善，如碳排放权交易对政府的依赖程度较高，企业积极性没有充分发挥；国内碳市场的发展阶段还不能完全反映市场规律，没有起到价格发现作用等，碳排放权交易还需要宽领域、多方位推进。为加快推动绿色低碳发展，确保实现"十三五"规划纲要确定的低碳发展目标，在 2016 年 11 月，国务院印发《"十三五"控制温室气体排放工作方案》，提出 2017 年启动全国碳排放权交易市场，同时初步建立应对气候变化法律法规和标准体系。截至

2017 年底，中国碳排放强度已经下降了 46%，提前 3 年实现了 2020 年碳排放强度下降 40% ～ 45% 的目标。

2017 年 12 月 19 日下午 4 点，国家发展改革委召开全国碳排放权交易体系启动工作电视电话会议，宣布全国碳市场正式启动，并全面落实《全国碳排放权交易市场建设方案（电力行业）》任务要求。这是我国碳市场建设进程中，具有里程碑的意义的大事。我在山西分会场组织并参加了此次工作电视电话会议，同时参会的还有省直有关部门、各市发展改革委、技术支撑单位以及重点代表企业，参会人员达 90 余人。

图 4.1.3　全国碳排放交易权体系启动工作电视电话会议山西
分会场

建设全国碳排放权交易市场是落实中央决策部署，践行五大发展理念的一项重要举措，有利于激发市场的主体活力，深化供应端结构性的改革，有利于推动企业转型升级和化解过剩产能，促进绿色低碳产业的发展，培育经济发展的新动能，有利于实现我国应对气候变化和低碳发展的目标，实现更高质量的发展，同时也有利于我国在全球气候治理进程中继续发挥推动和引领作用，树立负责任的大国形象，推进构建人类命运共同体。我与在场人员一起认真学习会议部署，领悟会议精神，在今后的工作中，定会切实增强工作责任感、使命感，齐心协力，共同推动全国碳排放权交易市场建设不断取得新进展！

第二节　晋心晋力，砥砺前行

2000 年，我亲自参与推动实施了山西二氧化硫排污权交易项目。通过这个项目，我们收获了排污权交易的宝贵经验。但是当时实施范围较小，尚未在全省推进。亲身实践引发了我对碳交易的关注和思考，自担任山西省发改委应对变化气候处处长以来，我更是积极关注国内外碳市场发展进程。截至 2014 年，我国已经相继建立七个碳交易试点，然而山西未能名列其中。作为煤炭大省和碳排放大省，尽快建立碳市场，对全省经济社会转型发展意义重大，对全国统一碳市场建设也有重要推动作用。为了响应国家发展改革委要求，在 2014 年山西省正式开始了碳市场建立的筹备工作。在全省范围内进行碳市场建设，对我们来说是一个不小的挑战。碳市场建设大致包括两个方面：一是开展地方推动全国碳市场建设重点工作，包括针对项目实施地区的重点排放单位纳入门槛的设定，配额分配方案的制定，排放的核查管理，重点排放单位的履约管理等；二是地方开展全国碳市场能力建设，包括解读碳交易政策法规，培训配额分配方法，排放的监测、报告和核查（Measurement，Reporting and Verification，MRV）培训，培育核查机构等。本着迎难而上的原则，我带头紧锣密鼓地展开了工作，每一次研讨会、培训会、调研活动，都在为山西省低碳事业积蓄能量，每一项成果都为山西省碳市场的建立奠定基础。在完成了重点企事业单位温室气体排放的报告工作，顺利建成企业温室气体排放报告与核查信息平台，开展了山西省拟纳入全国碳市场企业碳排放报告与核查工作，并在研究现有碳排放权交易配额分配方案的基础上进行了配额试分配后，山西省的碳金融市场正逐步发展，同时山西省就碳交易基础能力建设也与国内外展开了进一步交流与合作。

重点企事业单位温室气体排放报告工作

2014 年，国家发改委发布了《国家发展和改革委员会关于组织开展重点企（事）业单位温室气体排放报告工作的通知》，要求对温室气体排放量达到

13 000 吨二氧化碳当量或综合能源消费总量达到 5 000 吨标准煤的法人企（事）业单位或视同法人的独立核算单位开展温室气体排放报告工作。为此，我带领气候处工作人员做了多方面努力。收集了 7 个试点地区的相关文件，并赴上海发改委交流学习。通过学习和研究，我们初步完成了《山西省重点企（事）业单位温室气体排放工作实施方案》和《企业温室气体排放报告核查技术规范》。同时在省统计局、省经济普查中心、省经信委、省煤炭厅、省工商局等部门以及晋能集团、焦煤集团等企业的支持下，我们于 2015 年 3 月初步确定了报告名单，并于同年 6 月就确定报告名单结果向社会广泛征求意见。

为保证工作的顺利开展，2015 年 9 月，我们从太原市和晋城市选取了各行业的代表企业共计 30 余家进行了温室气体排放在线试填报，企（事）业单位温室气体排放报告工作迈出了至关重要的一步。

建设企业温室气体排放报告与核查信息平台

良好的根基是成功的关键。建立温室气体排放信息平台，是建立碳交易系统平台的基础性工作。2014 年是山西省发改委决定建立山西省碳市场的第一年，在这个起步阶段，我们可以说是"摸着石头过河"。

正当我们一筹莫展的时候，中创碳投科技有限公司和我们取得联系。该公司是一家专注于中国低碳领域的创新型企业，长期从事低碳领域的咨询和研究，是国家发展改革委气候司技术支撑单位。该公司为国家发展改革委开发了全国清洁发展机制项目注册系统，编制了我国首批部分行业企业温室气体排放核算方法与报告指南，参与了北京、湖北等国家低碳试点省市的碳核查、碳排放权交易制度研究和平台建设等一系列工作。2014 年 5 月 5 日，中创碳投科技有限公司唐人虎总经理一行五人来到山西省发改委进行座谈交流。在座谈会上，我详细介绍了山西省应对气候变化、低碳试点、规划和清单编制、统计核算制度以及重点企（事）业单位温室气体报告制度研究、碳排放权交易等一系列工作成果。该公司也表示愿意为山西省温室气体平台建设提供技术上的支持。

同时，我也经常组织气候处的工作人员一起讨论平台建设问题，群策群力，攻坚克难，最终确定了平台的三大用户及其相关责任。三大用户分别是报告主体、第三方核查机构和主管部门。其中报告主体可以在平台上进行基本信息备案、数据填报与报告下载、报告状态查询、问题咨询与信息查询；第三方核查机构可以查询数据、信息和报告，并且可以进行核查；主管部门要随时发布信息和及时答疑，确保填报工作的顺利进行。此外，还要负责以下几项工作：导入报告主体、核查机构名单，审核备案信息，审批报告，查询与分析数据，管理排放源、管理缺省值、发布信息与回复问题等。也就是说，山西省温室气体平台兼具填报、审核和管理三大职能，这种多级结构使该平台具备规范化、便捷化、透明化等特点。按照这样的构想，再加上专业部门的技术支持，山西省企业温室气体排放报告和检查信息平台得以顺利建成。该平台为全国企业温室气体排放报告和核查信息平台的建设起到了探索作用。

图 4.2.1　山西省企业温室气体排放报告和核查信息平台

开展山西省拟纳入全国碳市场企业碳排放报告与核查工作

2016 年 1 月，为进一步落实全国碳交易市场建设相关工作，国家发展改革委发布了《关于切实做好全国碳排放权交易市场启动工作的重点通知》，要求各省、自治区、直辖市提出本辖区内拟纳入全国碳排放权交易体系的企业名单，对拟纳入企业的历史碳排放进行核算、报告与检查。

通过与省统计局的对接，我们对符合拟纳入条件的企业名单进行摸查，获得了全国碳交易市场要求的十五个子行业年综合能耗 10 000 吨以上的企业名单，然后根据省电力公司提供的信息补充符合条件的自备电厂，并将该名单下发到各市加以核查。名单中的企业主要涉及火力发电、水泥熟料、粗钢等行业，分布在太原、大同、阳泉、长治等十多个城市。

2016年3月24日，山西省发改委面向全社会公开征选山西省碳排放第三方核查机构，4月18日召开了"山西省碳排放第三方核查机构评审会"，并于两天后对拟定名单进行了公示。4月28日，山西省发改委组织召开"山西省参与全国碳排放权交易市场前期重点工作动员会"，各市发改委、拟纳入企业所在区县发展改革局、拟纳入企业参加会议。我在会议上对全国碳排放权交易市场启动的重点准备工作进行了详细部署，此次会议标志着山西省拟纳入碳市场企业温室气体报告与核查工作全面启动。

2016年8月，省发改委向各市下发了《关于开展我省拟纳入全国碳排放权交易企业历史碳排放核算、报告与核查工作的通知》。通知在企业核算与报告、第三方核查工作、复查工作等方面做了具体规定，相关工作有条不紊地进行。

图4.2.2　山西省拟纳入全国碳排放权交易市场企业历史
碳排放核算与报告培训会

碳排放权交易配额分配方案研究与配额试分配

碳交易市场运行要求管理者在总量控制与配额交易制度下，向参与者分配碳配额。配额分配可直接影响碳交易市场的可接受程度及碳减排目标的实现，并且对区域经济、产业结构、能源结构、行业企业市场竞争力等方面有直接或间接影响。在全国统一碳市场的大背景下，山西省开展配额分配方案研究具有十分重要的现实意义。

碳排放权交易市场在欧洲、澳大利亚、加拿大、新加坡和日本都得到了较快的发展，我们对国内外碳市场配额分配方法已有研究成果进行了对比总结，同时就山西省拟纳管行业企业的历史碳排放状况及其在全国同行业中所处水平进行了摸排分析，力求找到相对最适合山西低碳发展需求的配额分配方案。

根据国家初步研究的《全国碳排放权交易重点排放单位二氧化碳排放免费配额分配方案》，气候处会同山西大学在对国外成熟碳市场及国内试点碳市场现有的配额分配方法进行了分析与学习的基础上，组织在全省拟纳入全国碳排放权交易市场的行业企业中选取具有代表性的典型企业开展配额试分配工作，配额试分配的结果征求了省市级各有关部门、各相关企业意见，山西省配额分配工作井然有序地进行。

碳金融

碳金融是"金融＋低碳"的有效形式，是金融业在低碳领域的创新。碳金融的有效运用可以增强碳交易市场活跃程度，提升控排企业的低碳意识和碳资产管理水平，降低减排成本，推动碳减排目标的实现。

近年来，山西省的碳金融市场正在经历一个从无到有的过程。2012年5月，在山西省政府的大力支持下，山西环境能源交易所在太原成立，并在碳金融方面进行了大量探索。2015年5月，山西环境能源交易所改组，山西省碳排放交易市场体系迈出了关键一步。2016年4月28日上午，由太原国家高新技术产业开发区及山西环境能源交易中心联合主办的首届"绿色兴晋"论坛成功举办。这次论坛以"'碳'路山西，助力转型"为主题，国内外碳市场领域诸多专家学者参会，会上我全面分析了国际、国内碳交易市场建设背景，就山西碳市场现状及发展前景作了专题报告；上海环境能源交易所代表重点介绍了碳金融机制创新及创新产品；山西环境能源交易中心有关代表作了关于企业碳资产管理及交易策略的专题报告；兴业银行代表详细介绍了如何构建绿色金融服务体系；深圳嘉德瑞碳资产股份有限公司代表为山西碳市场建设提出了宝贵建议。

图 4.2.3　山西环境能源交易中心成立

多年的实践使山西碳金融市场逐步发展，但全国统一碳市场体系 2017 年底刚刚启动，有关市场规则尚不完善，过多的金融工具的介入必然会对碳市场的稳定性造成一定负面影响。因此我认为，在碳市场运行初期仍应将重点放在碳市场的体制机制建设上，运用市场手段进行减排，同时适时适度开展碳金融实践、进一步激发市场活力，但要避免过多的投机交易，防止碳市场"名过其实"的虚高活跃度。

碳交易基础能力建设与国内外交流合作

碳市场的建立涉及制度建设、市场交易、环保、金融等方方面面，对工作人员的专业素养要求极高。而山西省碳排放权交易相关基础能力还很薄弱，主要问题体现在相关主管部门对碳交易缺乏全面深入认识、企业层面没有碳排放专职管理人员、第三方服务机构人才匮乏等方面。

为此，我们依据全国碳排放权交易市场建设工作总体进度安排，积极举办一系列培训会、交流会、现场实践活动和视频培训等活动，围绕碳市场建设运行各个环节，针对不同对象，开展了分阶段、分层次的碳市场能力建设。

为帮助中国政府和企业提高建设碳市场及参与碳交易的能力，国家发展改革委气候司和欧盟委员会达成一致，决定建立"中欧交易能力建设项目"，由国家发展改革委气候司担任业务指导，欧盟委员会提供资助，从 2014 年开始每年举办一次"中欧碳交易能力建设培训会"。我组织省发改系统有关人员以及省生态环境研究中心、山西环境能源交易中心、山西大学等单位的研究人员多次参会，历届中欧碳交易能力建设培训会都留下了我们孜孜不倦的足迹。

2016 年 4 月 21 日，培训会再次举办，我带队赴北京参加了为期两天的学习，并与国家发展改革委气候司有关领导、欧盟方面的专家以及清华大学、中创碳投等知名研究机构的专家学者进行了深入的交流，对碳交易市场的总量设定和配额分配国家思路、重点企（事）业单位核查方法等有了更为全面和深刻的理解，同时，我还参与了碳市场沙盘模拟，对碳市场的真正运行交易有了直观的感受。山西大学作为省发改委气候处支撑研究机构之一，也随队参加了全部培训活动，这对他们后续开展山西省配额分配方案研究大有裨益。

持续的学习和培训为山西省积极参与全国碳市场建设奠定了坚实基础，提供了专业人才保障。与此同时，我们积极进取、提升自身专业素养，理论知识逐渐充实，实践能力日益提高。随着山西省碳市场建立工作的不断完善，上海、深圳等地的交易所纷纷来到山西进行合作洽谈，我们也与其他能源交易所共同主办了大型碳市场能力建设培训会。

2016 年 3 月 31 日，上海环境能源交易所总经理赖晓明一行到山西省交流访问。我代表省发改委介绍了山西省低碳发展领域的相关工作，双方就下一步开展合作、推进共同发展进行了会谈。2016 年 4 月 18 日，深圳排放权交易所总裁葛兴安一行到山西交流访问。座谈中我向他们介绍了山西省经济社会发展情况、低碳发展及应对气候变化等方面开展的工作等。葛兴安总裁也就深圳排放权交易所的基本情况、在碳交易市场中开展的工作以及机制创新经验等进行了介绍。随后，双方针对碳交易能力建设领域的合作潜力与前景进行专题交流。2016 年 8 月 29 日，由山西省发改委、深圳市发改委、全国碳市场能力建设（深圳）中心联合主办，深圳排放权交易所承办的"山西省碳市场能力建设专场培训会"在山西省太原市成功举办。我主持了本次培训会，介绍了山西省碳市场建设的举措和成果，并对下一步的具体工作进行了部署。这次会议促进了我们与碳交易试点省市的良好互动，推动了山西省碳市场建设迈向新的台阶。

图 4.2.4　主持山西省碳市场能力建设专场培训会

　　在关心国内市场之余，我们还逐步拓展国际视野，积极开展与国外相关机构的合作。2016 年 7 月 6 日，为增进与澳大利亚在应对气候变化和低碳发展等方面的交流合作，在省外侨办的安排下，我和澳大利亚驻华大使馆公使衔参赞裴丽莎女士一行举行会谈，双方就山西省在温室气体排放报告平台建设等应对气候变化方面的工作和经验进行了充分交流，展望了双方在应对气候变化领域的合作前景。在世界银行和国家发展改革委联合组织实施的"中国市场准备伙伴基金赠款项目"中，按照世界银行咨询机构采购程序和评审要求，我们组织了以山西省投资咨询和发展规划院为牵头单位，北京中创碳投科技有限公司、山西大学、山西省生态环境研究中心为成员单位的联合体积极准备项目的申报材料。经世界银行和国家发展改革委招标并审核批准，联合体获得世界银行赠款"山西参与碳排放权关键问题研究"课题咨询机构的资格。此次合作为山西省带来了资金、技术，促进了全国统一碳市场的建立，同时为全世界的低碳发展贡献了力量。

　　2017 年为中国统一碳市场元年，也是山西省建立碳市场的关键阶段。我对中国的碳市场建设充满信心，对山西省的碳市场前景充满信心。

第三节　中国碳市，谁与争锋

2016 年 6 月 16 日，第七届地坛论坛在北京成功举办，论坛主题是"全国碳交易市场中心建设、绿色金融与低碳发展"。国家发展改革委、北京市发改委、中国工程院、国家应对气候变化战略研究和国际合作中心、亚洲开发银行、北京产权交易所、北京环境交易所等相关机构参加会议，与会代表分别围绕全国碳交易中心市场建设、低碳发展实践、企业环境信息披露、生态补偿、绿色金融等主题开展热烈讨论。

山西是碳排放大省，是全国统一碳市场的重要组成部分。山西省碳市场的光明前景，离不开全国碳市场的稳步前进。在地坛论坛上，我就低碳发展方面的实践与思考作了专题发言，新浪财经等媒体以"武东升：中国碳市场比美国欧洲好"为题做了实时报道。

以下是报道原文：

武东升：中国碳市场比美国欧洲好

"2016 地坛论坛"于 6 月 16 日在北京举行，山西省发改委应对气候变化处处长武东升出席并发言。他表示，中国在碳市场方面做得非常好，总体发展态势超过美国和其他任何国家。

武东升：非常高兴参加地坛低碳论坛，感谢邀请。国家发展改革委 2008 年设立应对气候变化司，山西省发改委 2009 年成立应对气候变化处。去年被国家发展改革委和哈佛大学联合选派到哈佛大学肯尼迪学院做访问学者，我的研究方向是应对气候变化政策，包括新能源和可再生能源、碳交易、碳金融、碳资产管理和低碳发展等，侧重中美应对气候变化政策比较研究，涉及方方面面。其间，我也走访了大量的美国政府机构、智库和企业，如能源部、环保部和科技部，马萨诸塞州、俄亥俄州、怀俄明州、伊利诺伊州和西弗吉尼亚州等，还有美中关系全国委员会、亚洲协会、摩根大通、未来资源研究所等，从多个角度研究思考我们怎么做是最有效、最有利的。

感觉我们国家在这方面做得非常好，总体发展态势超过美国和任何其他国家。《新闻时刊》采访我的时候，我说中美两国体制机制不同、发展阶段不同，美国市场经济高度发达，很多事情美国能做到，中国可能一下子做不到。但是很多事情中国能做到，美国难做到。比如说我们和美国、日本相比，他们有考虑或何时能设立全国统一的碳交易市场吗？我请教过美国的能源部、环保部和相关专家学者，也问过日本的环境省和相关专家学者。他们的回答都是：天知道。

为什么会是这样呢？仔细想想，正是我们国家的体制机制优势使然。我国中央政府高度重视，顺应世界发展潮流，积极应对全球气候变化挑战。在积极推进国际社会达成《巴黎协定》的同时，在国内进行了一系列的顶层设计。在哥本哈根会议上，就提出了碳强度下降控制目标，并作为约束性指标纳入国家中长期经济社会发展规划，指标分解各省。在积极推进气候立法的同时，发布了《国家应对气候变化规划（2014—2020年）》。国家发展改革委和各级发改委作为国民经济和社会发展的宏观调控部门和固定资产投资主管部门，统筹协调和管理全社会应对气候变化和低碳发展工作。全国上下已经形成共识，低碳发展已经成为中国的国家战略。

去年我在美国麻省理工学院等地做交流演讲，介绍低碳发展的国家战略。上个月我在哈佛大学等地交流，讲的是"中国的低碳革命：政策、实践和展望"。我们很自豪，北京碳交易试点，包括全国其他几个试点，在借鉴欧美经验基础上，探索试点的效果非常好。这对全国统一碳市场的建设、启动和有效运行，对采用市场化手段推进低碳发展和应对气候变化，对促进产业升级和经济转型，都将起到不可估量的巨大作用。我们有理由自豪并充满信心。

今年1月，施瓦辛格委派导演来山西拍纪录片，《人类生活在危险年代》第二季，要拍应对气候变化。美国能源部给他介绍要到中国的山西省去。我说你选择气候变化选题立意非常好，选择到中国，特别是到山西就更明智了。为什么说选择山西好？山西从某种意义上讲就是中国的缩影。中国是能源生产和能源消费大国，也是碳排放大国。山西是中国的新型能源基地，是能源生产和消费大省，也是碳排放大省，在全国排名很靠前。煤、焦、冶、电四大块占了整个经济总量的 60% 左右，占整个工业的 70% 左右。目前经济下行压力非常大。山西也是中国唯一一个国家级的全省域、全方位、系统性资源型经济转型综改试验区。今年 1 月初，李克强总理亲自到山西作专题考察，要求加快新旧动能转换，开拓发展新局面。杜祥琬主任刚才讲了，没有二氧化碳的减排不是真正意义上的超低排放。

在这个情况下，山西怎么办？兴于煤也困于煤，山西不可能避开煤而谈低碳发展。碳排放空间是比土地、劳动力、资本等更加稀缺的资源。山西省提出了"高碳资源低碳发展、黑色煤炭绿色发展、资源型产业循环发展"的指导思想。清华大学和山西省合作成立了清洁能源发展研究院，进驻山西科技创新城，国内外几十家机构也先后进驻，山西科技创新城将是山西、中国乃至世界的煤炭清洁、高效、低碳利用研发基地、孵化基地和产业化基地。

在抓好节能减碳的同时，山西将大力推进新能源和可再生能源发展。以煤层气开发为重点，推进"气化山西"，建设山西新型综合能源基地。山西煤层气预测储量在 10 万亿立方米左右，约占全国的三分之一。我们的风能和太阳能资源也很丰富。新疆、甘肃和内蒙古等地风力资源和光资源非常丰富，但是目前距离有些远，消纳有些问题。山西地区紧靠国家主电网，非常容易消纳。此外，我也看过拉萨和美国的地热利用情况，山西地热资源也很丰富，初步估计全省地热可供热 6 亿平方米，我们也在大力推进。

目前正处于城镇化建设快速发展阶段，山西还在大力发展低碳建筑和低碳交通体系。比如城市交通，太原市的公共自行车 4.1 万辆，日均 40 万人次使用，每天骑行距离相当于绕地球 30 多圈，在全国"骑"出了免费率、周转率、租用率、建设速度四个第一，"骑"出了一条低碳之路，中央相关媒体对此也进行了专题报道。再比如，截至今年 7 月，太原市所有出租车将全部更换为纯电动汽车，中央电视台和中新社等报道，这将是全国第一个全部使用纯电动出租车的城市，也将是全国纯电动出租车保有量最大的城市。

最后两个体会和建议，一是抓紧出台中央层面的立法立规，二是地方的低碳发展意识不到位，大量的培训和能力建设需要我们在全过程中做实做好。谢谢大家！

来源：新浪财经

05

低碳伟业
全民参与

人既尽其才，则百事俱举

第五章
低碳伟业，全民参与

　　"人既尽其才，则百事俱举；百事俱矣，则富强不足谋也。"人才的重要性不言而喻，低碳伟业的铸造既需个中翘楚做中流砥柱，也需全民共同努力、万众一心。低碳发展是当今的必然趋势，可谓时代的"新潮儿"，仍需更多有学之士投身于此，"曲径通幽处，禅房花木深"，为"低碳伟业"能够顺利建成，我将不懈努力。

　　"人才之难万冀一"，为求得"一士"，我常奔波于学校、企业之间，投入"传道、授业、解惑"之中，以期"江山代有才人出，各领风骚数百年"。"人心齐，泰山移"，我时刻铭记于心，以"绿色生活，人人有责"的理念号召更多的人一起行动。

第一节　走出国门，满载而归

德国北莱茵—威斯特法伦州（以下简称"北威州"）是德国经济总量最大的州，德国 100 强企业有西门子、克虏伯等 46 强在北威州。历史上，北威州和山西现状很相似，也是以采煤、钢铁、煤化工、重型机械为主的重工业经济结构，甚至相继出现过煤炭危机和钢铁危机。面对危机，北威州选择了绿色发展，其核心是开展区域性全面整治和更新，重点则是改变了原有结构，形成新老工业并举、布局相对合理的区域综合体。经过几十年基于市场为主导的经济结构调整，以鲁尔区为代表的北威州，华丽转身，其服务业已占经济总量的70%以上。作为独立经济体，在全球排名十几位，是欧洲经济发展的发动机。北威州的转型发展经验对中国对山西都极具借鉴意义。

自 1984 年山西省和北威州建立友好省州伙伴关系以来，双方交流频繁，合作领域广泛，友好关系不断加深。特别是新世纪之初，历届山西省委、省政府高度重视两省州关系，多次率团访问北威州，双方政府相继签署了《联合公报》和《合作备忘录》，为双方合作事业奠定了坚实基础。我还为山西电视台和《山西日报》撰写了题为"走出娘子关，是山西已久的夙愿；走向全世界，是山西必然的选择"的文章。近年来，北威州方面也多次派出政府、企业代表团访问山西，参加能博会，组织专业技术论坛等活动，双方的全面合作不断取得新进展。

2004 年山西省政府和北威州政府签署了《关于联合培养研修生项目的声明》，将一度中断的赴德研修生项目重新恢复并拓宽领域、增加规模，这对于推动山西对外开放，提高山西企业和相关机构的国际竞争力起到了积极推动作用，同时也为两省州的友好合作领域的不断扩展培养了文化传播的使者，搭建了沟通的桥梁。此后，山西省和北威州政府一直保持着友好往来。

2011 年 3 月 20 日，德国北威州政府、企业高级代表团一行 37 人来山西省访问。山西省政府领导高度重视与德方的合作，会见了德国北威州经济部部长弗伊格茨伯格先生，双方就进一步深化两省州全面战略合作、资源型经济转型经验、清洁能源高效利用等方面进行了会谈。省发展改革委与北威州高级代表团就两省州在煤炭深加工、煤层气综合利用、煤炭安全生产、人员培训、研修生培养等方面进行了深入的交流与磋商。双方就两省州签署《进一步深化两省州全面战略合作框架协议》、省发展改革委与北威州经济部签署《研修生培训协议》、双方建立更加有效的联络机制、具体日常事务的处理等多方面达成共识。

　　作为中方代表，我参加并组织了全部活动，包括关于低碳发展合作细则的制定，推动并见证了两省州合作关系的建立。我陪同北威州代表团到山西省优秀企业实地参观，感受山西质量，品尝山西味道，领略山西文化，以期展现一个真正的山西，巩固双方友好合作的信任基础。

图 5.1.1　带领德国代表团参观优秀企业

　　2011 年 4 月 13—16 日，时任山西省委书记袁纯清率领山西省高级代表团前往德国北威州访问，我随代表团出访。其间，我方与北威州政府、北威州议会、北威州经济部、北威州环保部等负责人就双方多层次、宽领域的战略合作进行了会谈，并成功地与北威州政府联合举办了"转型跨越发展的山西欢迎您"山西省投资推介会及鲁尔区转型发展研讨会。代表团听取了正在德国的赴德研修生专题汇报，表达了对他们的期望，盼他们学成归来，为建设一个更加美好的山西贡献力量。我以山西省赴德留学生办公室负责人身份作了总体汇报。

图 5.1.2　随山西省领导回访德国北威州

　　"山西省赴德研修生项目"是按照省委、省政府构建扩大开放新格局、实现对外开放新突破要求，围绕山西省转型发展工作和人才强省的战略需求，由山西省政府和德国北威州政府共同资助，针对山西省中青年管理和技术人员进行专业培训的公派研修项目，中德双方都高度重视。2004 年，我随时任山西省省长张宝顺率领的山西省高级代表团访问德国，具体策划推动了该项目的谈判，并成功达成合作培养协议，费用由两省州政府各承担 50%。同时，还同意联合招收一批赴德 MBA 学位研究生，费用由北威州政府承担。2005 年，省发改委开始承担研修生和 MBA 项目的组织和管理工作，由我兼任山西省赴德留学生办公室负责人。

　　作为项目主要策划和推动者之一，我亲自组织研修生招生的标准制定、英语考试、与德国专家组的联合面试等工作，严格把握赴德研修生的准入关。选拔紧紧围绕山西省经济转型发展需要，结合北威州优势领域和行业，立足山西省战略性新兴产业培育发展、能源产业提升创新、传统优势产业转型升级、现代服务业加快发展、新产业和新业态培育壮大的总体部署，择优选拔符合要求的山西省相关政府管理部门、企事业单位的青年业务骨干和管理人员。

经过与北威州德国国际继续教育与发展协会（Internationale Weiterbildung und Entwicklung gGmbh，IN-WENT），现德国国际合作机构（Deutsche Gesellschaft für Internationale Zusammenarbeit，GIZ）共同商议，完成了对研修生学习的整体设计。基于山西省进一步发展需要，我提议增加赴德研修生人数，最后与德方商定，每个合同 100 人，双方政府各承担一半学费，每年度每批赴德研修人数可达 25 人左右。研修生赴德学习包括国内和国外两个阶段。经初选合格，参加国内为期 8 ～ 9 个月的德语强化学习，并参加德方认定的结业考试和体检合格者，将成为赴德研修生项目的正式研修生。在德国学习时间为 12 个月，分为理论学习与专业德语强化、专业实习两个阶段，工作语言为德语。专业实习内容，可参照研修生本人志愿由德方具体安排。研修生结业合格者，北威州经济能源工业中小企业和手工业部和山西省发改委代表两省州政府颁发官方学业证明。研修生回省后，必须在原单位工作三年以上，并要与所在单位签订相关协议。

图 5.1.3　在德国期间为赴德研修生安排相关活动

研修生在德国学习期间进行中期考核，需提交个人阶段学习总结，我都会亲自阅读他们的报告，不忘关注他们在德国研修期间的学习动态，为他们的成长和进步而感到开心自豪。他们目睹了德国公司的运作机制、企业管理、员工工作方法，目睹了信息技术、网络技术、自动化技术等在工业生产中的运用，目睹了法律法规、政策激励、技术支持如何共同推动新兴产业的发展……从2005年项目启动到现在，山西省政府和德国北威州政府已经联合资助了17批公派赴德研修生，共计400余人。他们思维开阔，汲取了国外种种先进经验，目前正服务于能源、交通、煤矿和矿山技术、城市规划、金融、医疗、保健、媒体等重点行业领域，在各自工作岗位上已从昔日的青年骨干，迅速成长为企业家和经济社会的中坚力量，为山西省传统产业转型升级、新兴产业培育壮大以及国家综合能源基地和国家资源型经济转型综合配套改革试验区建设贡献着自己的力量。

"Learning by doing"（在实践中学习）是赴德研修生项目的教学理念之一。我希望越来越多的优秀人才能够以海纳百川、兼容并蓄的博大胸怀和气魄，站在国际先进技术和管理经验的最前沿。

第二节　诲人不倦，循循善诱

在当今气候变化的大背景下，社会对低碳领域人才的需求不断加大，要求也不断提高。除了与德国进行合作培养人才之外，我认为国内低碳领域的人才培养机制也应同步建立。高等院校以及科研机构作为人才培养的摇篮，责任重大，任务艰巨。不同于赴德研修项目，国内高校教育是一个长期的人才培养过程，必须时刻关注全球气候变化，并及时调整和完善专业设置、培养模式等，培养出能够适应低碳经济发展需求的复合应用型人才，进而在应对气候变化工作中发挥重要作用。

授低碳之识，山西大学校园传经验

随着2013年"全国低碳日"的设立，全社会对气候变化问题的关注逐渐加深，山西大学的领导也认识到培养低碳人才的重要性，便前来与我洽谈，共同商议在山西大学开展相关课程事宜。由于我一向都很重视地方高校的人才培养，并且在应对气候变化和低碳发展方面具备一定理论和实践经验，对相关政策的了解也更为详尽，山西大学力邀我作为该校兼职教授及导师。考虑到在山西省的高等院校培养低碳领域的学生可以增加人才储备，更好地服务于低碳发展事业，我欣然接受了聘请。

2014年4月11日上午，由时任副校长杨军主持的聘用仪式在山西大学会议中心第四会议室举行，时任山西大学副校长刘维奇代表学校向我颁发了"山西大学兼职教授"及"山西大学兼职导师"证书。在学校相关领导、经济与管理学院的负责人、教师和部分学生的见证下，我正式成为山西大学的一员。简单的仪式之后，我在现场做了两小时有关低碳发展的即席演讲。在场师生反响热烈，纷纷表示这场演讲拓宽了大家的低碳视野，丰富了大家的低碳见闻。

在正式成为山西大学的兼职教授和导师之后，我做的第一件事就是推动山西大学低碳研究团队的建立。山西大学经济与管理学院有多位以低碳经济为主要研究方向的老师，这样的师资队伍非常有利于团队建设。当我第一次把成立一个研究团队的想法告诉大家时，很多师生表现出了极大的热情，大家都积极加入。就这样，成立团队第一步——"招兵买马"顺利完成。在此之前，山西大学化学院、物理学院、环资学院在煤基技术方面已经有了一定的研究基础，但是在低碳政策、低碳经济等方面的研究还非常薄弱，相关人才较为紧缺。作为省发改委应对气候变化处处长，我对此有着非常直观的感受，人才匮乏限制了地方发展，山西省迫切需要培养一批低碳领域的高素质人才，为低碳政策的制定提供重要的支撑作用。放眼国内外很多高校，如哈佛大学、清华大学、武汉大学、中山大学等，这些地方高等院校配合当地政府进行机制设立、政策制定等工作，是当地低碳发展的智库。基于这一现实需求，我们的团队以低碳政策研究为主要工作内容，以培养低碳人才服务于地方的低碳发展为主要目标，山西大学低碳研究团队正式成立。现在，山西大学低碳团队已经取得了丰硕的研究成果，承担了若干重大科研项目。

由于气候处工作繁忙，我不能经常去学校与学生交流，但我时时不忘自己的老师身份，尽量挤出时间去学校与师生见面，分享近期见闻，或者把我的办公室作为"校外课堂"，邀请师生来办公室共同探讨低碳问题。这样一来，我便有了更多时间跟大家一起学习和交流，我很珍惜每一次与年轻人进行思想交

图 5.2.1　与山西大学进行科研合作

流与碰撞的机会，希望可以用自己多年积累的经验给他们带来更大的启发，为他们认识世界打开另一扇窗户。在向大家普及低碳知识的同时，我的思维也逐步开阔，不时迸发出一些新的想法。

为进一步提升师生在应对气候变化与低碳发展方面的认识和研究水平，2017 年 4 月 7 日下午，我应邀参加山西大学迎接校庆 115 周年系列学术报告会并作了"应对气候变化与低碳发展转型"的首场专题报告。在报告中，我首先用"温水煮青蛙"的比喻，强调了气候变化对于人类的巨大威胁，用翔实的数据介绍了全球气候面临的严峻形势以及人类活动对气候变化的重要影响。随后，立足全球视野，介绍了从巴黎到马拉喀什等国际谈判的成果，重点阐释了《巴黎协定》的相关内容和美、德、日等国家关于低碳转型的重要举措，

图 5.2.2　在山西大学做专题演讲

向大家展示了全球应对气候变化的进程和实践。最后，对我国低碳发展的实践与成效、中长期低碳发展目标、实现碳排放达峰的战略步骤等方面进行了深入剖析，展望了2030年我国的低碳发展前景并分享了自己从事应对气候变化工作的思考。

2017年9月28日下午，山西大学低碳研究团队的老师及其学生一行9人来到我的办公室进行学习交流。我与他们谈到，所谓实践出真知，既要包括书本上的理论知识，也包括社会中的具体实践。同时，我也强调了学习的本质是要改变思维、改变视野、改变观念。作为一名学生，要具备跨界的思维、国际性的视野以及原创的观念，这样才能更好地为国家的建设贡献力量，我也引用一些案例来帮助他们更深入地理解为什么要"改变"，以及如何去"改变"等。之后，参加交流的同学激动地表示这次虽然仅短短的四小时，但收获颇丰，希望以后可以多一些这样的学习机会。

图5.2.3　与山西大学的同学一起学习交流

除日常往来之外，山西大学经济与管理学院已连续数年邀请我参加硕士毕业生的论文答辩，并担任答辩委员会主席。只要时间允许，我一定前往参加，通过参与毕业生论文答辩的方式可以了解学生们在低碳方面的研究成果，同时，我也会在低碳研究的最新进展、低碳发展的现实需要等方面为学生提一些方向性的建议。这些学生毕业之后或继续深造，或走向工作岗位，他们学习的低碳知识和思维方法将在实践中发挥更大的作用。

图 5.2.4　参加研究生毕业论文答辩

　　作为老师，除了传道授业解惑之外，我也非常注重学生综合能力的养成，比如开设经济低碳化与应对气候变化课程，让学生了解国内外最前沿的低碳发展动态，将所学知识应用到相关案例研究；与山西大学合办培训会，在会议准备工作中提高学生的组织能力，在培训过程中提升学生的专业技能；带领学生参加国际性的会议，拓宽学生的视野，丰富学生的见闻。

图 5.2.5　与山西大学合办山西省碳排放权交易市场能力
建设专题培训会

图 5.2.6　带领研究生参加亚太低碳技术峰会

低碳事业任重而道远，一代青年"勇士"应主动承担国之重担，我希望有越来越多的学生可以投身应对气候变化事业中，为国家的低碳建设添砖加瓦。

述低碳之理，山西财经大学辩观点

山西财经大学始建于 1951 年，其前身是山西省银行干部学校、商业干部学校、供销合作干部学校、财政干部学校和粮食干部学校，1958 年 9 月五所干部学校合并成立山西财经学院。1984 年 12 月成立山西经济管理学院。1997 年 10 月山西财经学院和山西经济管理学院合并组建山西财经大学，为国家和山西经济社会发展做出了重要贡献。

2020 年 11 月，山西财经大学聘请我为该校首届国际留学生博士学位论文答辩委员会委员。12 月 5 日，我为该校财政与公共经济学院财政学外籍博士研究生 Muhammad Waqas Akbar 进行了学位论文答辩评审，其论文题目为"财政政策工具在应对气候变化中的作用：以'一带一路'倡议国家为例"（Role of fiscal policy instruments in addressing climate change: A case of Belt and Road initiative countries）。我作为答辩委员会委员与 Muhammad Waqas Akbar 进行了全英文的评审答辩，并在答辩前受邀为老师和同学们做了题为"低碳引领能源革命"（An Energy Revolution Led by the Low-Carbon Development）的全英文演讲。

图 5.2.7　答辩进行中

图 5.2.8　答辩评委与导师、博士生合影

图 5.2.9　进行题为"低碳引领能源革命"的全英文演讲

笃低碳之信，山西能源学院导思维

山西能源学院简称"山能"，是经国家教育部批准，由山西省人民政府举办，山西省教育厅管理的一所应用型普通本科学校。学院以煤炭、电力、新能源类专业为主体，主要培养基础理论扎实，专业技能突出，实践动手能力强，为区域经济社会发展服务的工程技术人才和管理人才。

随着全球人口的急剧膨胀，人类的能源消费大幅度增长。按现在的能源消耗速度，世界上的石油、天然气和煤等生物化石能源将在未来几十年至二百年内逐渐耗尽，国际能源转型迫在眉睫。

2020年11月24日，我应邀在山西能源学院新校区做了主题为"国际视角下的能源革命"演讲。演讲共分为五个部分，从应对气候变化的时代背景讲起，谈到全球低碳转型进展和趋势，全力推进能源革命战略，再到低碳发展培育经济增长新动能，最后以绿色金融助力能源革命结尾。山西能源学院的老师和同学们对我的演讲主题表现出极大的兴趣，以热烈的掌声欢迎我的到来。

图 5.2.10　山西能源学院演讲会场

中国能源发展是中国经济发展中最重要的内容之一，我们要学会以国际视角去看待中国，看待山西。我们只有立足于全球基础，分析问题，寻找措施，才能取得重大突破。

目前，全球转型正处于重要转折期，欧、美、日等发达国家和发展中大国围绕绿色低碳转型，在低碳政策制定、低碳技术创新、低碳市场建设等领域都开展了广泛探索。增长方式、能源系统和消费模式的低碳转型将引发新的技术和产业革命，也将带来新的经济增长点、新的市场和新的就业机会，低碳发展已经成为新一轮国际经济、技术和贸易的竞争高地。

图 5.2.11　进行主题为"国际视角下的能源革命"的演讲

低碳发展是转变发展方式、提升经济增长质量和效益的内在需要。不论是从经济发展阶段分析，还是区域发展模式来看，长期以来，我国的经济增长以高资源、高能源投入为主体，不仅造成了对资源和能源高度依赖的局面，还大幅度降低了我国国民经济的总体效率。

低碳发展是落实新的发展理念、建设生态文明的长期需要。改革开放以来，我国经济快速增长，经济实力和综合国力显著提升，但也付出了沉重的资源环境代价，整体环境污染较为严重，大气领域压缩型、复合型的环境问题愈加尖锐，生态破坏严重，这与高碳发展的传统路径有很大关系。

低碳发展是我国抢占国际低碳技术、产业制高点的战略选择。只有早谋划、早布局，通过加快低碳发展、提升低碳技术自主创新能力，积极参与国际低碳规则、政策、标准制定，积极开展低碳核心技术研发和产业化应用，才能在新一轮的国际低碳技术和产业的发展格局中占领制高点，形成低碳产业竞争优势，提升我国在全球低碳发展潮流中的话语权和影响力。

低碳发展是我国参与全球治理、提升国际话语权的客观要求。作为全球第二经济大国和第一温室气体排放大国，我国面临的减排压力不断增大。低碳发展不仅是一个发展模式的转变，同时也是一个国际发展新秩序的制度安排。世界各国都试图引领时代发展潮流，占领道义制高点，把低碳发展作为构建国际政治经济新秩序、参与全球治理的重要角力点。

倡低碳之行，长治医学院解疑惑

长治医学院坐落在素有红色之都、魅力之城美誉的山西省长治市，是一所省属全日制普通高等医学院校，"卓越医生教育培养计划"试点高校。2017年11月11日，长治医学院举办十九大精神报告会，特邀我作专场演讲。党的十九大报告中将"美丽中国"上升到总任务，建设美丽中国的任务突出反映了全体中国人民对美好生活的向往和追求，同时其实现也离不开大家的共同努力。青年人肩负着祖国的未来，无论身处哪个大学，什么专业，都应该心系国家，承担重任。基于这样的想法并结合自己的经历，这次演讲的主题我定为"国际视野下的美丽中国"。

图 5.2.12　在长治医学院作主题为"国际视野下的美丽中国"
的专题报告

学校领导高度重视，李华荣书记亲自主持，校副科级以上干部到场聆听，师生代表及其附属白求恩医院和和济医院代表积极参与，时任长治县县委书记带领领导干部到场，总计 1 400 余人。考虑到医学院师生平时对全球气候变化等问题的关注可能较少，报告会上我详细阐述了十九大提出的新时代的"美丽"新目标，具体从气候变化的科学基础、气候变化的国际谈判进程、全球低碳转型进展和趋势、我国低碳发展实践和成效、低碳发展在山西的政策和实践、绿色低碳发展构建美丽中国等方面进行了介绍。站在国际化的视角向大家揭示了美丽中国与低碳发展的本质，提出应对气候变化是一个全球都高度关注的事情，

图 5.2.13　到场师生认真聆听，反响热烈

气候变化是全人类最大的威胁，建设美丽中国不仅是我们自己的要求，也是全球气候治理的大势所趋，我们不是站在中国看世界，而是置于世界坐标下看中国。我们正在为低碳转型积极努力，希望更多的人能给予关注并付出行动。

最后，李华荣书记作总结讲话。他表示，此次报告为我们认识中国未来发展模式和经济发展的趋势，理解全世界和全人类面临的共同问题打开了一扇窗，让我们感受了空前的责任与压力。建设美丽中国，不仅是中国实现现代化的五大标志之一，也是全球全人类能够实现可持续发展的关键举措。应对气候变化是全人类共同的责任，需要我们综合施策、标本兼治。我们师生身在校园，也要心系国家，关怀全人类。对地方政府应对气候变化的各项政策举措，我们要有大学应有的担当，多做理性分析，多从正面理解。"美丽中国的画卷已徐徐展开"，我们对中国的未来充满信心，对山西的未来充满信心，对长治的未来充满信心，也对长治医学院的未来充满信心。

长治医学院师生的反响让我深受感动，应对气候变化工作需要各行各业人士的参与，我愿做低碳环保的"传道士"，与更多的仁人志士一起共建美丽中国！

明低碳之道，中国科学院论方法

中国是受全球变暖影响较大的地区，应对气候变化的行动刻不容缓，这离不开我们每个人的行动，更是中国科学家肩上不容卸下的使命。2011 年，应时任国务院总理温家宝要求，中国科学院设立"应对气候变化的碳收支认证及相关问题"重大科技专项，其目的是为国家应对气候变化提供数据基础、科学知识和技术支撑。

中国科学院山西煤炭化学研究所牵头承担了其中"能源消费与水泥生产的排放"分项里"不同类型煤的消费量和含碳量测定""传统煤化工碳排放""煤炭利用过程二氧化碳子数据库""石油炼制生产的碳排放""天然气生产的碳排放"等子课题。2016 年 7 月 28 日，子课题验收会在北京召开，受中国科学院之邀，我与中国科学院大学侯泉林教授、国家发展和改革委员会能源研究所周凤起研究员等一起作为评审专家，参与了验收会。在验收会上，我们听取了课题负责人关于完成情况、研究成果、经费管理等方面的介绍，同时对任务完成、成果水平及其应用、人才培养与团队建设等方面进行了评议。该任务在调研和数据采集的基础上，建立了集数据录入、处理、展示为一体的可视化数据库，成绩显著，其影响力延伸至国外，这是我们中国科研机构在低碳技术探索中做出的突出贡献。作为一位碳路者，我以评审专家的身份亲眼见证了中国在低碳之路上又一方面的傲人成绩，我非常高兴可以看到中国自己的研究机构可以独立完成煤炭排放因子方面的基础研究。

目前，我们所采用的低碳标准都是由国际组织或者其他国家制定的，中国在低碳方面的基础性研究领域还相对薄弱。未来，希望中国能够加强这方面的研究，争取早日参与到低碳标准的制定当中。

图 5.2.14　与中国科学院山西煤化所研究员合影

图 5.2.15 　实地参观中国科学院山西煤化所实验室

在评审会结束后不久，我收到中国科学院多家机构的演讲邀请函。8 月 25 日，我以"低碳发展在山西的政策与实践"为主题在中国科学院山西煤化所进行了演讲，同时与煤化所的专家就能源利用过程中的碳排放相关的技术问题进行了交流和讨论。煤化所的研究员们对这次演讲给予高度评价，我们之间的探讨侧重于碳减排领域技术层面与理念角度的结合，有利于科技工作者在工作中更好地理解低碳理念，同时也有利于像我这样推动低碳发展的一线工作者更好地接近低碳技术前沿，对于今后山西省应对气候变化工作的开展具有重要意义。

第三节　节能减碳，企业当头

在全球气候变化的背景下，低碳经济受到世界各国的普遍关注，低碳经济的实现需要社会各主体的共同努力。企业生产需要消耗大量的自然资源，是高碳排放的主要责任者，并且企业作为公众职业活动场所，对社会风尚有重要的引领作用。因此，企业通过生产活动获取经济利益的同时，也应当积极承担相应的社会责任。企业作为主要控排对象之一，能否从源头上有效地控制企业的碳排放总量在一定程度上影响着国家碳减排目标的实现。在低碳浪潮悄然袭来之际，企业已难以置身事外，发展低碳经济需要企业做出表率。

国外低碳经济的发展早于中国，很多企业在减少碳排放方面的先进做法值得我们借鉴学习。英国的零售商企业玛莎百货，在 2007 年 1 月推行了名为"A 计划"的 5 年环保计划，为实现碳中和，形成绿色供应链管理，投入了 2 亿英镑专项资金。美国石油业巨头埃克森美孚，在 2005—2009 年，累计投资 50 亿美元，用于可以减少油井气火炬燃烧的商业项目。瑞士 Holcim 公司是全球性的水泥生产公司，其减排措施已深入公司的财务系统，用财务报表来跟踪温室气体减排量的数据，利用资产负债表来跟踪碳资产和业绩。

相比之下，国内企业在低碳减排领域还未充分发挥自己的作用，企业实现低碳发展尚有许多障碍。结合工作中与企业实际沟通的经验，我认为其中一个重要原因就是很多企业仅将低碳经济视为一项政府政策，对其二氧化碳减排的措施和意义知之甚少，企业相关人才和知识缺乏，低碳意识不足。山西省作为煤炭生产和消耗大省，多数企业"高排放"的特征突出，因此，对企业的低碳宣传教育具有重大意义。作为一名低碳领域的一线工作者，我有能力也有责任深入企业普及低碳知识，在制定政策前也需要了解企业员工的实际想法和客观存在的困难。

在 2017 年"全国节能宣传周暨全国低碳日"来临之际，应山西漳泽电力集团领导邀请，我特地作了"低碳中国，我们在行动"主题讲座。讲座以视频形式开展，集团领导、职能部门负责人和员工集中在主会场，集团各子公司的负责人和相关部门人员在全省各分会场聆听讲座。

为了让大家更容易理解"低碳经济"这一理念，演讲中我用通俗的语言、全球化的视角，多层次、宽领域地解读了全球气候变化面临的严峻形势，深入浅出地阐明了低碳理念，指出了低碳工作的重要性和紧迫性，并结合我国中长期低碳发展目标、碳排放达峰战略、碳市场建设和碳金融实践及山西省在推动低碳发展方面的实践工作情况等，对发电企业低碳转型发展进行了科学分析。到场的员工也对企业低碳转型提出了自己的想法，很多人积极与我讨论，说出了自己的疑惑并表达了自己的看法，在交流过程中，公司领导和员工也对"低碳中国"有了新的认识。"低碳中国，我们在行动"不只是一句口号，更需要我们每个企业单位和个人用行动来实现！

图 5.3.1　在山西漳泽电力集团开展主题讲座

在全国碳市场启动前夕，我希望这场讲座可以为该企业探索低碳转型发展路径，打造低碳经济新模式，为他们的低碳转型提供新思路，进而起到示范作用，让更多的企业参与进来。

2018 年 7 月 2 日，应晋能集团之邀，我向该集团包括董事长、总经理在内的领导班子全体成员，集团各部室人员以及集团二级子公司负责人作了"国际视角下能源革命与绿色金融"专题讲座。

为了深刻阐明主题内容，我从全球气候变化的科学基础、气候变化的国际谈判进程、全球低碳转型进展和趋势、低碳引领能源革命、绿色金融创新、低碳发展是经济转型的必由之路六个方面，以欧盟、美国、德国、日本、印度等国家地区为例，讲述了这些国家低碳转型发展的重要举措和目标，以及全球能源革命的发展历程和发展趋势，同时为集团转型发展提供科学指导。

当前我国能源革命正处在向纵深发展时期，低碳转型具有提升经济增长质量和效益、建设生态文明、提升国际话语权等重大意义。讲座结束后，在座人员积极同我互动交流，我对晋能集团提出的"一主、三辅、两新"的发展战略表示肯定，以清洁能源产业为主，非常符合全球发展趋势。作为融集光伏、风电、煤炭、电力、电网、房地产、贸易物流、装备制造、新材料、金融等产业于一体的国有大型能源企业集团，晋能集团要把握发展趋势，用科学指导推动集团各产业积极发展，在山西能源革命中争做排头兵。

图 5.3.2　晋能集团主办的《晋能》报对讲座进行了报道

　　除能源企业外，金融企业也积极投身低碳发展的事业中来。2020 年 4 月 7 日，中国建设银行山西省分行为进一步引导员工对全球疫情背景下多行业转型趋势的分析与思考特向山西省发改委发来邀请函，邀请我为中国建设银行 2020 年第 7 期"建行大讲堂"作视频授课，主题为"国际视角下的低碳转型和绿色金融"。

　　我从低碳转型的时代背景、全球低碳转型进展和趋势、我国低碳发展和能源革命战略、低碳发展培育经济增长新动能、绿色金融的国际国内实践等方面，从国际视角阐述了我国低碳转型和能源革命的发展历程和重大意义，剖析了全球疫情背景下金融机构的战略转变，指出绿色金融是金融机构实现战略转型的重要方向，是我国实现经济社会高质量发展的重要战略。本次授课采用网络视频形式，通过建行大学网络学习平台进行线上直播，全国建行系统 30 万员工及建设银行的部分客户收看了本次课程。

邀 请 函

省发改委:

为落实建设银行总行及《山西省分行"建行系列讲堂"
2020年实施方案》要求,进一步引导我行员工对全球疫情背
景下多行业转型趋势的分析与思考,根据建行山西省分行
(建行大学山西分校)的教学计划与安排,特邀请贵单位利
用外资和境外投资处处长武东升于2020年4月7日下午
19:30-21:00为我行2020年第7期"建行大讲堂"作视频授
课,主题为"国际视角下的低碳转型和绿色金融——新冠疫
情危机下金融企业的战略思考"。希支持为盼!

特此函请

联系人:王瑾 13633513516

任云 13903462459

王方瑾 13934134311

建行山西省分行

2020年4月7日

图5.3.3 中国建设银行山西省分行发来邀请函

第四节 绿色生活,人人有责

低碳发展迫在眉睫,无论是政府、企业还是公众,都必须充分认识到以低
碳发展战略协调经济发展与应对气候变化两者的重要性和紧迫性。低碳发展模
式的转变,事关经济社会发展全局和人民群众切身利益,积极应对气候变化不

仅是政府的职责，也是社会各界的共同责任。因此，提高公众的低碳意识和引导社会消费方式的转变十分重要。

为普及气候变化知识，宣传低碳发展理念和政策，鼓励公众积极参与，2012 年 9 月 19 日，时任国务院总理温家宝主持召开国务院常务会议，会议决定自 2013 年起，将全国节能宣传周的第三天设立为"全国低碳日"。2013 年 6 月 17 日，以"践行节能低碳，建设美丽家园"为活动主题的首个全国低碳日顺利启动。首届全国低碳日之后，通过举办应对气候变化主题展览，召开低碳论坛、建立低碳产业联盟，播放公益广告、组织低碳院士专家中国行、低碳进校园、进园区和进社区等系列活动，提升了公众的低碳发展意识。近年来，越来越多的地方政府、企业、社区和媒体通过多种形式扩大了气候变化的影响力。

表 5.4.1　历届"全国节能宣传周"与"全国低碳日"时间及主题

时间	全国节能宣传周活动主题	全国低碳日活动主题
2013 年 6 月 17 日	践行节能低碳，建设美丽家园	
2014 年 6 月 10 日	携手节能低碳，共建碧水蓝天	
2015 年 6 月 15 日	节能有道，节俭有德	低碳城市，宜居可持续
2016 年 6 月 14 日	节能领跑，绿色发展	绿色发展，低碳创新
2017 年 6 月 13 日	节能有我，绿色共享	工业低碳发展
2018 年 6 月 14 日	节能降耗，保卫蓝天	提升气候变化意识，强化低碳行动力度
2019 年 6 月 12 日	绿色发展，节能先行	低碳行动，保卫蓝天

在首个"全国低碳日"当天，太原市龙潭公园内，省发改委、省应对气候变化工作领导组办公室举办大型宣传活动，志愿者们走上街头，倡导低碳理念，鼓励市民低碳生活。活动现场，工作人员向市民发放了宣传手册，并介绍了许多日常低碳措施，市民们积极参与，反响热烈，纷纷表示此次活动使他们对低碳环保有了更深入的了解，会从生活中的点滴做起，为低碳社会做贡献。山西第一个"全国低碳日"圆满落幕。

图 5.4.1 山西省首个"全国低碳日"现场盛况

2017年6月13日，我们又如期举办了以"工业低碳发展"为活动主题的"全国低碳日"活动。为进一步普及应对气候变化科学知识，宣传低碳发展理念，提高全社会应对气候变化意识，营造推动绿色低碳发展的良好社会氛围，山西省发改委在机关办公楼、太原市龙潭公园等公共场所组织开展了低碳发展主题展板宣传，发放了应对气候变化宣传页和低碳环保购物袋。宣传活动从气候变化与人类活动展开，我向在场民众介绍了全球气候变暖已日益成为危及人类生存的严重问题，说明了减少温室气体排放是每个人的责任和义务，阐述了低碳生活的重要意义。低碳不仅是企业行为，也是一种符合潮流的生活方式，即低能量和低消耗的生活方式。倡导大家认识到"低碳生活"是一种生活习惯，是一种自然而然去节约身边各种资源的习惯。

当天，我接受了山西电视台、山西广播电台、《山西日报》《山西经济日报》等媒体的现场集中采访，介绍了山西省低碳日宣传活动基本情况、全国和山西应对气候变化工作总体推进情况，并重点阐述了全国碳交易市场启动准备，以及建立企业温室气体排放报告与核查信息平台、确定碳排放第三方核查机构、组织碳交易能力建设、开展拟纳入碳交易企业历史碳排放数据核查等行动，让更多的群众了解山西应对气候变化工作所取得的成绩。

图 5.4.2　在活动现场为大家普及低碳知识

图 5.4.3　现场接受媒体采访

　　发展低碳经济并非只是政府行动，每一个人都要为之努力，我们积极地向人们传达：低碳生活是一种生活态度，而不是能力，大家完全可以从小处着手、从点滴做起，注意节电、节油、节气。坚持下去，人人都可以过上一种低碳生活。坚持下去，大自然反馈给我们的将是可持续发展的更美好的生活。

06

他山之石
可以攻玉

纸上得来终觉浅，绝知此事要躬行

第六章
他山之石，可以攻玉

莎士比亚曾说过："经验是一颗宝石，那是理所当然的，因为它的得来需要付出极大的代价。"如今，发达国家不仅拥有雄厚资本，还拥有优质环境。但殊不知，曾经的他们也如现在的诸多发展中国家一样，经济发展与环境保护之间的矛盾十分激烈。即便如此，他们勇于面对，迎难而上，经过多年的磨砺，这些发达国家的工业化城镇才逐步发展成世界各地区争相学习的典范，这些"宝石"可谓是弥足珍贵。

出访国外的经历为我搭建了一个更高的平台去看待低碳发展，让我逐渐明白"政府是低碳发展的总导演"，也促使我去重新审视山西省近年来的发展情况。尽管这些经验都是他国多年探索而得的"珍宝"，但是对于我们来说，它们依然是"舶来品"，只有始终秉承"纸上得来终觉浅，绝知此事要躬行"的态度才能不断探索出具有中国特色的低碳发展之路。

第一节　随团出征，继往开来

历史总是惊人的相似，山西省"高消耗、高排放、高污染"的发展态势多年前也曾在那些发达国家上演，工业化推进时期所造成的环境问题亦使他们苦不堪言。但经过当地人民的不懈努力，"绿水青山"回归本色，"零碳发展"成为现实，这些光鲜亮丽的"功绩"背后付出了艰苦卓绝的努力，他们的经验弥足珍贵。走出一条具有山西特色的低碳发展之路，不仅要深刻反省自身的劣势，还要不断汲取他国之精华。鉴于此，我先后前往意大利、日本、北欧进行了学习与探讨。

意大利是一个能源高度依赖进口的国家，在可再生能源的利用和使用技术方面处于世界领先地位。其节能减排计划是在欧洲气候能源包计划总体框架的基础上进行的，具体包括出台鼓励改善建筑能源效率政策、实施建筑光伏计划、热太阳能利用等；在应对气候变化方面，实施修改税收政策，加强废弃物的立法管理，推行新型城市交通变化，发展碳捕获和存储技术等。意大利政府在应对气候变化方面所作出的努力值得我们去借鉴和学习。

为加强我国应对气候变化能力的建设，2012 年 6 月 17—28 日，国家发展改革委、国家宏观经济研究院和地方发改委一行 39 人参加了中意政府共同举办的 2012 年第一期"气候变化与可持续发展"研讨班。

由于国家发改委气候司孙桢副司长身负其他公务，23 日才能到达意大利，受组织的信任，我被委派为中国代表团副团长，在团长到任前全面负责全团工作。全团在罗马、威尼斯和都灵进行了为期 10 天的学习和访问。意大利环境部、锡耶纳大学、威尼斯国际大学、都灵大学、帕多瓦省能源署、皮埃蒙德大区环保局、欧洲—地中海气候变化中心、ENEL 基金、都灵能源与环境局的学者和官员先后就欧盟和意大利应对气候变化的法律法规政策实践进行了讲解和分析，具体包括欧盟组织结构概览、欧盟能源、环境与气候政策、碳排放交易体系、意大利第五次国家信息通报等，从能源效率、绿色增长、地方实践等多个角度分析了欧盟应对气候变化的政策和措施，并以案例形式具体分析了意大利帕多瓦省能源效率计划、威尼斯适应气候变化的主要做法等。此外，代表团还实地考察了威尼斯潟湖工程和意大利 FIAMM Spa 公司绿色能源岛项目。在学习和考察期间，我与授课的官员和专家积极互动，在很多方面有了更新、更全面、更深入的认识，受益颇多。

图 6.1.1　带中国低碳代表团在意大利访问（部分团员合影）

图 6.1.2　在意大利学习访问

图 6.1.3　多彩的威尼斯泻湖

欧盟应对气候变化的"大政方针"

欧盟各国不仅在地缘上相互亲近，还在经济、政治上相互统一，它的建立对世界格局产生了重要影响。因此，欧盟基于自身地理位置以及内部政治构架的考虑，一方面视气候变化为潜在威胁，甚至将其上升到损害国家安全和政治稳定的高度；另一方面也将应对气候变化作为一个重要的发展机遇，并积极采取多方面措施。

第一，欧盟以指令形式规范和指导各成员国应对气候变化行动。为实现到2020年温室气体排放总量相比1990年下降20%的承诺目标，欧盟在2009年4月就通过了气候和能源一揽子法令：一是促进可再生能源发展指令；二是改进欧盟排放交易体系的指令；三是燃油质量指令；四是碳捕集和封存项目指令；五是新的减排责任分担协议。

第二，欧盟形成了以低碳为核心的政策体系。一是欧盟总量控制下的碳排放权限额和交易政策。欧盟率先决定排放配额总量并分配各个受控实体，受控实体收到欧盟排放配额后可通过场内、场外交易机制自由买卖配额，如果在规定的时间内企业无法上缴足够的配额则面临高额罚款。二是能源税（碳税）为主的税收政策。能源税也是欧洲一些国家采取的减排刺激政策。三是可再生能源发展政策。欧盟成员国主要通过采取有效的经济政策来激励各国使用可再生能源，特别是在可再生电力发展方面主要有可再生能源绿色证书和固定电价政策。四是能源效率提升政策。欧盟的能源效率政策以《能源效率绿皮书》及其行动计划为代表。

第三，适应气候变化将成为与减缓气候变化同样重要的领域。适应气候变化作为一种预期行动或反应，目的是通过气候防护减少风险损失并增加潜在的收益，确保投资的稳定性。欧盟开展适应气候变化工作可分为两个阶段。第一阶段为 2005—2009 年，这一阶段明确了适应行动的框架，主要内容是将适应内容纳入欧盟其他政策行动，通过气候变化综合研究建立知识库，减少气候变化不确定性，同时社会、经济和公共部门密切合作实现适应的综合性战略。第二个阶段是从 2010 年开始，这一时期的特征是提高欧盟应对气候变化的能力。

欧盟应对气候变化理念、政策体系、内部协调机制启示录

政府大力宣传，理念深入人心。欧盟高度重视气候变化问题，将应对气候变化作为发展经济、推动产业转型和技术创新、抢占未来市场先机的重要机遇，同时把适应气候变化作为防灾减灾的长期战略。其应对气候变化工作起步早，经过多年宣传和实践，应对气候变化、发展低碳经济的理念已深入人心，公众意识水平较高，为欧盟应对气候变化各项政策的顺利实施奠定了良好基础。此外，欧盟在国际社会大力宣传其应对气候变化政策措施和成效，使其理念比较容易被国际社会所认可和接受。

图 6.1.4 欧盟重视气候变化之表现——波恩会议

政策体系完善，法律经济并举。欧盟在制定应对气候变化政策的过程中，一方面注重体系的完整性和连续性，另一方面注重通过法律、经济等多种手段应对气候变化。欧盟建立了一套健全的应对气候变化法律体系，大力推动了相关政策的实施。通过不断摸索和实践，欧盟分阶段、分步骤地建立完善的碳排放交易体系，包括排放配额从免费分配逐步过渡到拍卖获得、免费配额量逐步减少、体系覆盖的行业和温室气体种类逐步扩大等，并制定了严格的监督核查规则和制度，确保交易的公平性。

求同存异，协同发展。欧盟在制定减排目标和实施碳交易的过程中，能够充分考虑各成员国国情和经济发展水平的差异，考虑各相关方的利益诉求，通过内部协调就各成员国减排责任分担、免费排放配额数量等达成一致，权责关系明确。

为期10天的访问行程圆满结束，访问团成员满载而归，收获的是意大利乃至欧盟应对气候变化领域的前沿理念和先进经验。归国后，我作为副团长，对此次出行的所见所闻，特别是适合于我国国情的可借鉴之处做了总结：

一是从战略高度认识并开展应对气候变化工作。目前我国的应对气候变化工作大多是由中央政府部门推进的，地方政府对这项工作的重视程度仍有待进一步提高。因此需要将应对气候变化放在地方经济社会发展整体规划中的重要位置，将积极应对气候变化作为加快转变经济发展方式的重大机遇，实现发展经济和应对气候变化的双赢。

二是加强应对气候变化顶层设计。近年来我国已经采取了一系列应对气候变化政策措施并取得显著成效，而随着当前经济社会的不断发展和应对气候变化工作的逐步深入，迫切需要建立一套较为完善的减缓和适应气候变化政策体系。因此要结合我国国情和发展水平，考虑不同利益相关方的需求，不断完善应对气候变化相关政策并加强政策间的统筹协调，加快推进应对气候变化立法相关工作，完善体制机制，做好系统性的顶层设计，为全面、深入地开展应对气候变化工作提供有力支撑。

图 6.1.5　中国努力，彰显大国风范——应对气候变化立法
国际研讨会

三是研究并出台应对气候变化相关扶持政策。目前我国的应对气候变化工作并无专项资金支持，参与工作的人员尤其是地方层面人员的数量、专业知识和认识水平仍然不足，为相关工作的推进带来较大难度。因此，国家需要在资金、机构、人员和能力建设等方面制定相关扶持政策，如落实应对气候变化专项经费、增加从事应对气候变化工作的人员数量、扩大能力建设的人员培训范围等，充分调动地方政府应对气候变化的积极性，切实提高地方应对气候变化的能力水平。

四是竭力推动碳交易市场的构建。利用市场化手段解决负外部性问题已经成为当今世界的必然趋势。欧盟议会早在 2003 年就通过决议，宣布成立整个欧盟范围内的温室气体排放交易体系，这是迄今为止由发达国家设立的排放交易体系中最大的，也最为成功的一个。目前，中国已经正式启动了全国碳交易市场，初期虽只纳入了电力行业，但未来其他行业亦将走进全国碳市场。

五是大力推进技术创新。科学技术是第一生产力，在应对气候变化这件事上，政府也应秉承这样的理念。欧盟先后发布了碳捕集和封存项目指令等，在技术创新这一点上为我们作出了良好表率。因此，中国政府也可从诸如煤层气、CCUS 等项目进行技术创新。

欧盟有当下如此之成就，与欧盟各国政府的重视和付出是分不开的。唯有重视，一系列具有建设性意义的顶层设计才会出现；唯有重视，相关扶持政策才会出台；唯有重视，低碳发展理念才会深入人心。中国政府在未来也应始终秉承如此理念，为神州大地的低碳发展贡献力量。

第二节　见贤思齐，竿头日进

20世纪发生的全球八大环境公害事件，有四次发生在日本。日本痛定思痛，立足本国实际，不断完善资源环境政策体系，注重经济效率和多目标协同，在解决环境问题、推动低碳发展方面取得了较为显著成效。日本是启动低碳发展战略较早的国家，长期坚持节能和资源综合利用优先战略，特别注重气候变化政策与产业、循环经济、环境政策的协调，注重中央和地方的责任划分与协同。日本的实践经验对中国的低碳发展具有良好的借鉴意义。

2015年10月12—21日，我作为团长率领由国家发展改革委、环保部、清华大学以及北京、广东、山东、湖北、重庆等省市专业人员组成的中国低碳能力建设代表团前往日本参加"2015年第五届中日合作低碳发展高级研讨班"，

图 6.2.1　第五届中日合作低碳发展高级研讨人员合影

访问了日本环境省、东京、京都、北九州等地。此次研讨班日本环境省和中国国家发展和改革委员会联合主办，主要目的是为了配合中国国内的低碳试点、碳排放权交易试点工作的推进，以期增强中国地方相关部门对低碳发展和碳排放交易的认识，提高中国地方低碳发展的能力。研讨班主要以温室气体排放控制、碳市场建设、智能能源计划制定和智能社区建立四大模块进行。这些主题是当今世界关注的重点，中国作为碳排放大国也正着手开展此类项目。此次研讨为我们提供了一个平台去了解日本先进的理念，并为我国碳市场的建立提供了诸多有益的借鉴。

把温室气体遏制在"摇篮"

当今，世界各国在发展的过程中遇到一大拦路虎，即气候变化，其中温室气体控制是多个国家共同关注的焦点。日本在温室气体排放量报告、公布制度等方面走在世界前列，因此，他们在温室气体控制方面的见解对中国完善相关制度大有裨益。借此良机，我们在研讨中围绕"如何建立温室气体排放数据统计和管理体系""如何测算并确定温室气体排放总量控制目标""如何制定温室气体排放指标分配方案"这几个主题进行了深入探讨。

在计算温室气体排放量之前，日本编制了温室效应气体清单，定量掌握某一时间段内温室效应气体排放量和吸收量的目录，用于目标设定、减排计划基础信息的制定和检查目标进度及完成情况。日本环境省根据《联合国气候变化框架公约》及《京都议定书》的规定，在相关省厅及相关团体的配合下，编制每年要提交的清单。清单中的排放量和吸收量的计算、通用报告表及国家清单报告书的编制等具体工作，由国立环境研究所地球环境研究中心温室效应气体清单办公室实施。

在确定了清单的对象气体及领域后，日方用一套独特的计算方法得出温室气体排放量。具体的计算方法为用统计数据得出的活动量（燃料的使用量）乘以排放系数（单位活动量的排放量等），再乘以全球变暖系数（显示温室效应气体带来的温室效应程度与二氧化碳程度之比的系数）。

图 6.2.2　日本控制温室气体排放

为保证以上工作顺利进行，制定一套完善的制度十分必要。2005 年，日本推进全球气候变暖对策法律修订后引进了公布制度。制度规定，排放一定量以上温室气体的单位，有义务计算排放量并向国家报告，国家对报告的数据进行统计并公布。制度的目的在于通过排放单位自行计算排放量，确立主动采取对策的基础；通过信息的公开化和可视化，促进全体国民和企业主动采取措施。

极富创新精神的自由碳市

人为活动的温室气体排放导致全球气候变暖已是不争事实，应对气候变化、开展节能减排是全球的共同责任。碳交易作为通过市场手段来实现有效减排的重要方式，在全球范围达成了共识。目前，除欧盟的 EU-ETS 系统外，美国、澳大利亚和日本等发达国家在碳市场建立方面均进行了诸多有益尝试。其中此次研讨的一个意图就是增强中国地方相关部门对低碳发展和碳排放交易的认识，提高中国地方发展低碳试点和碳排放权交易试点工作的能力。日方也因此详细介绍了他们的发展经验。

早在 20 世纪 90 年代，日本就开始积极推进国家气候变化政策，建立碳排放体系。目前为止，日本在温室气体减排上既有以日本自愿排放交易体系（Japanese Voluntary Emission Trading Scheme，JVETS）为代表的全国性尝试，又有以东京都碳排放交易机制（Emission Trading Scheme，ETS）为代表的地方排放交易体系。此外，其面向国内外建立的较为成熟的信用抵消体系形成对排放交易体系的重要补充。在我国建立全国统一的碳交易市场的背景下，我对日本碳市场建设的进程保持着高度关注。日本在碳排放交易机制建设中严格MRV机制、模式化参与流程、完善的法律制度和信用抵消体系及制度的适时推行对我国试点碳排放交易体系乃至全国碳排放交易体系建设具有重要参考价值。

JVETS是日本最早进行碳排放交易的实验性系统。其有两个主要特点：第一，自愿参与；第二，遵循基于总量控制交易的原则。从范围上来看，JVETS系统覆盖所有二氧化碳的直接排放和来自电力、热力企业的间接排放；从参与者来看，JVETS系统对大多数私人企业开放，并提供两种参与方式，一是根据基准年排放对自身减排设定一定履约量（作为交换，这些承诺减排的企业会收到补贴），二是没有履约承诺自主参与交易；从灵活机制来看，JVETS系统允许参与实体储蓄配额和信用，但不能介入。经过几年的运行，JVETS系统取得了一定的减排成果，也为日本建立全国性排放交易体系奠定了一定基础。

日本的排放信用体系J-Credit的建立目的是为了支持地区温室气体减排，于2013年开始实施，2021年3月结束运行。作为国内信用认证机制，J-Credit允许政府向采用节能设备、使用可再生能源、通过森林管理减排的企业颁布温室气体减排信用，并且他们可以用获得的减排信用进行交易。除此之外，日本还有面向国际的抵消信用体系，旨在帮助日本以最小的成本实现其2020年的减排目标，并占领低碳技术、产品和服务的出口市场。

图 6.2.3　倾听东京都经验

此外，以东京都 ETS 为代表的城市减排体系一直走在世界前列。其有以下特定的背景和原因：第一，国家层面的政策引导。20 世纪 90 年代，日本开始实施应对气候变暖政策，东京都 ETS 也应运而生。1990 年，日本通过"抑制全球变暖行动项目"。1998 年《京都议定书》在日本通过，进而制定了促进核能开发、能源保护法案和促进应对全球变暖的相关法案。第二，地方政府的大力助推。日本的地方政务主要由地方政府决定，如果没有地方政府的大力推进，城市级的排放交易体系往往要受制于多方阻力，很难落地。第三，前期积累的经验。东京都政府的环境部门多年来在应对地区空气污染、水污染和汽车尾气污染等问题上拥有丰富的管理经验和运行经验。

能源计划的智能时代

众所周知，日本是能源极度匮乏的国家，所需石油的 99.7%、煤炭的 97.7%，以及天然气的 96.6% 都依赖进口。为了保障能源供应，日本制定和实施了一系列能源战略，大力发展新能源产业便是其中的重要一环。目前"神奈川智能能源计划"是当地厚积薄发的"新秀"。10 月 15 日，我们前往神奈川参加由当地产业劳动局能源部举办的地区能源课，该课程系统地讲述了"神奈川智能能源计划"的所有环节。该计划的基本理念、项目推广过程都值得我们深入学习与思考。纵观日本多年的新能源发展历程，可以看出日本新能源的发展过程始终是通过计划与法律手段推进的。神奈川制定了自己的数值目标，即 2030 年当地 45% 的电力消费量来自可再生能源、燃气热电联产等。此外，2013 年 7 月 2 日，神奈川政府部门颁布了《关于促进神奈川县可再生能源引进等的条例》，该条例中明确规定了各方的责任和义务，包括三个方面：政府方面，推进可再生能源等的综合性、计划性措施的制定和实施；企业方面，生产活动中努力推进可再生能源的使用等；居民方面，在日常生活中努力推进可再生能源使用等。计划与法律双管齐下，促使各方工作更有效率。

图 6.2.4　参观日本京都府大楼屋顶光伏项目

　　究竟如何实施智能能源计划呢？神奈川智能能源计划的基本理念可以用一句话概括，即秉承三个原则：不过度依赖核能，注重环保，推进能源的自产自销。该地区的发展始终坚持如此，多方面促进可再生能源的普及，如薄膜太阳能电池的推广、小型风力发电项目的开展等。从神奈川的发展情况来看，太阳能对于该县来说是最具前景的可再生能源，原因有二：一是其自身特点，即太阳能相对均衡，存量大，选址方面的制约较少，建设时间短；二是当地住户较多，具有较广阔的发展前景。除此之外，当地的太阳能银行系统非常值得一提。为了让企业以合理的价格放心建设太阳能发电设备，神奈川县与太阳能光板生产厂家、销售点、施工单位等合作，对满足一定条件的太阳能发电设备建设计划进行登记，并在神奈川太阳能中心进行评选。经过神奈川政府的不断努力，太阳能、氢能源、燃料电池汽车等都得到了广泛普及。

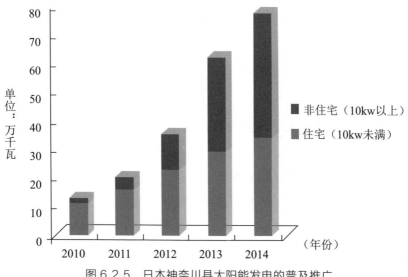

图 6.2.5　日本神奈川县太阳能发电的普及推广
（出处：日本神奈川县产业劳动局地区能源科调查）

　　研讨结束之后，我们前往日本最大研发机构——日本新能源产业综合开发机构（The New Energy and Industrial Technology Development organization，NEDO）的总部进行参观交流。该机构成立于 1980 年 10 月 1 日，主要目的是应对石油危机，主要业务内容有：推动先进技术的研究和开发（包括产业技术、新能源技术、节能技术及环境技术），新能源及节能技术的普及和推广以及国际合作等。

　　NEDO 为神奈川县乃至全日本国内的新能源计划项目提供了强有力的资金支持。该机构的资助项目多数列入该国国家科学技术基本计划，且通过公开招标或委托相关单位组织研究工作。在具体的运作中，NEDO 会根据被开发技术的性质，提供不同额度的经费资助。此外，NEDO 还对国际上的一些国家地区给予支持，其中也包括中国。NEDO 北京事务所成立于 1995 年 12 月，该事务所成立以来，与中国国家发展和改革委员会等有关部门合作，已经在节能技术、太阳能光伏发电、清洁煤利用等新能源、环境领域开展了 50 多个项目。2003 年，我有幸认识了 NEDO 理事长牧野力先生，并向他系统介绍了山西省关于低碳发展以及新能源方面的情况。牧野力先生对山西省开展的活动表示高度赞赏，在致省政府专函中称赞道："武东升先生知识渊博，国际阅历丰富，贵国有像他这样年轻有为的人才，必将取得更大发展。"在此次交流过程中，NEDO 提出了与我们合作的意向，相信山西省结合自身努力与多方支持，定会取得更大成果。

低碳社区引领绿色生活

10 月 19 日，我们一行人前往北九州进行学习访问，当地的智能社区创建项目令我们赞叹不已。

北九州作为日本明治时代工业革命的起点，一直是日本最主要的工业和港口城市。工业发展令北九州成为日本污染最严重的城市，且当时的整个日本已经被西方媒体称为"环境噩梦"。曾经拥有虾和真鲷等丰富水产资源的洞海湾有大量的鱼虾贝类和海草绝迹，曾经附着在航行船只上的牡蛎已经灭绝，曾经鼎盛的捕鱼业滑落至捕获量为零。可见，北九州的环境公害十分严重。

图 6.2.6　前往日本北九州智能社区参观

如今，北九州已经成为世界各国争相效仿的环境治理模板。这些年来，北九州实施了哪些措施？智能社区又是如何建立的呢？带着这些疑问我们走进了北九州的智能社区，开启参观之旅。

北九州智能社区创建项目可以用一句话概括，即"能源的自产自销、新生活方式的创建"。该项目旨在培育智能电网，使其成为今后承担九州市经济增长的新兴产业，并通过实施项目，构建新的交通系统，改变生活模式等，推动新兴城市建设的开展，以提高市民生活质量、解决地区发展问题等。项目的具体实施措施包括居民参与、硬件建设和制度构建三个方面。

居民参与方面，北九州智能社区创建项目通过居民及企业等需求方建设太阳能发电设备等，开展自主节能行动，从单纯的能源消费者变成能源生产型消费者。

硬件建设方面，该项目的一大看点就是"地区节电所"，号召人们"发现、共享、活用"包括太阳能发电、风力发电以及附近工厂排放的副产品氢、废热等地区能源。通过项目实施，使得传统的能源供应方以及作为生产型消费者的市民和企业共同思考、一起参与，建设新的能源系统。

制度构建方面，具体做法是通过地区能源信息的"集约化和可视化"，促进市民与企业共同思考及参与，同时通过实施动态电价等，构建既可给市民和企业带来实惠，又可贡献于地区能源系统的机制。

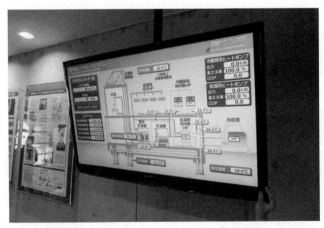

图 6.2.7　日本北九州智能社区示意图

北九州市低碳发展经验成为世界各国学习的典范，世界银行用一句话概括了北九州市的经验：最初是随着经济发展，环境被污染，但到达一定水平后，可以在发展经济的同时改善环境污染。对山西省而言，尽管目前低碳转型工作困难重重，但经过我们的不懈努力，定会出现经济发展和环境改善协同共生的局面。

第三节　北欧之行，受益匪浅

"骐骥一跃，不能十步；驽马十驾，功在不舍。"学习需要持之以恒，只有不断汲取他国低碳发展的精华，才能探索出一条适合中国发展的低碳之路。带着"不知则问，不能则学"之心，秉承着"不积跬步无以至千里，不积小流无以成江海"的理念，我继续向前进发。

2016年9月18—27日，我随中国低碳代表团前往瑞典、丹麦和法国等地进行了为期10天的考察和学术交流。我们考察了斯德哥尔摩老城、哈马碧新城、巴黎新区，骑自行车调研了哥本哈根，参加了各种研讨会并交流了低碳城镇建设经验。代表团成员就应对气候变化问题与欧盟地区国家和地方政府机关、高级研究所、学术机构、企业集团以及国际能源署等进行了深入交流，并达成了重要合作意向。

北欧拥有众多风景秀丽的城市，每年都吸引千百万游客前来游览观光，极大地推动了当地的经济增长。其实，这些城市在很多年前也遭受过环境危机，迫在眉睫之时，他们开启了低碳发展之路。

低碳新城典范——哈马碧生态城

素有"北方威尼斯"之称的斯德哥尔摩是瑞典首都，曾经它也饱受工业革命带来的苦难，该区域的水体一度被警告为"不可接触"，经过多年的治理，第一个欧洲绿色之都在此诞生，并受到世界的瞩目。来到斯德哥尔摩，一定要参观哈马碧湖城，一个成功的低碳实践区。"在发展绿色经济、实现可持续发展方面，瑞典走在世界的前列，而哈马碧又走在了瑞典的最前端。"瑞典哈马碧滨水新城的新闻官埃里克先生曾这样介绍哈马碧。

哈马碧新城是斯德哥尔摩多年以来规模最大的城市开发项目，旨在将一个以工业为主的旧海港改造成一个现代化的市区，也为斯德哥尔摩市中心的扩张提供了一次独一无二的机会，规划过程关注的核心是水资源和环境友好的解决方案。

斯德哥尔摩市对建筑设计、技术安装和交通环境等方面提出了较高的环保要求。哈马碧滨水新城制定了自己特殊的环境计划，目标是与20世纪90年代初期建设的小区相比，将整体环境负荷减少一半。严厉的环境要求迫使当地政府制定全新的环境方案，为此，哈马碧滨水新城的项目机构采用了一种新的工作方法。来自不同管理部门的官员们，从项目一开始就组成了一个统一的管理团队。工作人员打破门类界限开展工作，极大地缩短了决策过程，并且使项目进展非常顺利。

哈马碧滨水新城创立了自己的生态循环链，即哈马碧模式，具体是使用能源、垃圾和上下水的环境方案。例如，居民生活垃圾被要求分类放在不同的回收箱中；通过地下垃圾抽吸系统，可燃烧垃圾被运往热电厂用于供电；有机垃圾则被运往肥料厂转化为田间肥料。这样，除电池、化学品等需特殊处理的危险废物外，其他垃圾都在新城内得到了再利用，构成"垃圾循环链"。而"垃圾循环链"又与"供水排水循环链""能源循环链"等相互整合，最终形成了哈马碧地区整体的"环境—能源循环链"。

图 6.3.1　哈马碧生态新城

哈马碧虽小，但拥有完善的城市功能，不仅仅局限于斯德哥尔摩住宅区。除小尺度的住宅外，当地还有多层公寓加沿街店铺、办公空间、学校、医院等各种公共服务设施，且建筑的外形符合功能需求，具有较强的辨识度。此外，建筑尽量采用可持续的材料，如木头、玻璃、石材等，所有剩余建筑垃圾，都会在场地附近分类收集，然后进行再利用或处理。据有关人士介绍，哈马碧生态城的建筑成本比斯市其他地方高 2%～4%，但环境影响却比原来降低一半。哈马碧实现绿色低碳发展成功的秘诀主要有：强有力的政策支持、垃圾分类处理、可持续建筑材料等。

低碳生态城市成功转型的典范——马尔默

马尔默是瑞典第三大城市，厄勒地区重要的商业中心。曾经的马尔默是一个传统工业城市，在 20 世纪 60 年代，钢铁和烟囱是工业重镇马尔默的主要形象代表，装吊机和大型机械处处可见。但是随着制造业中心从欧洲向亚洲转移，马尔默经济渐渐衰退，工厂相继关闭，废弃码头杂草丛生。在紧张局势面前，马尔默不得不开始了转型之路，从那以后，这座小城一直开展应对气候变化工作，并且取得了不错的成绩。目前，马尔默已建成世界闻名的"明日之城"，展现了当代城市如何实现低耗能、低排放、宜居住的生活方式，该市已经实现100% 可再生能源及电力。在城市可持续发展领域，马尔默已经成为国际公认的先行者和领头羊。那么，当地政府是如何将一个工业重镇转变成低碳生态城的呢？

图 6.3.2　马尔默 Bo01 项目一景

9月21日午后，我们参观了城市建筑博览会Bo01和马尔默滨水开发及公共空间设计，答案逐渐浮出水面。西港区是该市造船业、汽车制造业等工业的聚集地，20世纪70年代，该区因造船业的衰败而停滞发展，许多公司及雇员都从当地搬离。2000年，联合国环境规划署在马尔默举行第一届全球部长级环境论坛会，会议签署《马尔默宣言》，呼吁国际社会进行管理，这次会议为马尔默未来的城市可持续发展打下了很好的基础。西港新区于2001年开始建设，在废弃的工业码头及存在着一定程度的工业污染的场地条件下，市政府从一开始就制定了较高的建设目标：将该区建设成生态性可持续技术的试验区，马尔默城市经济社会新的增长点，以及21世纪最具吸引力的城市新区。该项目于2008年完成第一期，即Bo01住宅区的建设，其再生能源系统被评为欧洲最佳节能项目，并被公认为欧洲可持续建筑的示范工程。

Bo01提出高质量项目、高标准公共区域和多元化开发商等，从各个方面确立了西港的开发标准。虽然Bo01的高质量项目未被整个西港地区采用，但其对于本地的可再生能源和建筑多元化的倡议取得了巨大的成功，促进了可持续性和多元化发展，为西港地区未来扩张创造了先决条件。在Bo01的规划中，克拉斯·塔姆选择通过路网变化，在形状规则的各建筑之间建立相互联系，形成一种有趣、不断变化的空间序列，产生良好的气候。此外，从经济学角度来看，这也是一个很好的解决方案，因为在户外空间（无论具体形体形态如何）建筑与规划成本都很低。

这个"零排放"城市的政府也做出了巨大努力，制度创新是他们"零碳发展"的先决条件，主要内容包括考核制度、发展碳排放交易市场、直接管制、税收调节等。马尔默市的制度除了考核地方官员发展经济能力之外，还注重对其在社会管理、发展教育、社会保障、环境治理等工作中的成绩评估。在此境况下，地方政府有压力和动力去采取相应的措施来引导城市的低碳发展。

图 6.3.3　马尔默的绿色屋顶

　　在生活方面，马尔默市处处渗透着循环的思想。循环，即可持续，不仅能够减少资源浪费、提升资源配置效率，而且可以保障后代的生活质量。例如，各住宅都有一个绿色屋顶，除景观装饰外，它还可以调节大气水循环、保温与隔热。当地的垃圾处理方式也十分独特，小区内看不到一个垃圾桶，所有的废弃物都投向了一个类似于油桶的投放口，而后收集到周边进行打包。所有干燥类垃圾将进行垃圾焚烧处理，并达到减量化目的，同时该过程可产生热能和电能，并且回用到小区内。所有的食物类垃圾，通过厌氧消化产生沼气和有机肥，沼气可以用来发电，甚至可以进一步提纯。

图 6.3.4　马尔默的垃圾分类

低碳城镇建设排头兵——哥本哈根

除了拥有"童话王国"的美誉，古老的丹麦还拥有灿烂的城堡、诗意的田园风情以及壮美的冰川。哥本哈根位于丹麦东部的西兰岛上，这里不仅是首都，同时也是其商业、工业和文化中心。哥本哈根还曾被评为全球"最适合居住的城市"与"最佳设计城市"，可谓是全球低碳城镇建设的排头兵，这一切都与其独特的城市规划密不可分。

为深入了解斯市的规划情况，我们先后前往 Danfoss 公司和杨盖尔建筑事务所，与当地代表交流低碳城镇经验。在那里，我们一同回顾

图 6.3.5　在 Danfoss 公司总部大楼前留影

了哥本哈根市的规划历史，汲取了大量先进的设计理念。"二战"以后，哥本哈根市中心越来越多的街道和广场被用于停车。作为试点，1962 年斯特罗盖特被改造成行人专用街道。长 1.1 公里的哥本哈根主街道被转换为行人专用街道，引发了激烈的公开辩论。

图 6.3.6　与 Danfoss 公司总裁、副总裁合影

斯特罗盖特的受欢迎程度和所带来的商业效益，很快便证明了其作为一条行人专用街道的巨大成功。在那之后，有更多街道和广场被改造成仅供行人使用。由此逐渐形成了一个紧密联系的行人专用街道网络，为行人提供了一个真正连通的出行网络。在哥本哈根，步行穿越城市很轻松，如今步行约占市中心出行方式的80%。这个小举措为市中心带来了前所未有的吸引力。

除步行网络的不断完善，哥本哈根还一直在进行自行车基础设施投资，目前已经带来了回报。从1930年开始，哥本哈根市的自行车道网络逐年扩大，1995—2005年增幅较大，2005年时已经由从前的8千米增加到343千米，此举实在令人钦佩。自20世纪70年代以来，骑行者人数一直在稳步上升。多年来，该市全面建立了绿色自行车道，这些车道位于绿色环境当中，仅供自行车通行。在主要自行车道上设立了"绿波"，而且自行车道的交通灯计时设计，也更有利于平均时速20千米的骑行者。

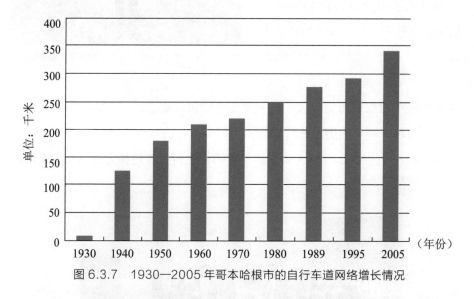

图6.3.7　1930—2005年哥本哈根市的自行车道网络增长情况

修建自行车道的成功也带来了新挑战，如自行车道的日益拥堵。为解决这样的问题，政府特意为骑车出行的市民建造了一条宽阔的自行车"高速路"，该车道经过特别设计，尽可能减少中途的停靠，使用特别的交通信号系统，可以让骑车族免遇红灯，并且中途还设有自行车充气站、修理站和停泊站，可以使骑车人更快、更安全地抵达目的地。9月23日下午，我们一行人骑行调研了哥本哈根市，切身感受斯市出行之便捷，领略自行车王国之魅力。

图 6.3.8　考察哥本哈根市

在大力提倡公共交通和自行车出行的同时，丹麦政府还通过提高与汽车相关税费的方式来控制汽车数量以减少碳排放。据了解，在丹麦购买一辆新车，除了要缴纳牌照税 25% 的消费税外，其价值在 7.9 万丹麦克朗以下的部分还需缴纳 105% 的注册税，以上的部分则征税 180%。过高的汽车购置税使消费者在丹麦境内购买一辆新车，通常要付出比在其他欧盟国家高出两倍的价格。除了购买环节，丹麦还在汽车使用过程中征收各种税费，主要有环保税、能源税，此外还有车灯税、润滑油消费税、电池税等。

另外，丹麦的"零碳项目"十分值得一提。1979 年第二次石油危机爆发，石油价格大幅上升严重加大了丹麦国际收支赤字。受到两次能源危机的重创之后，丹麦沉着冷静，理性分析，开始尝试彻底改变过去高度依赖传统能源的模式，在消费结构上努力实现从"依赖型"向"自力型"转变。哥本哈根市提出 2025 年成为世界上第一个零碳城市，森纳堡市则提出 2029 年之前要成为零碳城市。

最终，他们形成了以"零碳"为目标的"丹麦绿色发展模式"，且享有"全球探寻能源供应安全最成功的实验室"的称号，这对我国的能源转型和城镇化进程中的可持续发展借鉴意义巨大。

图 6.3.9　丹麦总能耗、二氧化碳排放量与实际 GDP 增长

　　丹麦能源转型的经验可以归纳为以下几点：第一，丹麦政府把发展低碳经济置于国家战略高度，并制定了适合本国国情的长期能源发展战略；第二，丹麦政府从立法入手，通过经济调控和税收政策，逐渐成为欧盟第一个真正进行绿色税收改革的国家；第三，丹麦传统能源资源匮乏，市场规模有限，充分利用广泛的国际合作，扬长避短，促进其可持续的绿色发展；第四，丹麦政府一直把发展创新节能技术和可再生能源技术作为发展的根本动力，丹麦绿色技术创新尝试主要集中在"开源"和"节流"两大方面；第五，丹麦绿色发展战略的基础是公私部门和社会各界之间的有效合作；第六，丹麦特有的全民终身草根启蒙式的"平民教育"，通过创造全民精神"正能量"而达到物质"正能源"，从而使绿色发展的意识深入人心。

绿色增长和碳中和综合典范——森纳堡市

　　森纳堡位于丹麦南部，和德国相望。150 年前，丹麦普鲁士战役接近尾声，虽然最后达成了停战协议，但由于普鲁士兵在森纳堡地区战役的一次胜利，丹麦被迫将更多森纳堡南部的领土划给普鲁士。就是这样的一个小城，如今正为成为充满活力的"零碳城市"而不懈努力着。

　　森纳堡地区有志于领先丹麦其他城市 20 年，成为一个碳中和的增长地区。为实现该宏伟目标，早在 2007 年当地政府就同 SE 能源公司、Danfoss

公司、DONG 能源公司和北欧联合银行基金会联合组建了一个公司合作伙伴项目——"零碳项目"。9 月 22 日，我们怀着一份钦佩之情前往 Danfoss 公司汲取该项目实施的经验。"零碳项目"的愿景是在 2029 年将森纳堡打造成为碳中和地区，同时带来经济增长和创造更多的绿色就业机会。这个愿景将作为新解决方案和经营理念的创新动力，使全球能源、食品、水和其他资源的可持续利用成为可能。与此同时，这也是森纳堡地区推动发展和创造绿色就业机会的增长引擎。

"我们用参与、解决方案、政策三个关键词来实现零碳项目目标。"森纳堡副市长阿瑟·奈加德告诉大家。

在森纳堡，他们将"参与"一词发挥得淋漓尽致，强调全民参与。居民参与是转型的关键环节，因此该市鼓励市民在日常生活中智慧使用能源，提高对高能效住宅的关注程度、选用高效能电器产品并提升绿色意识形态。自 2010 年起，零碳住宅项目的能源顾问为森纳堡地区内 1 100 多户住宅提供了免费入户能源咨询，帮助他们降低能源消费支出。在 15 个示范家庭中已成功将家庭能耗降低 25%、用水量降低 45%。

图 6.3.10　参观零碳公司

在森纳堡，市政部门采取了多种节能方案：市政机构在能源方面的运营成本显著降低，同时减排了 8 000 吨二氧化碳。当地企业的新解决方案——绿色转型和新技术的发展尝试，不仅有力推动地区经济增长，而且提升了自身在全球的知名度。

　　此外，在政策方面，当地"零碳项目"负责人在零碳愿景实施前五年的基础上延伸制定了"2020年零碳路线图"（以下简称"2020路线图"）。在居民、企业和市政部门这些既有关注领域的基础上增设智能能源、生态经济和绿色交通三个新的发展主题，作为进一步减排的关键驱动力。智能能源是在加大太阳能和风能等可再生能源利用的基础上开发智能的能源体系。一个灵活智能的能源体系不仅帮助地区实现了碳中和的目标，而且还带动了行政区乃至全国的经济发展。按照森纳堡市政府风电发展规划，装机容量为15兆瓦以上的陆地风电机组将在2020年末前建成并投入使用。由于对智能能源的开发，预计可在2015—2020年期间减排43 900吨二氧化碳，相当于整个地区计划总减排量的28%。

　　生态经济的具体措施是动员当地企业在食品、能源和生物基材料的生产中更多地应用生物资源，同时在森纳堡地区内修建生物能源生产设施。2020路线图针对可持续利用森纳堡地区内生物质资源提出了一个多角度的三线互动的整合方案：建成一座以"黑色"生物质以及地区内可用的剩余生物质为来源、生产能力为1 000万标准立方米的沼气站；"变废为宝"示范项目，即在城市居住区和农村地区设立收集站，将厨余垃圾和绿色剩余生物质转换为蛋白质或肥料等高附加值产品，并将剩余部分送至沼气发电站；在森纳堡地区或南丹麦中部地区建成一座与沼气发电站连接的生物精炼厂。生物质能对未来的脱碳社会至关重要，并且生物质解决方案与系统开发具有很大的出口潜力，同时可带来更多的就业机会。企业和市政机构可借助生物能馆转换加强绿色品牌宣传。

　　"绿色交通"开发并展示适用于城市和乡村地区的绿色解决方案和理念：每个市民都是绿色交通的当事人。因此，增加居民对绿色出行方式的了解十分重要。当地还开展一系列的宣传活动，鼓励市民以自行车和电动自行车出行。森纳堡市还由市政府牵头，建立了一个绿色交通中心项目进行可行性调查分析，该部门通过提供整合运输模式的可能性，更高效地发挥运输能力。

城市没落工业区实现新转型——巴黎左岸

作为浪漫国度，法国在城镇建设和管理方面拥有先进理念和成功经验。以低碳可持续和为老区注入新活力为出发点，巴黎塞纳河左岸地区（简称巴黎左岸）的成功改造再次让世人见证了法国城镇开发的高水准。

图 6.3.11　巴黎左岸美景

巴黎左岸曾经是铁路、工厂、仓储用地，传统工业的衰落使该地逐步萧条。1990 年，政府开始着手启动巴黎左岸改造，试图打造一处集文化、教育、办公、居住等多功能融合的综合新区，经过有条不紊的整改建设，一个崭新、富有活力的城市新区呈现在人们面前。

法国最主要的特点是重视规划，这体现在方方面面，如建筑和交通。法式建筑既以清新、亮丽、现代为基调而形成轻盈、活泼的建筑形态，打破了混凝土方盒带来的凝重和沉闷，在气质上给人深度的感动。总括而言，法国的建筑十分突出规划先行。该国极为注重规划的合理性和超前性，其大部分城市在 18 世纪、19 世纪就完成了规划编制工作，并且延续至今，少有改动，此外，法国城市规划全部是从地下开始的。巴黎左岸同样重视规划工作，市政府通过总体规划方案后，整个片区被分为三部分并分别予以招标，以保证规划的高质量。

图 6.3.12　在国际能源署（IEA）研讨低碳城镇经验和双边合作

更值得一提的是巴黎左岸的可持续发展的交通规划。"巴黎左岸"改造项目重新梳理道路框架，规划多层次的交通体系，有意识地引入地铁线路和地面轻轨，沿法兰西大道则为公交车和自行车预留专用通道。将城区间、区域间及社区内部不同等级的通行方式纳入规划范围进行综合考虑，使铁路交通、城市轨道交通、地面公交等公共交通之间衔接以更加便捷。在社区内部规划高密度而畅通的路网，不同等级道路的尺度和空间形态有针对性设计，形成人行适宜、出行便捷的交通空间。

重视公众参与也是当地低碳城镇建设的一大法宝。2010 年，法国提出"参与性住区"概念，将公众参与可持续发展作为核心理念实施新住区的规划与建设。巴黎左岸在规划和建设过程中遵循这一理念，尊重民意，保留了具有历史印记的地标性工业建筑。公众参与也大幅提高了这一地区的和谐度。参观完巴黎新区后，9 月 26 日，我们前往国际能源署交流低碳城镇经验和双边合作。

离别时的北欧绿意盎然，这份绿意背后蕴藏着当地政府、企业、民众在国家战略、环境计划、低碳立法、低碳交通、零碳计划等方面的不懈努力。北欧之行圆满结束，代表团满载宝贵的经验返航，定能开启一段中国低碳发展的新征程。

第四节　拨云睹日，豁然开朗

　　"他山之石"经过千锤百炼、精雕细琢才变得异常闪耀，终将成为我们的巨大宝藏。意大利、日本、北欧走在世界低碳发展的前列，他们的经验如同珍贵的宝藏等着我们去探寻。我能前往这些地方学习和考察实是荣幸之至，每次结束后，我都会结合山西经验做总结陈词，归来之后，我也悉心整理材料，不断思考，竭尽全力地汲取其精华。尽管日本和北欧各国的风景迥然，但他们的经历依然存在着诸多相似之处，我将其总结为以下几点，希望能为中国的低碳发展贡献出自己一份绵薄之力。

图 6.4.1　日本之行，研讨总结

政府是低碳发展的总导演

　　低碳发展离不开政府的有力推动。例如，日本温室气体控制规划由于拥有一系列的制度保障才得以顺利进行；马尔默市由于制度创新才得以实现"零碳发展"。纵观各国体制建设，他们均具有以下特点：在政策方针方面，政府部门采取税收调节方法来控制企业和个人排放污染物；在决策制定方面，政府部门通过制定一系列发展目标引领方向，然后编制详细的规划，确定具体内容；在制度建设方面，政府部门通过设置一系列考核程序来进行评价，从而提高工作效率；在建设推进方面，政府把控开发进度，通常采取循序渐进的模式，一方面逐步积累经验并用于下一期的开发，另一方面可以降低投资成本。此外，政府部门还通过给予资金补贴等形式，支持低碳技术。

以人为本、科学细致的规划是低碳发展的基础

北欧低碳城镇的开发都遵循了规划先行原则。在规划理念方面，以人为本是核心出发点，城镇功能布局、交通道路规划、生态系统设计等全都以提高生活的舒适度和便利性为主要目标。在建筑设施配套方面，整体和谐、多样性、艺术感是基本思路，通过多姿多彩的建筑群，展示区域的活力和文化气息。注重考虑居民的习惯和民意，对于开发区域内已有的大型建筑或标志性建筑，通过征求意见确定处理方案，最终确定是拆除、保留、改造还是新建同尺度建筑物。

此外，社区建造、新城开发需充分考量职住平衡、混合土地使用。对于新建的城区，政府部门要制定明确的规划目标，包括新增居民数量、创造就业岗位数量，避免打造空城；同时，通过强化混合土地使用，提升区域的活力和吸引力。

能源、交通、建筑、生态是低碳发展的四大核心主题

任何一个低碳城市，能源系统、交通系统、建筑系统、生态系统都是开发低碳转型的重要板块。能源消费是二氧化碳排放的主要来源，能源低碳化是城市低碳化的根本。无论是日本的北九州、瑞典的哈马碧还是丹麦的森纳堡，能源都是最核心的议题，他们因地制宜，探索出了符合各自特色的低碳能源模式。特别是哈马碧的垃圾发电系统，从垃圾收集到分拣，再到能源化或资源化，树立了垃圾就地能源化国际标杆。交通系统主要包括公共交通设施、城区道路规划等，可以说交通系统的设计直接影响绿色出行的比重。为此，低碳城市的创建都把优化交通系统作为重点规划内容，以减少私家车使用，提倡绿色出行。建筑系统的低碳化有两部分：一部分是建筑物本身；另一部分是建筑的后期运维。建筑物本身主要考虑如何节材以及建筑物的能效水平，而后期则更多由家

用电器选择及生活习惯决定。在建筑方面，政府往往对开发商提出要求，以提高建筑物的能效水平。生态系统同样是城市低碳发展的重要内容，生态系统的构建不仅为居民提供了更好的生活环境，也有利于提高生物多样性，同时更多的绿植也具备一定的固碳作用。

应对气候变化是低碳发展不可或缺的一部分

气候变化问题已经给人类带来了一系列影响和挑战，特别是近年来，欧洲频遭洪水侵袭，造成了巨大损失，主动应对气候变化已成为国家、地区发展的主要内容。

日本、欧洲城市在应对气候变化方面做出了诸多努力，一方面是关于城市改造方面，斯德哥尔摩皇家海港新城采取提高和加固沿海建筑地基的措施，以应对海平面上升带来的风险；调研的所有新区都高度重视雨水收集和城区径流系统的优化，以避免城市内涝。与其相似的是，哥本哈根为应对暴风雨的冲击，创新提出了"蓝绿策略"，将绿地和水系两种具有气候变化适应性的空间联系在一起，再与传统的灰色管道系统相连接，这种策略能够减缓暴雨带来的冲击，同时进一步提升了城市景观质量，并且投入较低，得到了国际社会的高度评价。

另一方面，各发达国家均推崇从源头控制污染来应对气候变化。目前，欧盟遵循从源头控制污染和污染者付费的原则，针对能源产品、电力、公路运输工具等实施了一系列税收措施，并产生了良好效果。另外，欧盟通过建立欧洲排放标准等，将税基与二氧化碳和其他温室气体及有害气体进行"挂钩"，通过经济压力使外部成本内部化，这种方式具有很强的创新性，对世界各国应对气候变化、减少温室气体排放具有借鉴意义。

碳交易市场建设是低碳发展的未来趋势

自从 1997 年 12 月日本京都通过《京都议定书》之后，世界各国把市场机制作为解决以二氧化碳为代表的温室气体减排问题的新路径，该方法在欧洲、日本等国家已经得到应用并取得较好的效果。欧盟议会在 2003 年通过决议，宣布成立整个欧盟范围内的温室气体排放交易体系，这是迄今为止由发达国家设立的排放交易体系中最大的也是最为成功的一个。它涵盖超过 10 000 个大型排放源，这些企业的排放量占欧盟温室气体排放总量的 40% 和二氧化碳排放量的 50% 左右。日本早先也在该方面做了大量的工作，在碳排放交易机制建设过程中严格的 MRV 机制、模式化的参与流程、完善的法律制度和信用抵消体系及制度的适时推行对中国试点碳排放交易体系乃至全国碳排放交易体系建设具有很重要的参考价值。日本成熟的经验主要有以下几点：

碳排放交易体系建立的第一步就是监控、报告、认证制度。2002 年，东京都 ETS 在正式运行前，政府就开始施行强制排放报告制度。依靠多年的数据收集和积累，最终建立排放体系。目前，中国的试点省市大都建立了初步的 MRV 机制，但数据系统还需要一定时期的积累方能为交易机制设计提供准确的参考。

在碳排放交易体系的建立和发展中，要增加公共或个体的支持，合适的时机非常重要。东京都 ETS 在正式建立前，历经 7 年的自愿体系，在建立初期，以免费分配为主要分配方式以获得更多的政治支持。在灵活性机制上，只允许储蓄而禁止借入的规定，以保障机制初期排放权市场的稳定。

俗话说"听君一席话，胜读十年书"，不断学习发达国家低碳发展的宝贵经验能够使中国在追寻"绿水青山"之路上跨越各种障碍，解决多方面问题。尽管"雄关漫道真如铁"，但只要我们积极探寻他国那珍贵的"宝石"，结合自身的特点，中国的低碳之路将会变得无比顺畅。

07

哈佛访学
别开生面

吾生也有涯，而知也无涯

第七章
哈佛访学，别开生面

　　暮春之初，会于哈佛，探低碳事也，群贤毕至，少长咸集。此地有德高望重之智者，有朝气蓬勃之英杰，有浩如烟海之书籍，可谓博学者梦回萦绕之圣地。吾甚惜如此良机，与智者为伍，与善者同行，与经笥相伴。又领略一代英才之风华正茂，共享青春之梦，信可乐也！

第一节　机难轻失，深入学习

2014 年 11 月，习近平主席和时任美国总统奥巴马发表了《中美气候变化联合声明》，这项历史性的声明体现了中美两国应对气候变化的积极态度。这项声明也进一步推进了低碳领域学术界的中美友好交流。

2015 年 3 月 18 日，美国哈佛大学校长德鲁·吉尔平·福斯特访问清华大学做了题为"大学与气候变化带来的挑战"的演讲，她在演讲中表达了与中国深化合作，共同培养应对全球气候变化挑战的创新型人才的愿望。演讲之前我在哈佛大学曾对演讲稿提出了针对性意见。虽未能到场聆听演讲，但对其内容却十分熟悉，福斯特校长的演讲稿中有关人才培养的观点引起了我的强烈共鸣，我也希望更多的有识之士能到哈佛大学"取经"，壮大低碳建设人才储备的队伍。

2015 年，我受哈佛大学邀请，并得到全额资助，以高级访问学者身份赴哈佛大学肯尼迪政府学院访学，是贝尔弗科学和国际事务中心、艾什民主治理和创新中心两个中心的高级访问学者。

哈佛大学肯尼迪政府学院是美国公职人员培训基地和政府问题研究机构，承担了大量政府研究课题，是美国政府政策制定的智囊团。贝尔弗科学和国际事务中心是肯尼迪政府学院的核心研究机构，对中国可持续发展问题十分关注，专门设立了"中国环境可持续发展研究员项目"，邀请资深的中国政府从业人员开展特定主题研究。该项目成员的选拔十分严格，首先要有丰富的政府从业经验，有一定的管理能力，还必须有相当的学术造诣，以及无障碍的语言交流能力。受邀人专注于能源或环境领域，具有多年实践经验和丰富的专业知识，在理论层面也颇有建树，多次发表有重大影响力的专业论文。此次前往哈佛大学，我能作为"中国环境可持续发展研究员项目"的第一位研究员，倍感荣幸。结合自己多年的工作经历和当前中国应对气候变化面临的严峻现状，我选择此次访学的研究主题为"中美应对气候变化政策比较和中国的低碳革命"。

因访学时间有限，我太"贪心"，总想在有限的时间内汲取更多的经验。

访学期间，与各国学者探讨低碳问题，了解不同国家的低碳措施与低碳理念占据了我大部分的时间。哈佛大学为我配备了独立的办公室和个人助手，提供了施展学术才能、参与学术交流的良好环境。芬兰前总统哈洛宁、欧盟前贸易代表卡雷尔、巴西前外交部长塞尔索、印度前外交部长梅农等政府官员的办公室与我的相邻，我们经常进行探讨交流，结下了深厚友谊。澳大利亚前总理陆克文也于同时期赴哈佛大学肯尼迪政府学院访学，同期到访的各国政府人员都希望在气候变化、低碳经济上探索符合各自特色的低碳发展道路，我们也因此相识，成为莫逆之交。收获经验的同时，我也深切感受到哈佛大学对知识的尊重以及对不同思想的包容，加深了我对"学术自由"和"讲学自由"的认识。这期间，我积极参加各种活动，经常和关注能源与环境问题的志同道合的研究员一同参加研讨会和头脑风暴，还接受校园采访。

图 7.1.1　我的哈佛"邻居"们：欧盟前贸易代表卡雷尔（上）、
印度前外交部长梅农（左下）、芬兰前总统哈洛宁（右下）

图 7.1.2　我与哈佛同事　图 7.1.3　代表哈佛大学与到访的中国新闻
澳大利亚前总理陆克文　　　　发言人代表团在哈佛校园交流

图 7.1.4　与美国助理国务卿罗卡（一排图一）、劳伦斯·萨默斯（一排图二）、
白宫总统经济顾问委员会主席贾森·弗曼（二排图一）、埃德华·康宁汉（二
排图二）、克利斯（三排图一）、罗伯特·斯特温斯（三排图二）等专家探讨[①]

① 劳伦斯·萨默斯，美国前财政部长、前总统经济顾问委员会主席、世界银行首席经济学家、
哈佛大学前校长、哈佛大学肯尼迪政府学院教授；埃德华·康宁汉，哈佛大学肯尼迪政府学院艾
什中心中国项目主任；克利斯，哈佛工学院中国项目副主任；罗伯特·斯特温斯，哈佛大学肯尼
迪政府学院教授。

参与交流扩展认知的同时，结合实践经历和大量高水平学术著作，在哈佛期间，我基本上完成了《中国的低碳革命》一文的框架构建，并受邀在麻省理工学院、哈佛大学、耶鲁大学等作了"低碳发展的国家战略""中国低碳革命：政策、实践和展望"的演讲。哈佛大学肯尼迪政府学院《新闻时刊》、美国《能源观察》《侨报》《华尔街见闻》等媒体为这些演讲作了专题报道，在国际舞台上，我尽我所能，发出中国声音，讲述中国故事。

5月7日，我受邀在麻省理工学院发表了主题为"低碳发展的国家战略"的演讲。本次活动由 MIT Sloan 商学院 Asian Business Club 和 Greater China Club 联合组织。在此次演讲中，我重点围绕低碳发展是世界发展的潮流、低碳发展是中国的国家发展战略、低碳发展是山西可持续发展的必然选择以及山西低碳发展的路径考虑四个方面进行了演讲，并同参与演讲的听众进行了互动交流。其间，我重点向与会的听众介绍了中国实现达峰目标所面临的困难和低碳发展的几种路径：中国若要在 2030 年左右二氧化碳排放达到峰值并实现非化石能源占一次能源消费比重提高至 20% 左右的目标，则要求 2030 年左右单位 GDP 的二氧化碳排放强度下降率大于 GDP 年增长率；中国非化石能源需以年均 6% 左右的速度增长，并新增高达 10 亿千瓦左右的太阳能、风能、核能和其他可再生能源发电装机，大体相当于中国当前的燃煤发电装机总和。其实对于中国这个排放大国来说，要想实现这个目标压力是比较大的。以山西为例，山西实施低碳发展战略，总体要突出"高碳资源低碳发展、黑色煤炭绿色发展、

图 7.1.5　在美国麻省理工学院发表"低碳发展的国家战略"演讲

资源型产业循环发展"。此次演讲引起了强烈反响，华尔街见闻网作为独家媒体合作伙伴进行了全程跟踪报道。

在哈佛大学肯尼迪政府学院，我作了"中国的低碳革命：政策、实践和展望"（Low-Carbon Revolution in China: Perspective, Policies and Practice）的主题演讲，成为哈佛大学肯尼迪政府学院在本学期的压轴学术讲座。在此次演讲中，我谈到历史地、辩证地认识经济社会发展的阶段性特征，科学把握未来发展趋势，是中国走低碳发展道路的关键。我以山西为例进行了剖析，山西是中国能源生产消费大省和碳排放大省，也是中国的一个缩影。作为中国唯一一个国家级的全省域、全方位、系统性资源型经济转型综改试验区，低碳发展既是山西转型的方向，也是山西转型的动力。山西实施低碳发展战略，要将现实经济特征与历史上对煤炭资源产业的高度依赖结合起来。在经济发展新常态下，平衡经济发展和低碳转型至关重要，既要实现低碳发展，又要以此为动力推动山西经济发展。

图 7.1.6　在哈佛大学作"中国的低碳革命：政策、实践和展望"的主题演讲

此次访学之行，我在交流中获得了更多宝贵的低碳建设经验，向哈佛以及来自各国的学者讲述了中国的低碳发展进程，构思并开始撰写学术论文，得到了哈佛方面的高度认可，同时也为后续中美人才交流奠定了良好基础。低碳建设，非一日之功，在实际行动的同时必须不断用知识武装自己。作为一名"碳路者"，在未来的道路上，我将继续前行！

第二节　各抒己见，思维碰撞

哈佛大学作为世界知识的高地，名家汇聚，让我有机会向著名教授、高级访问学者学习请教。这些教授包括我们大家熟知的经济学家劳伦斯·萨默斯、曼昆、Henry Lee 等。

在哈佛学习，不亲身听几次名家授课绝对会成为人生一大憾事。为不留遗憾，尽管行程紧凑，但一有空我就会"偷偷潜入"哈佛课堂。4月30日，我参加了曼昆教授和萨默斯教授的《经济学十讲》。曼昆教授29岁就成为哈佛大学历史上最年轻的终身教授之一。课后我这个"年龄颇大"的中国学生引起了他的注意，我也因此获得了向他请教的机会。交流中，他向我表达了关于中国未来经济发展的看法，其见解独到且一针见血。

近年来，随着对外开放的推进，中国经济发展的步伐不可阻挡，而中国经济未来如何发展，经济学家看法各异。围绕着这个问题，我们展开了讨论。曼昆谈道："中国过去几十年的飞速发展，可以堪称是人类历史上最令人激动的发展，我们必须承认这一点。我觉得中国虽然在市场化发展的道路上取得的辉煌成绩举世瞩目，但仍有很多问题需要解决。我认为，中国经济的未来并不是不明朗的，只是增速有所放缓而已。"对中国经济的未来走势，他给予更多的是肯定。

我回答道："十分感谢曼昆教授给予中国经济未来走势的肯定，今天的中国无论是从经济增长速度，还是从产业结构合理性角度上来讲都好于过去，我也相信中国经济运行的品质将越来越好，朝着更高质量、更有效率、更加公平、更可持续的方向前进。而我作为山西省应对气候变化的主要负责人之一，就是从我力所能及的地方做起，脚踏实地

图 7.2.1　走入曼昆教授经济学课堂

开展工作，和大家共同努力、顽强拼搏，闯出一条具有山西特色的工作路子，为全省应对气候变化贡献力量，为中国经济做出自己的努力。"

曼昆教授微笑着点头称赞，他说对未来中国经济十分看好，希望有机会的话可以去中国看看。与曼昆教授的交流很快就结束了，他温和谦虚的气质给我留下了深刻印象。在课堂外，我们在散步时经常相遇，还进行了数次友好的探讨。

Henry Lee 教授是贝尔弗科学和国际事务中心的环境与资源项目主任，1979 年开始在哈佛大学工作，是能源和交通、中国的能源政策等方面的专家。在访学期间，我们经常在一起交流，产生了很多新火花。哈佛肯尼迪政府学院[①] Newsletter（夏季刊）以"环境可持续学者在中国的减排计划中起关键作用"为题对我进行了专访报道。

COLLABORATING ON CLIMATE

Environmental Sustainability Fellow Has Key Role in China's Emissions Reduction Plan

by Sharon Wilke

Dongsheng Wu will play an important role in the development and implementation of China's plans to reduce carbon emissions and, subsequently, climate change. As director of the Department of Climate Change at the Shanxi Provincial Development and Reform Commission, Wu is responsible for developing a greenhouse gas emissions policy for Shanxi, a region with the highest coal production and highest energy intensity in China.

A senior economist with extensive experience in renewable energy and climate change, Wu arrived at Harvard Kennedy School this spring as the first fellow in the China Environmental Sustainability Fellows Program. The program, run jointly by the Belfer Center's Environment and Natural Resources Program (ENRP) and the Ash Center for Democratic Governance and Innovation, invites top Chinese practitioners working on environmental issues in the government or private sector to join efforts with others at the Kennedy School working on complementary issues.

Wu's focus at the School is to research new ways to build up the renewable energy industry and promote low-carbon development in Shanxi Province and decrease emissions from coal. He is credited for his previous impact on improving local environmental policy.

"A meaningful carbon emissions reduction plan for China will have to include a low-carbon development plan for Shanxi Province, the locus of many of China's largest coal production mines," said **Henry Lee**, director of the Belfer Center's ENRP.

Wu's research focus, "Comparitive Study on U.S.-China Policies

*Dongsheng Wu (left) with Belfer Center Environment and Natural Resources Program Director **Henry Lee**.*

"I am doing my utmost to tell Harvard about **the real China...** and I will do my utmost to tell China about **the real Harvard.**"
—DONGSHENG WU

on Climate Change," will culminate in a policy paper. His semester at the Center has been filled with activities that contribute to his research, including participation in numerous seminars and brainstorming meetings with faculty and fellows also working on energy and climate-related issues in China and the U.S.

"It's my great honor to serve as a bridge and ambassador between China and Harvard," Wu said.

"Climate change is one of the greatest threats facing humanity," he said. "By seizing the opportunity to address climate change," he added, "the United States and China can further broaden and deepen the comprehensive, multi-area, and long-term cooperation, and achieve mutual benefits and win-win."

图 7.2.2　Newsletter（夏季刊）对我专访报道

---

① 此刊物每年只出春季刊、夏季刊和秋冬季刊三期，发行对象包括各国国家领导人等，同期也对美国科技部长、澳大利亚前总理陆克文等人进行了专访报道。

图 7.2.3　与 Henry Lee 教授畅谈

山西省作为中国煤炭产量最高的省份之一，具有能源强度高、碳排放强度高等特点，所以山西省应对气候变化工作具有艰巨性、典型性的特点。我同 Henry Lee 教授围绕着中国应对气候变化问题展开了讨论。Henry Lee 教授对我的到来表示十分欢迎，同时也赞叹中国近年来在低碳建设方面取得的成就。他认为，中国近四十年的发展全世界有目共睹，堪称是一大"奇迹"。但在经济高速增长、工业化不断推进的过程中，伴随的问题也悄然来临，即中国的碳排放量居高不下，低碳发展刻不容缓。同时，山西省作为全中国最大的煤炭生产和消费中心之一，具有较高的碳排放量，若中国想规划一个有意义的碳排放减排计划，首先就要在山西省实现低碳发展。他说这也是此次邀请我来到这里的主要原因，他希望同我一起探索世界的低碳发展之路，造福全人类。此番话语句句扣动我的心弦。

我向他表示，自己很荣幸成为一名沟通中国与哈佛大学的大使，也很感谢哈佛大学提供的这次访学机会。Henry Lee 教授关于低碳发展的愿景也正是我日日思考的问题。此外，我还与他分享了自己访学以来的感受：中国的低碳发展经过不断探索，目前已有一系列活动陆续开展并取得了一些成效。在哈佛大学学习这段时间里，我发现许多人对中国的了解不深入、不透彻，甚至有一些偏激的看法，因此借此机会我想向哈佛展示一个真实的中国，同时回国后也会向中国展示一个真实的哈佛。之后，我们又探讨了中国当前的应对气候变化政策以及政府职能发挥的作用。Henry Lee 教授将中国与美国在应对气候变化方面制定的政策进行了对比，在不断的交流中，我的视野更加开阔，低碳发展的思路愈加清晰，真可谓"听君一席话，胜读十年书"。

讨论接近尾声时，我向 Henry Lee 教授提出这样的设想："气候变化是目前人类所面临的一大威胁，我们应该号召全球人民携手面对此次挑战。我认为，美国和中国是世界上前两大经济体，有资本、有实力、有责任、有义务去带领全球各国迎接这些困难。美国和中国两个大国应该加强沟通和理解，在多个领域进行全面的、深度的、长远的合作，这样可给双方带来切实利益，同时可形成合作共赢的局面。""您的想法正合我意，我们这个环境与资源项目的初衷就是如此，不过目前仅是理论层面交流，之后我们会寻求多方面的合作探索，以期解决气候变化问题。"Henry Lee 教授如是说，中美未来合作的前景尚好，气候变化问题终将解决。

这是我向哈佛展示一个真实中国的开始，也是我认识一个真实哈佛的起点。Henry Lee 教授为我提供了解决应对气候变化问题的新思路，希望在未来，美国和中国可以一起携手面对气候变化这个世界难题，为提高全球人民的福祉而不断努力。

通过访学，我与 Henry Lee 教授建立了良好的友谊，回国后我还与他一直保持着邮件联系，并向他发出来访邀请。2016 年 6 月，Henry Lee 教授给我带来了一个大"惊"喜，在邮件中他表示即将前往北京参加"清华—哈佛论坛"。我十分开心，亲自去北京迎接我的这位朋友，并在会后一起前往陕西参观访问。

在北京至西安的高铁上，Henry Lee 教授亲身感受到了中国速度，一直感叹高铁速度之快，对其平稳性连连称赞。美国的铁路网遍布全国，历史悠久，但新建成本高，且航空水运发达，因此全美上下没有一寸高铁。我十分自豪地向他详细介绍了中国的高铁，目前我国高速铁路营业里程居全球第一，速度最低为每小时 250 公里，最高可达每小时 350 公里，可谓是中国新时代的一大标志。临别时，他依依不舍，表达了一定要再次来中国的愿望。我邀请他，下次一定要到山西来，感受一下转型中的山西，希望他亲身体会山西的风土人情。

第三节　盛宴相逢，抱德炀和

在哈佛访学期间，我积极与其他研究员进行讨论交流，他们有的一生从事于学术研究，但是也不乏一些曾经的政府要员，与他们进行交流，总能激发我很多不一样的想法，受益良多。其中就有哈佛大学著名教授尼古拉斯·伯恩斯（Nicholas Burns），他曾担任美国常驻北约和希腊的大使以及美国国务院副国务卿，在国务院驻外事务处工作长达 27 年，是国际著名的外交家。美国总统拜登已决定提名尼古拉斯·伯恩斯教授为美国新任驻华大使。

4 月 27 日，尼古拉斯·伯恩斯教授邀请我、欧盟贸易代表卡雷尔（Karel）和巴西国防部长兼外交部长塞尔索（Celso Amorim）参加他的私人午宴。

图 7.3.1　与国际著名外交家、美国前副国务卿
尼古拉斯·伯恩斯教授

宴会期间，我们聊到了中美两国关系。他把中美关系定位为两国共生的关系。他说，如何权衡与中国的伙伴与竞争关系，是美国在外交中最大的挑战。在他看来，中国同时成为美国最重要的合作伙伴与竞争者将是共生的，这是正常的而非矛盾的，关键是如何对此保持平衡。美国必须同时兼顾两个方面，而

图 7.3.2　与哈佛同事巴西国防部长兼外交部长塞尔索

非仅仅聚焦于两国关系中的军事部分进而提出遏制措施。

　　我与尼古拉斯·伯恩斯教授的看法不谋而合，无论是应对能源危机，还是应对气候变化，都涉及中美共同利益，都离不开中美两个大国的参与和合作。中美两国关系的良性发展，是中美两国和世界的福音，也是促进两国合作减排，更好地应对气候变化的前提条件。

　　午宴期间，我们还谈到了当年他作为美国国务院副国务卿，访问巴西时签署的一份推广生物燃料的战略协议。此举在当年也被称为"朝着环境保护和全球安全迈出的重要一步"。

　　对此，我也和伯恩斯教授说，此举不仅促进了美巴两国关系，而且在推进应对气候变化上也具有重大意义。为了促进农民富裕和解决能源短缺问题，中国在燃料乙醇方面也有一定的研究，已经启动一些推广计划。掺入 10% 燃料乙醇的乙醇汽油成为中国能源替代战略的着力点之一。用可再生能源部分替代成品油，不仅有助于满足日益增长的成品油需求，还可以使汽车尾气中一氧化碳和碳氢化合物的排放量有所下降，这对于中国推进应对气候变化也是巨大的助推器。

　　宴会很快就结束了，但我受益良多。与尼古拉斯·伯恩斯教授的深入交流，让我们结下了深厚的友谊。同时，也让我意识到中美两国关系的发展对应对气候变化具有不容忽视的作用。

第四节　与书为友，志在四方

"立身以立学为先，立学以读书为本。"无论是"修身""齐家"还是"治国""平天下"，首先要做的就是读书，"腹有诗书气自华"，读书可以提高修养，陶冶情操。普希金曾经说过："人的影响短暂而微弱，书的影响则广泛而深远。"对于爱读书的人而言，哈佛图书馆几乎可以满足自己对知识的一切需求。哈佛图书馆是美国最古老的图书馆，也是世界上藏书最多、规模最大的图书馆，馆藏资源丰富，覆盖学校各个学科，尤其以医学、电子电讯、化工、机械、经济管理、语言文学、哲学历史、人类学等最为丰富，有 8 位美国总统、33 位诺贝尔奖获得者曾在这里学习过，1 500 万卷的馆藏图书为哈佛师生的学习研究提供知识源泉。

"The study certainly is not the life complete. But，since continually life part of - studies also is unable to conquer，what but also can make?"（学习并不是人生的全部。但，既然连人生的一部分——学习也无法征服，还能做什么呢？）这是哈佛图书馆的二十条训言之一。哈佛的老师经常告诫学生："如果你想在进入社会后，在任何时候、任何场合下都能得心应手并且得到应有的评价，那么你在哈佛学习期间，就没有晒太阳的时间。"

2015 年，我正值不惑之年，在很多人眼里应该是看看报纸、喝喝茶的年龄，然而岁月的增长并没有冲淡我对知识的渴望。我认为，时间越有限，越应该利用时间抓紧学习。学习带给我们的是生命厚度的积淀，学习不是一种痛苦，学习的本质是改变，改变你的思维，改变你的视野，改变你的观念，要把这种心态带到学习、工作中，这样我们才能走得更远，获得更多。

鸟欲高飞先振翅，人求上进先读书。在哈佛大学访学期间，我的很多空闲时间都是在图书馆度过的。读书可以让我避开外界的喧嚣，独享一份精神的愉悦自然，独享书赐予的静之美、静之馨、静之醉。相比在电脑或手机上阅读，我更倾向于阅读纸质书籍，我认为在网上所了解到的往往是资讯，而在纸质书籍中收获的才是真正的知识。我将所有感兴趣的书都找出来认真阅读并在随身携带的笔记本上做好笔记，这些内容涉及经济、金融、能源、气候、环境、低碳等。从这些书籍中我收获了很多，同时也为之后发表的那篇论文——《中国的低碳革命》提供了很大的支撑。

图 7.4.1　在哈佛大学和波士顿图书馆

在图书馆学习期间，我结识了几位年轻的本科朋友，恰逢毕业季，他们邀请我一起参加毕业典礼，与他们共同分享这重要的时刻。无论是在中国还是美国，毕业典礼是每个在校学生都虔诚向往的隆重仪式，作为学子人生中的"里程碑"，有着十分重要的意义。我能参加他们的毕业典礼，为我的访学经历增色不少。

哈佛大学的毕业典礼固定在每年 6 月的第一周举行，地点固定在 300 周年剧场，位于哈佛纪念教堂和 Widener 图书馆之间的大草坪。毕业典礼历时三天，

图 7.4.2　在哈佛大学图书馆准备演讲材料

每天都有不同的主题。毕业典礼演讲分英语和拉丁语。在毕业典礼前，毕业生的家长都会收到参加毕业典礼的邀请函。毕业典礼当天，来自世界各地的家长、家属不远万里齐聚哈佛。典礼结束后，我对他们表示祝贺，他们向我介绍了自己的规划以及对未来的憧憬，我感受到大家都已经做好了十足的准备去为自己的梦想而奋斗，和这群有朝气的年轻人在一起我自己好像也浑身充满了力量。

图 7.4.3　出席哈佛大学毕业典礼

和这些即将踏上社会的毕业生一样，我们也怀揣梦想，也有自己的奋斗目标。不求完全做到，只求尽力去做，与有志青年共勉，为自己热爱的事业不懈奋斗！

08

意气风发
侃侃而谈

问渠那得清如许，为有源头活水来

第八章
意气风发，侃侃而谈

　　"高污染、高消耗"的经济发展模式一度使山西省面临"黑云压城城欲摧"的困境。面对窘迫的局势，吾日三省：气候变化解决否？低碳发展实现否？政府职能完善否？其实，这三个问题也是目前世界上所关注的焦点。我常难解一惑，辗转反侧，而后赴多地与众专家促膝长谈，汲取经验，终得一果。

　　带着三晋大地低碳建设的累累硕果，我站在世界顶尖学府之巅，传华夏文明之道，让世界认识一个真实的山西；论"有形大手"之责，提升低碳转型效率；探能源革命之意，优化能源消费结构。鄙人薄见，还待斟酌，望同诸多有学之士进行交流，为低碳事业添砖加瓦。

第一节　低碳发展，必由之路

　　气候变化是当前国际上普遍关注的问题。中国是最大的发展中国家，也是世界第二大经济体，我们的温室气体排放量占全球 25% 以上。原来美国是第一，现在我们已经超过了美国 40%。因此，中国作为最大的温室气体排放国，担负的减排责任十分重大。中国计划在 2030 年左右达到二氧化碳排放峰值并争取早日达峰，非化石能源占一次能源消费比重提高至 20% 左右。那么，如何实现这一目标？

图 8.1.1　在清华大学参加全球与中国绿色低碳发展议程高端对话第五次会议

　　山西省作为中国以高碳产业为特征的资源型经济的典型代表，是碳排放强度最高的省份之一，同时，山西省气候条件复杂，生态历史欠账太多，是面临气候变化最脆弱的省份之一，山西省应对气候变化工作正面临着巨大的压力和严峻的挑战，低碳发展成为山西省的必然选择。山西省实现低碳发展的路径有哪些呢？

　　2015 年 5 月，应美国麻省理工学院斯隆商学院（MIT Sloan 商学院）、亚洲商业俱乐部（Asian Business Club）和大中华俱乐部（Greater China Club）的联合邀请，我在MIT就中国低碳发展国家战略与山西省低碳发展路径发表演讲，并与到场的听众互动交流。

图 8.1.2　我与诺贝尔化学奖获得者罗兰教授在麻省理工学院

《华尔街见闻》作为独家媒体合作伙伴对演讲进行了全程跟踪报道，以下是题为"低碳发展的国家战略"的演讲内容实录报道。

武东升谈低碳发展的国家战略

感谢麻省理工学院，感谢主持人的介绍。我长期从事利用外资和境外投资管理工作，2011年开始主要负责应对气候变化和低碳发展工作。3月1日，我从北京飞抵波士顿，由于天气原因，航班延误5个多小时。波士顿下了百年不遇的大雪，据说累积厚度近3米。放眼望去，查尔斯河上白雪茫茫，沿着两边堆满积雪的剑桥街进入哈佛，仿佛行进在战争年代的战壕中，十分震撼。可以说气候变化无论在中国还是美国，都已经是非常严重的问题了。当今国际重大外交场合，无论双边还是多边，必提气候变化。气候变化已经成为人类面临的最大威胁之一，气候变化制度已经成为最重要的全球制度安排。

我们从2014年奥巴马总统访华与习近平主席共同发表《中美气候变化联合声明》谈起。我们认为，这是一个具有里程碑意义的重大事件，体现了两国最高决策层的政治智慧和战略眼光，为构建中美新型大国关系找到了新的共同利益基础和合作领域，为全球治理领域树立了新范例。不仅对中美两国，而且对世界其他国家影响重大，也为今年 12 月巴黎会议达成协议起到了巨大推动作用。可以说生态文明是大势所趋，低碳转型是大势所趋，中美合作是大势所趋。

在联合声明中，美国计划于 2025 年实现在 2005 年基础上减排 26% ～ 28% 的全经济范围减排目标并将努力减排 28%。中国计划 2030 年左右二氧化碳排放量达到峰值且将努力早日达峰，并计划 2030 年非化石能源占一次能源消费比重提高至 20% 左右。中国要实现上述目标，就要求 2030 年左右单位 GDP 的二氧化碳排放强度下降率大于 GDP 年增长率，同时中国非化石能源需以年均 6% 左右的速度增长，并新增高达 10 亿千瓦左右的太阳能、风能、核能和其他可再生能源装机，大体相当于中国当前的燃煤发电装机总和。要实现这个目标对我国来说是相当不容易的。那么如何实现这一目标？低碳发展的路径是什么？

我从以下四个方面为大家分析：一是低碳发展是世界发展的潮流；二是低碳发展是中国的国家发展战略；三是作为国家级资源型经济综合配套改革试验区，低碳发展是山西可持续发展的必然选择；四是山西低碳发展的路径考虑。

第一部分，低碳发展已经成为世界发展潮流。

大家知道，气候变化是当今世界最为关注的全球环境问题之一，事关人类的生存和发展。在工业革命前，地球碳平衡、氧平衡、水平衡，随着瓦特发明蒸汽机，到后来电动机、发电机和计算机的发明，人类几乎每隔一百年，科学技术都会有突破性的进展。然而，随着煤炭、石油等化石能源的开发和利用，温室气体排放量不断增加，气候变化趋势愈加显著，导致极端气候事件频频发生。大家有目共睹，原来百年、千年一遇的气候事件变成经常性事件：冰川积雪加速融化、海平面上升、生物多样性遭到破坏。化石能源消费的大幅增加，导致地球大气层中二氧化碳浓度由工业革命前的 280ppm 上升到 390ppm 左右。国际社会目前的共识是，2050 年不能超过 450ppm。也就是说全球气温上升的极限目标是 2℃。如果气温和二氧化碳浓度均超过预测目标，地球将发生不可逆转的变化。从 20 世纪 80 年代开始，气候变化这一全球性问题引起国际社会的广泛关注。1988 年，政府间气候变化专门委员会成立，1990 年，国际气候谈判拉开了序幕。低碳发展逐渐成为世界各国的发展战略，"低碳"成为新世纪的标志。所谓碳币时代，得规则者得天下。

第二部分，低碳发展已经成为中国的国家发展战略。

由于全球经济发展的不平衡，发达国家率先完成了工业化过程，温室气体排放量和排放强度已经处于逐渐下降阶段，而发展中国家首要任务是发展经济，温室气体排放量的峰值还未出现，碳排放总量和排放强度还在不断增大，因此，在目前全球低碳发展的世界潮流中，中国作为发展中国家受到了前所未有的压力。从历史排放看，中国在1850—1990年间温室气体累计排放量只占全球5%左右，而美国占30.7%，中国的历史责任很小。但由于近年来中国温室气体排放增量大、增速快，全球碳排放格局已经发生了很大的变化。根据《BP能源统计年鉴2014》，2013年中国二氧化碳排放总量为95亿吨，居全球第一，占全世界二氧化碳排放量的27.1%。

中国政府高度重视应对气候变化，顺应世界发展潮流，积极应对气候变化挑战。确定了坚持"共同但有区别的责任"原则、公平原则和各自能力原则，同时进行了一系列的顶层设计。在哥本哈根会议上，中国政府提出2020年单位地区生产总值二氧化碳排放强度在2005年基础上下降40%～45%的温室气体控制目标，将单位地区生产总值二氧化碳量下降17%作为约束性指标纳入国家中长期经济社会发展规划，并制定相应的国内统计、监测、考核办法。在积极推进气候立法的同时，发布了《国家应对气候变化规划（2014—2020年）》。截至2020年，争取实现非化石能源占一次能源消费比重的15%，森林面积比2005年增加4000万公顷，森林蓄积量增加13亿立方米。2014年11月，中美两国元首发布《中美气候变化联合声明》，中国计划2030年左右二氧化碳排放量达到峰值且将努力早日达峰，并计划2030年非化石能源占一次能源消费比重提高至20%左右。12月出台了《碳排放权交易管理暂行办法》，先后发布了主要行业的碳排放核算报告指南。可以说，全国上下已经达成广泛共识，低碳发展已经成为中国的国家战略。

第三部分，推进低碳发展是山西省实现可持续发展的必然选择。

众所周知，山西省是中国重要的煤炭生产大省，煤炭产量连续多年居全国第一，煤炭在能源消费总量中的占比近90%。长期以来，依托丰富的煤炭资源，山西形成了典型的资源型经济发展模式，但却逐渐步入了"资源魔咒"的怪圈，经济发展的产业结构单一且重型化特征明显，整个经济体系的高碳特征极为突出。根据北京大学和中国科学研究院的研究报告，山西省 2005—2007 年人均碳排放量、单位 GDP 碳排放强度全国排名第一。未来一个时期是山西工业化、城镇化快速发展的关键时期，也是推动资源型经济转型发展的重要时期。面对十分严峻的资源环境形势，低碳发展符合山西发展实际，既是山西转型的方向，也是山西转型的动力。

近几年，山西高度重视应对气候变化工作，工作层面走在了全国的前列。具体来说，国家发改委 2008 年成立应对气候变化司，山西省发改委于 2009 年成立应对气候变化处。同时，成立了以省长为组长，副省长为副组长，相关 30 个部门的主要领导为成员的山西省应对气候变化工作领导组，统筹全省应对气候变化工作。在全国率先安排了省级应对气候变化专项资金，并出台了《山西省应对气候变化办法》，在全国率先以地方政府规章的形式规范应对气候变化工作；出台了《山西省"十二五"控制温室气体排放工作方案》；编制完成《2005—2010 温室气体排放清单》，并着手开展近年排放清单编制工作；建成全国首个省级温室气体在线监测站网；在全国率先发布《山西省应对气候变化规划（2013—2020 年）》，这个规划是今后一个时期，山西省低碳发展、应对气候变化的纲领性文件。

关于碳捕集利用封存技术，即 CCUS，这是一项具有战略意义的新兴温室气体排放控制技术。从现阶段看，CCUS 仍处于研发和示范阶段，既要低成本地进行二氧化碳捕集，又要有经济效益地利用捕集的二氧化碳，这在世界范围内都是一个难题。以山西省为例，我们认为推动省内开展 CCUS 的试验示范既有助于通过实践来解决技术发展中存在的各种问题，也是 CCUS 走向规模化和商业化应用、发挥其最大规模温室气体减排潜力的必经环节。近年来，山西在推动 CCUS 研发示范方面开展了一些工作。例如，山西国际能源集团与美国巴威公司、空气化学品公司、西弗吉尼亚大学合作开展了"350MW 富氧燃烧碳捕集利用封存可行性研究"项目，预计该项目每年可减排二氧化碳 200 万吨，并以驱油、驱煤层气和食品利用为主要利用途径。再例如，推动晋煤集团"国家能源煤与煤层气共采技术重点实验室"开展了二氧化碳驱替煤层气前期研究，中国科学院山西煤炭化学所开展二氧化碳制甲醇、二氧化碳合成碳酸二甲酯、二氧化碳制氢气等研究，山西省煤炭地质资源环境调查院开展二氧化碳深部煤层封存及驱替煤层气主要影响因素的研究。下一步，结合山西的资源禀赋和产业特色，将重点推动在火电、煤化工、钢铁、煤层气开采等领域开展CCUS关键技术研发和规模适度的示范工程。

第四部分，山西低碳发展的路径考虑。

气候变化的实质是发展问题，排放空间是比土地、资本、劳动力等更加稀缺的资源。结合国家资源型经济综改试验区建设和山西实际，山西实施低碳发展战略要突出"高碳资源低碳发展、黑色煤炭绿色发展、资源型产业循环发展"的山西特色。

首先，要以科技创新为动力，着力改造传统产业，打造煤基产业低碳升级版。"兴于煤也困于煤"，山西不可能避开煤而谈低碳发展。山西省政府明确提出将山西打造成为煤基科技高地，要以科技创新促进山西煤基产业的绿色转型。一是实现煤炭"高效、清洁、低碳"开发利用；二是实施"电力、焦炭、化工"等传统煤基行业的低碳化改造。两者的根本动力在于科技创新，核心在于低碳技术的推广与应用。因此，山西省高起点推进山西科技创新城建设，打造国家煤基科技及产业创新高地；启动具有山西特色的低碳创新行动计划，推进低碳重大工程、产业减碳计划、企业减碳行动、低碳科技创新行动、创新低碳发展机制。在煤炭开发利用方面，重点攻克煤炭清洁高效开发利用、煤基清洁能源生产、煤基低碳替代燃料生产、煤矿瓦斯综合利用和火电IGCC等关键技术；在产业低碳化改造方面重点攻克能源梯级综合利用、工业余能余热高效利用、原料燃料替代技术和碳捕集、利用与封存等低碳发展关键共性技术，加快引进、消纳和吸收现有的低碳节能技术，引领山西省产业低碳发展。

其次，以煤层气开发为重点，着力推进"气化山西"，大力推进可再生能源发展，建设山西综合能源基地。在全球应对气候变化低碳发展的潮流下，世界范围内能源体系正发生重大变革——"以化石能源为支撑的高碳能源体系向以新能源和可再生能源为主体的新型低碳能源体系过渡"。能源体系的重大变革，能有效降低能源碳排放强度，减少化石能源二氧化碳排放，是低碳发展的重要途径之一。

山西省作为国家五大综合能源基地之一，能源体系的优化需从以下两方面开展。一是加快实施"气化山西"战略和有效落实"煤层气20条"，推进地面煤层气开发和井下瓦斯抽采，构建六大煤层气勘探开发基地和五大瓦斯抽采利用园区，加快扩大社会和企业用气规模和范围，有效降低煤炭消费比例，优化调整化石能源消费内部结构；二是在充分发挥煤层气资源优势的同时，积极挖掘太阳能、风能、水能、生物质能、地热能等非化石能源潜力，逐步提高非化石能源占一次能源消费的比例。借助化石能源消费内部结构的调整和全省能源体系结构的优化，加快构建低碳能源体系，有效降低能源碳排放强度。

第三，以改善城市人居环境为契机，狠抓建筑与交通节能，发展低碳建筑与低碳交通体系。交通和建筑的碳排放是社会活动的主要碳排放源，且随着城镇化进程的加速和人们生活水平的提升，两大领域的碳排放量占全社会的比例将逐渐上升。目前发达国家交通运输和建筑部门的碳排放已取代工业部门，成为全社会碳排放的主要来源。

山西省正处于城镇化快速发展阶段，要抢抓山西省大力推进新型城镇化的重大战略机遇，以改善城市人居环境为契机，发展低碳建筑与低碳交通体系。在建筑领域，重点强化并严格建筑节能标准的执行，推进既有建筑节能改造，推广建筑领域低碳技术和节能低碳产品的应用，以开展零碳建筑、被动式建筑等绿色低碳建筑试点示范为重点，提高建筑能效；在交通领域，以实施车用燃料替代、推广应用新能源汽车、积极发展绿色公共交通、慢行交通、智能交通为重点，构筑低碳交通体系。以建筑和交通低碳发展为两大抓手，将低碳、生态、绿色理念融入山西省城镇化建设中，转变城镇建设模式，缓解城镇化进程中资源环境约束。

第四，以生态修复为重点，着力推进林业生态建设，增强山西省森林碳汇和适应气候变化能力。记得中国唐代李峤写过一首诗："山川满目泪沾衣，富贵荣华能几时。不见只今汾水上，唯有年年秋雁飞。"反映了当年汉武帝巡游汾河情景。如今，与山西省产业蓬勃发展相对的恰恰是突出的区域生态环境问题，包括环境地质灾害、河流生态退化、环境质量恶化等，生态质量下降的总体趋势尚未得到根本性扭转。因此，必须以生态修复为重点，积极推进林业生态建设，增强适应气候变化能力。

稳步推进造林绿化，提高森林覆盖率；强化森林抚育经营，提高林分质量；强化森林资源保护管理，减少对森林的破坏。继续加大水土流失区、矿山生态破坏区等生态脆弱区的生态治理与恢复力度；加强对重点生态功能区生态系统的保护，增强生态调节能力，提升山西省适应气候变化能力。

第五，以体制机制建设为根本，制定低碳发展制度，逐步建立高碳产业低碳发展促进机制。结合国家形势和要求，加强山西省应对气候变化工作体制机制创新，我们将推动制定并实施九项低碳制度：一是建立健全单位 GDP 二氧化碳排放降低目标责任评价考核制度，以考核促进减排；二是建立温室气体排放统计与核算制度，夯实应对气候变化基础能力；三是建立重点企事业单位温室气体排放直报制度，规范温室气体排放监督管理；四是碳排放权交易制度，运用市场机制推动温室气体减排；五是进行二氧化碳排放峰值预测，建立总量控制和配额分配制度，形成促进经济转型倒逼机制；六是温室气体排放许可制度，约束温室气体排放行为；七是建设项目温室气体排放评价制度，从源头控制温室气体排放；八是标准、标识认证制度；九是建立低碳试点示范激励机制，以低碳试点为抓手推动全省应对气候变化工作。

华夏文明看山西，人说山西好风光。欢迎麻省理工、哈佛大学等世界名校的学子们到中国、到山西走一走，看一看，抓住全球应对气候变化的历史机遇，共谋合作，共赢发展。

感谢大家的聆听，感谢麻省理工学院斯隆商学院的精心组织，谢谢大家！

来源：华尔街见闻

第二节　能源革命，绿色金融

所谓绿色金融，是对环保、节能、清洁能源、绿色交通、绿色建筑等领域的项目投融资、项目运营、风险管理等所提供的金融服务。2016 年 8 月 31 日，中国人民银行等七部委发布指导意见，提出 35 项发展绿色金融的具体措施，成为我国绿色金融体系的"基本法"，开启了系统性的绿色金融制度体系建设进程。如今，构建绿色金融体系已成为国家生态文明建设战略布局的重要组成部分。

为进一步深入了解绿色金融，2017 年 12 月 4 日，我与中央财经大学绿色金融国际研究院院长王遥教授、英国剑桥大学可持续领导力研究所金融部主任 Andrew Voysey 教授、环境金融高级项目经理 Thomas Verhagen 教授、世界自然基金会可持续金融项目经理 Ann Batenkova 等，就绿色金融、低碳经济合作等事宜进行了深入交流和探讨。

图 8.2.1　赴中央财经大学讨论绿色金融议题

中国浦东干部学院是由中共中央组织部直接管理、中共上海市委协助管理的中央直属事业单位，其培训对象包括全国中高级党政领导干部、企事业单位高层管理人员、高级专业技术骨干及驻外使节、军队干部等各类领导人才。2017 年 9 月，我应邀为全国中高级领导干部领导力专题研讨班作"能源革命与绿色金融"专题报告。

报告主要围绕能源革命和绿色金融两个话题展开，分国内外应对气候变化行动、全面推进能源革命战略、能源革命实践与案例分析、积极引导绿色金融创新、绿色金融实践与案例分析、绿色金融助力能源革命六个方面。

图 8.2.2　在中国浦东干部学院作"能源革命与绿色金融"专题报告

　　能源革命的目标是实现从高碳能源向低碳能源转型，从高碳、高污染的能源消费模式向着能源清洁化的方向转型的同时解决好人类面临的环境污染、气候变化等问题。能源革命的实现绕不开资金融通，但是现阶段能源融资还没有充分发挥金融在推动低碳能源转型中的作用。绿色金融将潜在的环境因素囊括投融资决策当中，有利于将社会经济资源引导至绿色环保、清洁能源领域，建立相应的绿色金融体系，对采取有效的金融手段改变资源配置的激励机制具有重要的现实意义。

国内外应对气候变化行动

　　与会代表都是全国各省市主管应对气候变化工作的中高级领导干部，这部分内容我简单进行了介绍，和大家一起回顾了全球气候变暖的严峻形势，气候变化国际谈判的积极成果和曲折进程，全球能源消费引起的碳排放，以及我国对气候变化工作的坚定立场和实际部署等内容。

全面推进能源革命战略

　　我国近年来能源消费量持续增长，能源结构有一定程度优化，但仍然以煤炭为主，与发达国家相比能耗偏高，在这样的情况下，我国提出了能源革命战略。

　　2012 年，"十八大"首次提出生态文明建设，与经济建设、政治建设、文化建设、社会建设构成五位一体布局，努力建设美丽中国。2014 年，中央财经领导小组第六次会议提出推动能源生产和消费革命，控制能源消费总量，加强节能降耗力度，支持节能低碳产业和新能源、可再生能源发展。2017 年，"一带一路"高峰论坛，提出要抓住新一轮能源结构调整和能源技术变革趋势，建设全球能源互联网，实现绿色低碳发展。

生态文明建设的必然要求是能源生产和消费革命，能源生产和消费革命的核心是转变经济发展方式。消费革命是关键，必须抑制不合理的能源消费；供给革命是核心，要着力发展非煤能源，形成多轮驱动的能源供应体系；技术革命是支撑，要加大科技创新力度，推动能源科技革命；体制革命是保障，要构建有效竞争的市场结构和市场体系。

能源革命实践与案例分析

2010 年 12 月，经国务院同意，国家发改委正式批复设立山西省国家资源型经济转型综合配套改革试验区。这是我国设立的第九个综合配套改革试验区，也是我国第一个全省域、全方位、系统性的国家级资源型经济转型综合配套改革试验区。

2017 年 6 月 22 日，习近平总书记在视察山西时，作出"争当全国能源革命排头兵"的重要指示。山西省制定了《山西省争当全国能源革命排头兵行动方案》，明确能源供给、能源消费、能源科技、能源体制"四个革命"和能源开放合作"一个合作"的总体思路。山西准备着重从推动煤炭清洁高效开发利用、调整优化能源消费结构、促进新能源产业提质、发展互联网＋智慧能源、突破能源关键核心技术、培育能源转型升级新动力、深化能源体制改革、扩大能源开放合作八个方面开展能源革命工作。

能源革命在山西轰轰烈烈地开展：2009 年 4 月 22 日，晋城寺河 120MW煤层气发电 CDM 项目在联合国 CDM 执行理事会注册。2008—2012 年，山西减排收益近 1 亿美元。2013—2015 年，已签发的减排量共有 1 119 万吨，山西出售了 2013 年上半年和 2014 年上半年产生的减排量 322 万吨，收入 32 万欧元。2016 年，太原市出租车全部换为纯电动汽车，成为全球首个实现纯电动出租车的城市，配套运营设施日臻完善，实现了经济效益、环境效益和社会效益的统一。山西省地热资源丰富，全省现有水热型地热井孔 210 个，全省地热田和地热异常区水热型地热资源量潜力为 6.8 亿太焦，以太原为代表的城市积极利用地热资源，减少了温室气体和污染物的排放。

"中国（太原）能源低碳发展论坛"自2010年至今，已经举办六届，是国家级、国际性、专业化论坛，是国内外具有权威话语权和国际影响力的能源领域高端对话平台、科技成果发布平台和国际合作对接平台。国家主席习近平向2019年太原能源低碳发展论坛致贺信，国务院副总理韩正出席、宣读贺信并发表主旨演讲。我直接参加或参与组织了历届论坛。论坛的未来目标定位是比肩"达沃斯论坛"和"博鳌亚洲论坛"。

积极引导绿色金融创新

中国人民银行等七部委《关于构建绿色金融体系的指导意见》中指出，绿色金融是指为支持环境改善、应对气候变化和资源节约高效利用的经济活动，即对环保、节能、清洁能源、绿色交通、绿色建筑等领域的项目投融资、项目运营、风险管理等所提供的金融服务。和传统金融相比，绿色金融的经营目标是管理环境风险与机遇，保护和改善自然环境，服务经济可持续发展。

世界经济论坛提出，截止 2030 年，每年需增加相当于全球 GDP 的 1.5%左右的投资，以促进能源、交通、建筑等绿色基础设施的转型。绿色金融需求巨大，国际绿色金融市场蓬勃发展，全球绿色投融资体系正在形成。中国的绿色金融体系，建立在国家对环境保护的重视和相关法律基石之上。2016 年 8 月 31 日，中国人民银行、财政部等七部委联合印发了《关于构建绿色金融体系的指导意见》，中国成为全球首个建立了比较完整的绿色金融政策体系的经济体，绿色金融政策体系已经初步形成。2017 年 6 月 14 日，国务院常务会议决定，在浙江、江西、广东、贵州、新疆五省（自治区）选择部分地方，建设各有侧重、各具特色的绿色金融改革创新试验区。今年设立的五个绿色金融改革创新试验区是我国推进绿色金融发展的重要着力点。绿色信贷、绿色债券、绿色基金、绿色担保、碳金融、绿色保险、环境风险分析各有侧重，共同构成我国的绿色金融体系。

绿色金融实践与案例分析

2016 年，山西省金融办、人民银行太原中心支行等七个单位联合印发了《关于推动山西绿色金融发展的指导意见》。山西环境能源交易中心积极布局绿色金融，开展了与节能环保相关的收费权、项目收益权、特许经营权、排污权、碳排放权、环境容量资源有偿使用权等抵质押融资模式研究。目前，已与污水处理厂、林场、新能源发电厂等数十家企业开展了前期融资对接，与省内外多家融资机构及担保公司建立了战略合作关系。

2017年5月16日，《大同市绿色商业银行搭建方案》通过评审，这是全国首家绿色商业银行。其资金主要来自政府平台公司、地方社保基金、保险公司、大型国企、大型民企、外资金融机构，业务领域覆盖煤电节能减排改造、光伏发电、风力发电、生态农业、电动汽车、智能电网、绿色建筑、海绵城市建设等非"两高一剩"产业，业务范围包括绿色项目贷款、绿色流动资金贷款、绿色债务融资工具、绿色资产证券化、碳资产、排污权抵押贷款、绿色资产管理等，对我国绿色金融主体创新、增进我国绿色金融国际话语权、指导我国绿色金融实践，具有重要意义。

2017年7月24日，山西国际能源集团有限公司在上交所发行绿色债券。债券资金主要投向垃圾发电、污水处理、低热值煤发电三大领域。这是山西首单绿色债券，也是中西部地区首单能源类企业发行的绿色债券，不仅有利于拓宽企业融资渠道、降低融资成本、推动绿色项目落地，而且对山西国有企业利用绿色债券助力绿色发展和能源革命起到良好带动示范效应。

绿色金融助力能源革命

绿色金融对能源革命的推进具有重要意义，我国当前绿色金融发展还不够完善，应该进一步控制信贷，倒逼行业转型。第一，重点关注符合节能减排和产业结构调整的项目信贷需求。研究制定煤炭行业信贷准入政策，以及煤化工、水泥、电力、钢铁等主要涉煤行业的信贷政策，在煤控情境下的行业发展政策以及相应的技术标准和清洁生产方法，对涉煤行业信贷分为积极进入、适度进入、维持进入和限制进入四类。第二，建立涉煤行业企业环境信用评价机制。从产业政策符合性、生产设施环保审批、生产技术先进性、厂区环境敏感程度、遵守环保法律法规情况、企业环境管理情况等方面进行评分。最终得分情况将涉煤行业企业绿色信贷等级分为三级，即优先贷款、可以贷款、不予贷款。第三，建立涉煤行业信贷信息披露制度。明确信息披露标准，充实信息披露内容，完善信息披露方式，建立社会监督及信息披露责任追究机制。

同时，应该进一步完善政策。第一，建立完善的绿色信贷制度和组织体系。以政策性金融为先导、以商业银行为主体，建设多层次的绿色信贷组织体系。制定绿色信贷的市场准入原则，金融机构要按照国家产业政策和环境保护部门的要求提高信贷准入门槛。第二，发展健全中国绿色债券市场体系。绿色债券是应对气候变化的重要融资方式和工具，其期限长和成本低等特点比较适合为清洁能源、环保、节能等产业提供长期资金支持，未来可重点考虑以绿色债券作为可再生能源融资的重要渠道和工具。第三，建立健全绿色保险市场和技术支撑体系。完善关于环境风险评估、损害赔偿、污染场地清理等相关的标准和技术规范，建立环境污染风险管理数据库。第四，加快碳交易市场发展。为激励多样化融资品种的发行和创新奠定基础。加快形成全国统一的碳交易平台，鼓励金融机构以多种方式参与碳减排和碳交易。第五，设立政策性绿色金融机构。创建专门的政策型绿色金融机构，比如绿色发展基金等，为绿色发展和可持续发展项目提供政策性融资。

发展绿色金融的同时，要把风险防控放在重要位置，增强预见性，提升防范应对各种风险挑战的水平，要将绿色金融发展置于市场约束机制下，避免对其过度追捧，构建合理有序的绿色金融市场，增强对能源革命的推动力。

图 8.2.3　在北京大学光华管理学院作"能源革命与绿色金融"专题报告

2018 年 3 月 17 日，我还应邀在北京大学光华管理学院作了"能源革命与绿色金融"的专题报告，在报告里我详细阐述国内外应对气候变化行动、全面推进能源革命战略和积极引导诸如"赤道原则""绿色债券原则"等绿色金融创新内容，同时深入剖析我国能源革命和绿色金融实践和典型案例。现场气氛热烈，光华管理学院近百名 MBA 和 EMBA 师生参加报告并深入交流。

能源革命的实质是低碳发展，其目标是实现从高碳能源向低碳能源转型，从高碳、高排放的能源生产消费模式向能源低碳清洁化利用方式转型，解决好人类面临的气候变化等问题。同时，从全球范围看，现阶段能源投融资还没有充分发挥金融和资本市场在推动能源低碳转型中的作用，建立相应的绿色金融体系，采取有效的金融手段，改善能源资源配置效率和运行机制，具有重要的现实意义。

第三节　各方演讲，碳路中国

清华-哈佛低碳发展市场机制研讨会

2014 年 6 月 3 日，由清华大学与美国哈佛大学联合主办的"第一届清华-哈佛低碳发展市场机制研讨会"在清华大学召开，来自中国、美国、欧盟、澳大利亚等多个国家和地区的 60 余名专家参加了此次会议。时任清华大学常务副校长何建坤教授、环境保护部副部长李干杰等出席会议开幕式并致辞。此后，每年研讨会都会在清华大学举办，它逐渐成为诸多学者思想碰撞、成果分享的重要平台，同时也推动了学科融合和综合性研究成果的形成，是清华、哈佛两校之间深化合作的重要纽带。

2016 年 6 月 2 日，"第三届清华-哈佛低碳发展与公共政策国际研讨会"在清华大学举行。来自中国、美国、欧盟等多个国家和地区的近百位专家学者、政府官员和企业界人士，围绕减少碳排放的市场机制、低碳发展中的地方政府和农村能源、交通能源与新能源汽车等热点议题展开讨论。低碳发展是一个跨学科领域的议题，既涉及技术问题，又包含治理问题。在本次研讨会上，我做了题为"山西省低碳发展实践与政府职能思考"的演讲，从政府角度对山西省经济发展特征、低碳发展实践、低碳发展过程中政府职能的思考进行了阐述。

图 8.3.1　第三届清华–哈佛低碳发展与公共政策国际研讨会

附部分演讲文字实录：

众所周知，山西作为中国能源重化工基地，曾为我国经济发展做出了卓越贡献。依托自身的自然资源禀赋，山西省在新中国成立后的很长一段时间扮演着区域经济发展"领头羊"的角色。然而，资源禀赋优势逐渐衰弱，发展的"短板"日益凸显，山西省过度的煤炭开采引发了严重的气候问题和生态问题。因煤而兴，因煤而困，"高碳经济"已经难以适应当前社会经济可持续发展的需求，低碳发展势在必行，但低碳时代的到来使山西省的经济受到制约。如此局面该如何面对？

山西省正处于低增长、高污染、高排放的多重困境之中，转型发展亟不可待。为在逆境中求发展，山西省完善了低碳发展政策制度、健全了低碳工作管理机制体制、创新了低碳发展模式、开展了低碳发展基础能力建设，掀起了能源领域的低碳革命。

在政策制度实践方面，山西省从顶层设计抓起，在全国率先出台了《山西省应对气候变化方法》《山西省控制温室气体排放工作方案》《山西省应对气候规划（2013—2020）》等方案，为山西省的应对气候变化工作赢得了主动权。

在管理机制体制方面，山西省高度重视，成立了以省领导为组长，同时包含相关 30 多个部门一把手的应对气候变化工作领导组，进行全面统筹协调；较早设立了山西省发改委应对气候变化处，具体负责全省应对气候变化工作的部署和开展；同时应对气候变化工作还有山西省低碳发展专家咨询委员会的智力支撑。实施、监督、咨询，三位一体，形成了严密的体制网。

在创新实践方面，顺利申报晋城市为国家低碳城市试点，并设立省级低碳试点、低碳产业园区以及低碳社区。在科技创新方面，制定实施省级低碳创新行动计划，全省科技创新大会对低碳创新驱动发展战略做出全面部署；高起点推进山西科技创新城建设，已有 35 个煤基低碳研发机构入驻，公开招标实施 67 个低碳重大科技项目；设立"煤基低碳联合基金"，聚焦煤炭开采、煤层气、煤化工、煤电、煤机装备、新材料、新能源、节能环保等山西省煤基低碳重点领域。

在能源领域低碳发展实践方面，主要包括对煤层气、风能、太阳能、农村生物质能的开发利用。山西省煤层气资源十分丰富，资源量约为 10.39 万亿立方米，占全国总量的近 1/3，2020 年地面煤层气总产能力争达到 400 亿立方米，气化人口基本实现全覆盖；山西省以风电为主的可再生能源发电装机容量大幅增长，2015 年风力发电装机容量增长为 2010 年的 18 倍，太阳能发电装机容量增长为 2011 年的 50 倍；未来，山西省将发挥农村沼气循环农业纽带作用，以大型沼气工程为中心，打造乡村循环农业建设示范基地。

山西省已经初步构建了推进低碳发展的政府职能体系，在法律保障、宏观规制、政策支持、组织协调、技术指导等职能建设方面均取得了一定成效。但结合低碳发展工作的实际需求，仍存在低碳发展顶层设计欠缺、政府组织协调机制尚未健全、工作管理机制亟须完善、推进低碳发展技术引领和指导作用不明显、低碳科技创新推进机制需改革完善等问题。针对如何强化和完善山西省低碳发展中政府的职能问题，我认为可以从法律保障、规划引领、组织协调、技术创新四个方面入手，不断强化和完善山西省低碳发展中的政府职能。具体内容如下：

健全和完善低碳发展相关法律法规体系，加快空缺领域立法工作，完善辅助性法规及实施细则，增强法律法规可操作性。结合实际情况，借鉴国内外经验，构建低碳经济法律体系，通过立法，理顺政府、企业、民众在低碳经济发展中的义务，逐步将低碳经济发展工作纳入法制化轨道。

提升低碳发展相关规划的科学性、前瞻性、合理性，发挥规划引导作用。避免"拍脑袋"决策，要在掌握客观规律并了解实际现状的基础上，在全国整体布局的大框架下，绘制具有山西特色的低碳发展蓝图。

健全完善政府推进低碳发展组织协调机制，切实转变传统政府管理模式，推进政府职能转型，构建低碳发展组织保障。发挥政府在低碳发展中的带头人、引导者作用，引领全省低碳事业有条不紊推进。

强化政府在低碳技术创新中的引领作用，营造良好的低碳技术创新环境，加强对低碳技术创新人才的培养和引导，健全低碳技术创新合作机制。

低碳发展已经成为世界发展潮流，同时也是中国的国家发展战略。推进低碳发展是山西省实现经济可持续的必然选择，加强有形之手的力量，尽快实现转型发展，为山西省经济发展注入新活力。

娴院演讲

山西娴院文化创意有限公司是一家致力于高端沙龙和新媒体运营的文化企业，《娴院演讲》是娴院公司创办的一档传播思想价值、分享独特人生的新媒体栏目，常邀请在人文、历史、科技、设计领域有所建树的嘉宾进行演讲。2017年9月29日，我应邀在该栏目做了题为"'碳'路中国"的演讲。此次演讲在今日头条、腾讯视频、优酷视频、喜马拉雅、荔枝FM、网易音乐、蜻蜓FM同步推出，演讲音频后被网易云音乐放在了个性推荐首页，易碳家、中国碳交易网等知名网站也先后转载，关注热度持续升温，仅腾讯视频播放量就达两万余次。

图 8.3.2　娴院演讲，"碳"路中国

演讲文字实录如下：

今天我聊的题目是"碳"路中国，我先和大家聊聊正在发生和已经发生的几件事。

第一件事，大家都感觉到了，去年非常的热，酷热。根据美国国家海洋与大气管理局的年度报告，2016 年是历史上最热的一年，地球创下了多个历史纪录——最热的一年、海平面最高的一年、排放温室气体最多的一年。

第二件事，共享单车，大家看到了小红车、小黄车数量飞速增长，太原市现在差不多有 20 万辆（共享）自行车了。最近，摩拜和联合国环境署等机构，共同发起了"世界骑行日"，五百天节约碳排放 126 万吨。也就是说，过去五百天里，共享单车成为仅次于公交、地铁的第三大城市交通方式，以绿色低碳的出行深刻改变着城市生态和人文环境。到目前为止，仅摩拜已经在全世界超过 170 个城市投放了超过 700 万辆的智能共享单车，每天提供超过 2 500 万次骑行，已经成为全球第一大互联网出行方式。这次的"世界骑行日"除了国内的城市以外，还有新加坡、伦敦、曼彻斯特、佛罗伦萨、札幌等，多个有摩拜单车运营的国际城市都参与其中，全球助力绿色低碳共享骑行。

第三件事，今年的 6 月 1 日，美国总统特朗普宣布退出《巴黎协定》，在全球掀起了轩然大波。6 月 2 日开始，美国国内 21 个州，246 个城市，218 所高校和 1 141 家公司等，立即宣布联合组成了 "We are still in" 这样一个联盟，以此表达对特朗普退出《巴黎协定》的强烈反对。也就是说，即使联邦政府宣布退出，州政府、企业、智库、高校、城市仍然坚持《巴黎协定》。2017年7月在德国汉堡"G20"领导人峰会上，"G20"第一次出现了"G19+1"，除美国以外其他19个"G20"成员国的领导人发表了《"G20"领导人宣言》，共同声明巴黎协定"不可逆转"，并重申气候承诺。以上事件都共同指向了气候变化与低碳发展，为什么这件事如此重要？

什么是气候变化？什么是低碳发展？

2015年3月哈佛大学的福斯特校长来中国访问时的主题就是应对气候变化，除参加习主席的接见等一系列活动之外，她还在清华大学发表了一个演讲——"大学与气候变化挑战"。她在演讲中明确指出《中美气候变化联合声明》的发表，对中美两国关系乃至世界发展来说都是一个重要时刻。

这究竟是怎么回事呢？气候变化事关人类的生存和发展，现在已经变成了全世界、全球共同关注的环境问题。在工业革命前，地球的碳平衡、氧平衡、水平衡。1775年英国颁布了《私有化法案》，为后来的圈地运动打基础，而圈地运动是为后来的工业革命打基础。蒸汽机的发明，到后来电动机、发电机、计算机的发明，几乎每隔百年人类的科学技术都在颠覆性地、突破性地进步。随着时间的推移，化石燃料逐渐被发现、开发、消费：黑乎乎的石头居然能燃烧，有热值、能燃烧，这是煤炭；再后来黑色的液体也能燃烧，这是石油。以煤炭、石油为代表的化石燃料的发现和消费，导致温室气体的排放量急剧上升。我们可以看到，由于温室气体的大量排放，导致原来百年一遇、千年一遇的气候事件现在频频发生，演变成为灾难。如刚才所说，今年又非常热，经历了最暖的一个冬天。

前年，美国东北部地区，累积下了3米多厚的雪，而巴西是酷热。青藏高原有四万五千多个冰川每年以超过7%的速度在加速融化，原来很多的富水区现在变成了干旱区，生物多样性遭到了严重破坏，冰川积雪在加速融化。根据美国国家航空航天局提供的数据，2016年比19世纪后期全球地表温度高约1.2℃，比2015年高0.12℃。

2017年7月10日到12日，拉森C冰架彻底断裂分离出有史以来最大的冰山。分离出的冰山的面积达到了五千八百平方公里，差不多是一个上海那么大的面积。如果拉森C冰架及其挡住的冰川全部融化后直接汇入海洋将使海平面上升大约10厘米。政府间气候变化专门委员会第五次报告形象化描述说，就像地球表面每平方米，放置了一个2.3瓦的灯泡，无论城市还是农村，陆地还是海洋，森林还是沙漠，在过去200多年里都在不断加热着地球，而且以后功率会越来越大。并且在过去200年、过去100年、过去50年、过去30年灯泡功率一直在增加，而其中只有1%左右的能量加热了大气，大约有93%加热了海洋，还有不到7%加热了陆地和冰川，1%的能量加热大气我们就感觉难以忍受，对海洋的影响可想而知。

国际社会现在达成的共识是，21世纪末温室气体的浓度，由工业革命前的350ppm不能超过450ppm。当前已经达到了400ppm，也就是说全球气温上升的极限目标是2℃，如果这两个值超过了，地球就可能出现不可逆转的情况。再打个比方，我们经常讲温水煮青蛙，一盆滚烫的开水，我们把青蛙放进去，青蛙"扑通"就跳出来了。但是如果一盆凉水把青蛙放进去，下边用温火慢慢地蒸、慢慢地煮，青蛙会舒舒服服地游来游去直至死去，放长远来看人类正在经历这个过程，很恐怖。

因此，国际社会达成共识，气候变化相比较于一切的挑战，已经成为对人类最大的威胁。在这个基础上，《联合国气候变化框架公约》达成，到后来的《京都议定书》，再到2015年12月在法国巴黎达成了《巴黎协定》，这是法国历史上召开的最大的一次国际会议，上一次是1948年，在巴黎发表了《世界人权宣言》。

2016年4月22日，在纽约联合国总部开放日第一天，各国来签署《巴黎协定》，结果第一天就有175个国家元首或者特别代表出席并签署《巴黎协定》，国务院张高丽副总理以习主席特使的身份签署了该协定。这是国际协定有史以来一天之内签署国家数量最多的，《巴黎协定》是人类有史以来第一次用非战争、非暴力，用最和平、最民主、协商的方式对人类面临的共同挑战达成的国际协定，这非常有意义。

刚才提到了美国的退出，除美国外还有叙利亚和尼加拉瓜。叙利亚是因为战火纷飞导致出现了无政府状态，尼加拉瓜认为《巴黎协定》的强度还不够，应该再加大力度；美国特朗普政府前段时间正式向联合国提交退出申请，并提出未来若对美国条件合适将会再参与谈判。但是联合国秘书长拒绝了其日后重新加入的请求，这是国际社会已经共同达成的多边协定，没有再谈判余地。

图 8.3.3 娴院演讲进行时

气候变化是全球性的挑战，没有任何国家能够置身事外。无论其他国家的立场发生怎样的变化，中国将继续加强国内应对气候变化行动并认真履行《巴黎协定》。《巴黎协定》之后，各国应对气候变化行动加速推进。能源领域正在发生六个"重构"，各国的立法进度加快，各国碳排放交易市场的建设也在加快。前几年我有个描述，碳排放空间已经成为比土地、劳动力、资本等所有要素更加稀缺的资源，相比较于经济制度、军事制度、教育制度、贸易制度等，应对气候变化制度是全球最重要的制度安排，如果过去的世界是黄金美元，后来是石油美元，未来的世界将是碳货币。低碳发展是大势所趋，生态文明是大势所趋，国际合作也是大势所趋。2016 年 6 月 30 日，中国政府向联合国提交了我们的 INDC 国家自主贡献方案，明确承诺，中国在 2030 年左右碳排放峰值年要到来并争取尽早达峰，非化石能源占一次能源消费比重的 20% 左右；单位 GDP 二氧化碳排放比 2005 年要下降 60% ～ 65%，这是向国际社会的郑重承诺。

2030 年左右碳排放峰值年到来，而且我们将争取提早达峰。我们经济还在发展，整个的 GDP 在增长，经济总量还在增长，碳排放总量还要增加，但是我们说单位 GDP 的排放强度要往下走，2030 年左右峰值年到来，意味着在峰值年前面，我们能源消耗的拐点就要到来，因为国际社会已经普遍达成共识，温室气体的主要排放来源就是化石燃料的使用，二氧化碳排放 80% ～ 90% 是来自化石燃料的使用，这已经达成一致。那么如何控制化石燃料的使用，这是一项重大的战略。

非化石能源占一次能源消费比重的20%左右，这又是个什么概念呢？我们大体上有个测算，从发电角度来讲，中国现在一次能源主要靠煤炭，占了大约64%，山西煤炭占一次能源消费差不多87%，如果2030年非化石能源占一次能源比重的20%左右，那么未来这十几年，可再生能源和新能源等非化石能源的增长速度每年要以6%～8%增长，而且那个时候，全国可再生能源和新能源的发电装机要新增10亿千瓦左右，新增10亿千瓦是什么样的概念呢？

2016年底，中国全国的火力发电装机才刚刚达到10亿千瓦，2016年美国全国所有的发电总装机是10亿千瓦，而未来这十几年我们的可再生能源和新能源发电装机，就要净增加10亿千瓦，压力是很大的，有了目标具体怎么做呢？

碳排放涉及方方面面、各行各业。温室气体是使地球表面变暖的气体，《京都议定书》将温室气体大体划分为6种，包括二氧化碳、甲烷等，其中二氧化碳的热效应占比大约70%，占比最大。因此把二氧化碳拿出来代表所有的温室气体说事，叫作低碳发展、低碳经济、低碳生活。实际上是低温室气体发展，低温室气体生活，低温室气体经济，只有控制了温室气体的排放才能够有效地应对气候变化。对中国来讲过去十几年，我们大量进行的节能减排主要指的是污染物的减排等。如果放眼全球来看，污染物的排放主要集中在发展中经济体，包括中国、印度、巴西等国家。像欧美日等国家，污染物的排放相对较少一些，或者说污染物的排放在全球看是局部性问题，但温室气体的排放是全球性的问题。

2006年以前，美国一直是碳排放全世界老大，2006年我们第一次超过美国，到2015年，中国的碳排放总量大体上占全球28%，美国占16%左右，中美两国大约占全球碳排放的45%。《巴黎协定》实际上是由中美两国政府合力推动多边谈判达成的国际协定。控制温室气体的排放是全球性的问题，必须全球携手合作，才能共同应对、共同解决。面对这样的情况，一系列的推动措施自然而然应运而生。比如说，我们中国包括山西，一次能源主要靠煤，"兴于煤，也困于煤"，但是可以预见未来若干年，一次能源主要依靠煤炭的局面恐怕不会有大的改变，因此煤炭也还要作为重要的能源，这时应该怎么办呢？

第一，要培育你的煤基低碳产业。比如说煤炭的清洁高效低碳利用，要把它做好。像山西科技创新城，现在是我们的转型综改试验区示范区，它还有一个功能，就是要把它打造为山西、中国乃至世界煤炭清洁高效低碳利用的研发基地、孵化基地、产业化基地，同时把冶金、焦炭、电力、化工等涉煤行业，通过科技手段进行低碳化改造；第二，推动整个能源结构向低碳化转变。能源结构过去是以煤炭、石油等化石能源为主的高碳能源，但整个全球的发展趋势是向以新能源和可再生能源为支撑的低碳能源体系转变。能源体系的低碳化转变，需要大力发展风能、太阳能、水能、生物质能、核能、地热能、潮汐能等非化石能源。

现在我国各地光伏发电、风力发电等蓬勃兴起，究其原因是政府在引导，市场在推动，企业在积极参与。一项技术的大规模推动、普及必须具备两点：第一，技术本身必须过关；第二，成本必须合算。

在这种大背景、大趋势下，可再生能源与新能源大规模发展态势下，技术不断在突破，成本在快速下降。现在初步估计，风力发电和太阳能发电，应该在 2020 年基本上不需要政府补贴，而且可以和火电一样平价。这就是我们整个能源结构的低碳化的推进和发展，这也是国际的大潮流，同样也是我们国内必须要做的。

第三，除了工业领域、能源领域以外，建筑和交通在发达国家和中国的发达地区，已经成为主要的碳排放来源。我们整体上也在加速推进这方面工作。比如说新建的建筑，还有旧建筑的改造，利用各种手段低碳化，从材料的制作过程包括使用过程，在整个生命周期进行低碳化发展、改造，交通也提倡低碳出行。随着城镇化的推进，工业化、城镇化并行推进，我们必须把低碳理念融入进去，交通这块也是。

以太原市为例，去年 1 月到 10 月，近 8 300 辆出租车，全部一次性更换为纯电动车——比亚迪 e6 电动车，裸车 30 多万一部，政府补贴近 22 万多，个人只需再交 9 万。这是一件非常有意义的事情，中央各大媒体进行了报道，国际很多媒体也进行了报道，交通部在国务院新闻发布会上力推行"太原模式"。一套体系找到了合作模式，怎么能把它推动呢？深圳起步比较早，但是没有大力发展，但是太原很快把它推起来了，成为全中国当前唯一一个出租车全部实现了纯电动化的城市，太原也是全国、全世界纯电动出租车保有量最大的城市。更换后的新车提速很快，充电也耗时短，充电两个小时，续航里程 400 公里，且太原市桩车配比达1∶1.5（规划配比为1∶8），每车每年减排二氧化碳32吨，政府、车企、桩企大家合作共赢，经济、环境、社会三收益。"太原模式"是非常好的一个模式，是绿色低碳出行的良好实践。

太原市2012年开始推行公共自行车，大概有4.1万辆，每天差不多骑行40万人次。中央各大媒体对此纷纷进行报道，其租用率、周转率、免费率、建设速度等都是第一，太原市民"骑"出了一条低碳之路。这就是"太原模式"，由煤都向绿都的转变，这是我们低碳的出行方式。

随着我们国家工业化、城镇化的快速推进，低碳建筑低碳出行的方式，既拉动经济增长也改善我们生活，其中主要在于把低碳发展理念融入进去。但是围绕这些路径，关键是制度的设计：从中国来讲，国家正在紧锣密鼓地进行一系列的顶层设计，如出台《中华人民共和国应对气候变化法》；立法的工作正在加紧进行，近期内国务院会发布气候变化的相关条例和各项制度也正在建立，如单位GDP二氧化碳排放降低目标考核制度、碳排放权交易制度、统计核算制度、企业碳排放直报制度、碳排放峰值预测、总量设定和配额分配制度、排放许可制度、低碳标准、标识认证制度；新上项目要对项目进行碳评估的碳评估制度；低碳试点示范制度等这一系列工作都在加紧进行。以后的碳排放领域实际上是一种碳资产的概念，我国向国际社会宣布，今年要启动中国全国统一的碳排放权交易市场，2013—2015年，企业的年能耗在一万吨标准煤以上的，八大行业十八个子行业都要纳入交易市场，现在均已完成企业碳排放报送（MRV）。这些范围内的每个企业碳排放量，要进行碳报告，政府委托第三方机构进行碳核查之后再复查，确认之后再提交。国家根据企业的历史碳排放情况，根据企业的产品产量，根据减排目标要分配配额，这就形成了碳交易。

比如说，某个企业有100万吨碳排放量配额，履约时可能整个过去的年度排了120万吨碳，那超出的20万吨必须购买。反过来说，企业若经过了技术改造、技术进步，只排了80万吨碳，那多出来的20万吨就可以卖掉，这就形成了交易。经初步估算，中国碳市场交易量差不多达有50亿吨二氧化碳当量，金额达万亿级人民币。现在全球15个碳市场，中国市场必定会是最大的。通过碳排放权交易激励企业采取先进技术，采取各种办法减少碳排放，实际上是减少了我们全社会的碳排放量。

上文说的配额是碳资产的概念。去年财政部已经向全国发出了征求意见稿，就是要对会计处理规定进行修改。比如说，碳资产的概念在企业的资产负债表、现金流量表、损益表中现在尚未体现。下一步就是将碳排放这个资产放里面去，既然是资产，就要进行保值、增值，既然是资产它就要证券化，就要资本化。随着中国全国统一碳市场的启动，进一步的发展，就是资本市场，围绕碳资产，一系列的金融衍生品会产生，包括对第三方机构一系列的需求，对各类中介机构的需求都是非常大的。刚才说碳报告、碳核查、碳复查、碳审计、碳会计、碳金融、碳咨询以及碳质押、碳抵押、现货、期货一系列金融衍生品，都具有巨大的想象空间。未来的设想就是，扩大参与交易的行业，降低门槛，对碳排放量比较小的企业开征碳税，这样就达到了对全社会的全覆盖。在以后，企业也好，社会也好，政府也好，新上项目、新上投资必须考虑到碳成本、碳收益，围绕碳的路径，相对应的投资、融资这些路径都要相互匹配。

一直以来大的投资机构，包括华尔街的摩根士丹利、高盛这些大的投资机构都在高度关注碳经济，国内大的投资机构也在高度关注。中国人民银行等七部委去年联合发布了《关于构建绿色金融体系的指导意见》，绿色债券、绿色信贷、绿色基金、绿色担保等一系列绿色金融、碳金融产品都在快速推出，作为我们的银行等金融机构都在创新，现代化的金融体系、多层次的资本市场也都在建立、完善。

作为我们的金融机构，未来怎么才是创新，怎么才能发展？一个重要的方面就是与碳的结合。低碳发展是一次人类社会的革命，将对我们整个人类的生产、生活的方方面面产生革命性的影响。

2014年，习总书记提出能源革命。三年以来，我们中国在多方面快速发展，能源的五个方面占据世界第一位，如风力发电、水力发电、太阳能发电装机规模、可再生能源投资等。

那么现在就要纵深推进。《巴黎协定》之后，全球能源正在进行"六个重构"。6月，习总书记到山西视察，明确提出，除了要推进山西国家级资源型经济转型综改试验区建设，山西也要争当全国能源革命的排头兵。要争当排头兵，必须要破题，什么是能源革命？为什么要提能源革命？要做排头兵就要纵深推进，要做到哪些才是排头兵？这对山西来讲是一次重大的历史机遇。但实际上为什么提能源革命，大背景就是应对全球气候变化。之前讲到的"2度"概念也好，450ppm也好，是整个气候变化挑战对我们的约束，这是对全球各国的约束。生态文明是大势所趋，低碳发展是大势所趋，国际合作是大势所趋。在大的发展趋势下提出的能源革命，这是战略性思想。每个个人，每个集体，每个组织都应该有这种思想。在兴趣的前提下，围绕碳方面一定是发展方向，它涉及各行各业，涉及经济、金融、技术、管理，涉及技术的创新、公共政策的创新等，是跨界的大事情。

今天我在这里跟大家谈的题目叫"'碳'路中国"，实际就是探讨一下我们中国的低碳发展之路，未来我们如何实现我们经济社会的可持续发展，使我们生活得更美好，建设美丽中国，爱护我们的地球，让我们共同努力呵护地球家园，享受我们的美好生活吧。

我就说这么多！谢谢大家！

彭博社等四家美国主流媒体访谈交流

2017年12月4日，我在北京与应邀来访的四家美国主流媒体和美国亚洲协会进行访谈交流。美国《彭博社》彭博观察高级执行主编David Shipley，《华盛顿邮报》评论专栏作家Catherine Rampell，美国公共电视网PBS《新闻一小时》执行制作人、威塔工作室高级副总裁Sara Just，《外交事务杂志》副总编Stuard Reid等国际著名记者参加，就能源革命与低碳发展、气候变化与可持续发展、中美之间在相关领域的合作与关系等内容进行了全英文的深入探讨，美国亚洲协会执行副主席代表美国媒体给我发来了感谢信。

图8.3.4　与美国主流媒体负责人合影

December 20, 2017

WU Dongsheng
Director
Department of Climate Change
Shanxi Provincia Development and Reform Commission

Dear Mr. Wu,

On behalf of the entire "Understanding China" delegation— **Sara JUST**, Senior Vice President and Executive Producer, NewsHour, PBS; **Stuart REID**, Deputy Managing Editor, *Foreign Affairs;* **David SHIPLEY**, Senior Executive Editor, Bloomberg View; and **Catherine RAMPELL**, Columnist, *Washington Post* — from Asia Society, I wish to express my profound thanks to you for meeting our four journalists on December 4, 2017 in Beijing.

This year's edition has been another success by every possible metric. We met with a remarkable array of people from a range of backgrounds and professions and learned a great deal at every stop. The trip "sparked interest in China" and "gave the journalists the tools to begin to ask the right questions about one of the most complex and vibrant countries in the world today."

The conversation with you at the lunch was "enlightening" and was one of the highlights of our extraordinary week in China. I know that our successful trip could not have taken place without you. On all counts, we are extremely grateful.

All four journalists have already sent in rave reviews; the trip opened their eyes and served to provide great texture and nuance to the picture of today's China. Asia Society is looking forward to working with you to help Americans—and people, around the world to better understand China.

With great appreciation,

Tom Nagorski
Executive Vice President

图 8.3.5　美国亚洲协会执行副主席的感谢信

"碳定价政策对话"圆桌会议

　　"碳定价政策对话"圆桌会议由中国科学院科技战略咨询研究院、世界银行、能源基金会（美国）共同主办，全国人大常委、中国科学院科技战略咨询研究院副院长王毅主持圆桌会议。2018 年 7 月 26 日，我应邀参加会议，并作为点评专家发言，同时重点对应对气候变化管理体制机制、碳交易与碳税、低碳引领能源和产业转型、碳市场机制下气候变化与环境污染协同治理、绿色金融等发表了意见。

　　碳排放权交易作为一种重要的基于市场机制的环境政策，过去三十年中在全球范围内得到了广泛应用。2017 年 12 月，中国在发电行业率先启动全国碳排放权交易体系。鉴于我国碳市场的庞大规模以及中国经济社会转型中存在的复杂性与特殊性，有必要对市场化政策在发展中经济体中的应用与挑战进行深入探讨。本次圆桌对话旨在总结基于市场的环境政策在全球范围内的历史经验，探讨该类政策在发展中、经济体中面临的问题与解决方案；同时，讨论如何利用市场化机制，推动气候变化与环境污染问题的协同治理。

图 8.3.6　在"碳定价政策对话"圆桌会议上发言

哈佛大学肯尼迪政府学院教授、哈佛气候合作项目主任 Robert Stavins，哈佛大学肯尼迪政府学院哈佛气候合作项目主管 Jason Chapman，北京大学国家发展研究院副院长徐晋涛，以及国家应对气候变化战略研究和国际合作中心、生态环境部环境规划院、清华大学、中国人民大学、北京师范大学、北京科技大学、中创碳投、美国环保协会、绿色创新发展中心、保尔森基金会、能源基金会等机构的 24 位中美专家学者参加了圆桌会议。

2018 碳捕集、利用与封存（CCUS）论坛

为推动中国规模化碳捕集、利用与封存（CCUS）示范，总结中国 CCUS 发展经验，加快中国 CCUS 技术产业发展，在国家相关部门的指导下，由中国石油大学（北京）和澳大利亚全球碳捕集与封存研究院联合举办的"2018 碳捕集利用与封存（CCUS）论坛"于 2018 年 9 月 16—19 日在北京召开。国家相关部委、国内外能源企业、高等学校及科研院所专家学者及美国、加拿大、英国、法国、挪威、澳大利亚、日本等多个国家的代表参会，以"共建、共融、共享"为主题，推动 CCUS 多层次、跨行业的协同发展。

在论坛上我应邀作了"中国碳交易对产业发展影响"的主题演讲，从国内外碳交易状况、中国碳交易市场进展、碳交易对不同行业的影响分析、碳交易的机遇与挑战等方面进行了分析。应对气候变化、实现绿色低碳发展，是全球重要发展议题和时代潮流，推动实施《巴黎协定》和联合国 2030 年可持续发展目标已成为世界各国战略重点。CCUS 是中国低碳发展和应对气候变化的重要选择，CCUS 项目的商业化部署对于减少二氧化碳排放量同时确保能源安全至关重要，对能源结构以化石能源为主的中国更具有特殊意义。

图 8.3.7　在"2018 碳捕集利用与封存（CCUS）论坛"上
发表演讲

东北亚地区地方政府联合会能源气候变化委员会会议

2018 年 9 月 15—17 日，由山西省政府和东北亚地区地方政府联合会（以下简称"联合会"）共同主办的联合会能源气候变化专门委员会会议在山西省太原市举行，来自中、韩、蒙、俄 4 国的 12 个省级会员地方政府代表及能源气候领域的科研院所和社团企业 100 余人参会。

东北亚地区地方政府联合会成立于 1996 年 9 月。目前有中国、日本、韩国、俄罗斯、朝鲜、蒙古 6 个国家的 77 个省级地方政府会员，涵盖 6.65 亿人口。中国有安徽、黑龙江、河南、湖北、湖南、陕西、吉林、内蒙古、宁夏、山东、山西共 11 个省为联合会正式会员地方政府，甘肃、辽宁、天津 3 个省市为观察员地方政府。山西省于 2007 年成为联合会观察员，2016 年 9 月成为正式会员及能源气候变化专门委员会协调员地方政府。

山西省外事侨务办主任武绍忠主持会议，时任山西省委常委、常务副省长林武，东北亚地区地方政府联合会秘书长洪钟庆出席会议并致辞。会议主题为"低碳、高效、分享、共赢"。我应邀在会上作了"实施能源革命战略，促进绿色低碳发展"主题演讲，分析了国内外能源发展状况、中国能源革命实践和成效、山西打造能源革命排头兵实践、低碳发展培育经济增长新动能，以及低碳发展引领能源革命对策等。

图 8.3.8　在东北亚地区地方政府联合会能源气候变化委员会
会议发表演讲

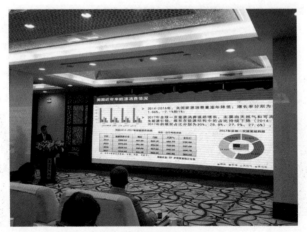

图 8.3.9　演讲进行时

清华大学"气候变化大讲堂"

2018年10月9日,"气候经济学之父"、英国知名经济学家尼古拉斯·斯特恩教授受清华大学气候变化与可持续发展研究院邀请,在清华大学"气候变化大讲堂"发表"揭开21世纪包容性增长的故事:加速气候行动刻不容缓"主题演讲,并互动交流。我作为清华大学特邀嘉宾和斯特恩教授好友参加演讲和对话。

尼古拉斯·斯特恩是伦敦政经学院教授,2006年主持发布的《斯特恩报告》将气候变化这一科学问题与政治经济结合起来,加速了全球应对气候变化的步伐。由斯特恩教授担任共同主席的全球经济与气候变化委员会发布的《新气候经济报告》是对全世界气候进程有重大影响的报告。

全球经济与气候变化委员会共同主席、尼日利亚前财政部长 Ngozi Okonjo-lweala 女士,瑞典驻华大使 Anna Lindstedt,科技创新参赞 Nannan Lundin 博士,气候经济项目主任 Helen Mountford,城市转型联盟主任 Nick Goodfrey,德国亚琛大学著名能源教授 Manfred Wirsum,世界资源研究所主任 Leo Horn-Phathanothai,国家气候变化专家委员会主任、科技部原副部长刘燕华,国家气候变化专家委员会副主任、清华大学气候变化研究院学术委员会主任何建坤教授,清华大学公共管理学院教授齐晔,中国能源研究会常务副理事长周大地教授,中国气象局科技与气候变化司副司长高云,中国电力企业联合会专职副理

图 8.3.10　参加清华大学"气候变化大讲堂"合影

事长王志轩等中国和世界顶级气候变化专家学者，中国国际电视台著名主持人田薇，以及清华大学师生 300 余人参加。

斯特恩教授分享了他的最新研究成果，分析了加速气候行动的社会政治经济意义。在特别讨论环节，尼日利亚前财政部长、全球经济和气候委员会共同主席 Ngozi Okonjo-Iweala 女士，清华大学气候变化与可持续发展研究院学术委员会主任何建坤教授，国务院参事刘燕华先生还与斯特恩教授一起围绕气候应对与治理的关键问题展开了建设性讨论。

09

志同气和
谈笑风生

谈笑有鸿儒，往来无白丁

第九章
志同气和，谈笑风生

在生命的长河中，重要之人寥寥，其一是家人，另一者则是朋友。众人皆知，生命短暂，但正因为这些重要之人的存在，我们的人生才变得有价值，变得更加丰富多彩。关于朋友，我曾十分向往刘禹锡《陋室铭》中所描述的"谈笑有鸿儒，往来无白丁"的生活。而后又读到《诗经》中的"瞻彼淇奥，绿竹猗猗。有匪君子，如切如磋，如琢如磨。瑟兮僩兮，赫兮咺兮。有匪君子，终不可谖兮"，则更加期待一位志同道合的君子出现。

有一志同道合之人已是人生之一大幸事矣，而吾有四幸。一幸乃两问金融"大鳄"，茅塞顿开，得人生之真谛；二幸乃获名师指点，珍惜倍至，望三晋之前景；三幸乃传递一真实山西，化疑解惑，赢合作之良机；四幸乃结识一志同道合中人，重塑能源，迎当今之难题。

第一节　两问大鳄，豁然开朗

2009 年 6 月 11 日，号称"金融大鳄""冷血杀手"的投资界天才乔治·索罗斯应北京大学光华管理学院时任院长张维迎教授的邀请来到中国，并接受中央电视台财经频道《对话》栏目专访。我满怀期待地前往现场一览这位传奇人物的"庐山真面目"，并在参加访谈后获得机会与其进行单独交流，收获颇多，借此机会与诸位同享。

当天，众多学者提前到达会场等待着这位著名金融界天才的到来。每位与会者都充满了期待，"为什么他既是'金融杀手'，又是慈善家""他对中国的金融市场如何看待"等一系列问题环绕在大家心间，希望能得到这位"大鳄"的逐一解答。满怀期待中，乔治·索罗斯来到我们身边，开始了"五问'金融大鳄'"专访。精彩讨论就此开始，数小时中，索罗斯对他当年做空"英镑"给予了解释，同时对格林斯潘的行为作出了评价，最后表达了对中国金融市场的期许。此番慷慨洋溢之词解开了人们心中的谜团，还激发了现场观众的热情，借此机会纷纷向这位具有传奇色彩的天才提出了心中疑问，我也将多年沉积内心的疑问向索罗斯先生提出。

我问道："别人都说您是'金融大鳄'，而鳄鱼在中国是不吉祥的动物、是怪物，您怎么看待？"这样一个苛刻问题摆在了他面前。索罗斯慢慢道来："我很想成为动物，因为他们有四条腿；人类只有两条腿，如果我能像动物们一样在丛林里爬行的话，那样我的腰就不会疼了。"一番诙谐幽默的话语化解了此类难题，也让我感受到了"大家"风范。此后，索罗斯追问道："你知道我为什么会腰疼吗？"我笑着表示自己无从得知，他继续发表了以下颇有哲理的言论。"在丛林中，动物们会面对不确定性，他们会遇到比自己强的'天敌'，也会碰见弱者，所以出行时处处小心成为常态，但四肢爬行的特点能够为他们分解压力。其实，我们此时也面临着与他们一样的境遇。在金融市场中，不确定性是一个客观事实，尽管通过现在的技术，我们可以预测，但是风险难以量化，并且不可消除，因此我们也需处处小心，时刻关注市场中的动态，这样一个观窥姿势也就让我落下了腰疼的毛病。"玩笑之间，却透露着一位哲学家的智慧。生活中，我们时常面临着不确定性，任何人都无法准确预测未来，正是这种未知，才使得人生充满乐趣。预期与现实的结果一致必然欣喜，相悖想必有一丝失落之感，但同时又会激发我们昂扬的斗志，继续向前，不断探索，跌宕起伏的人生才是完整的。面对这不确定的未来，我们不应放任自流，置之不理，而应"处处小心"，不断努力，时刻关注相关动态，基于有限信息做出最佳决策。

图 9.1.1　索罗斯演讲中

精彩讲演之后，我继续发问："一直以来，外界对您的评价都饱受争议，您是否认为自己做空'英镑'的行为不道德呢？"索罗斯答道："其实在此之前，英国自身的监管机制出现了问题，只是他们没有发现罢了。而我却通过自己行动去让他们发现自身监管中所存在的巨大漏洞，尽管对方损失惨重，但是也可以从中发掘问题并不断修正。从这个角度来看，我虽然赚到很多，但同时，也像啄木鸟一样，在推动他们完善监管机制，以避免未来发生更大的损失，所以你还会觉得我不道德吗？"一句反问，一丝诙谐，一种睿智，实则让人钦佩，仔细斟酌，又引发我陷入思考之中。"政府监管与自由市场的关系"一直是经济学界乃至全社会所讨论的永恒话题，"管制"还是"放任"，各派专家持有不同观点，数百年来引发了多次争论，但都以"未果"而告终。古典主义经济学家坚信"市场是万能的，它可以自己进行修复"，但是事实证明政府如果不进行管制或者力度不够都会造成巨大灾难。索罗斯的一番见解完美诠释了政府与市场之间的关系，两者不应相互对立，自成一体；而应相互扶持，共同促进社会发展。在此之后，我不断思考政府职能的作用并将其运用到自身工作中。

索罗斯的一席话使我深受启发，面对未来的不确定性，我们需要竭尽所能搜集一切有益信息，从而做出最佳决策。面对瞬息万变的市场，政府不可坐视不管，必要时进行适度管制，从而保证其运行的稳定性。

第二节　登高望远，豁人耳目

气候变化是当下世界各国关注的重点，美国作为"超级大国"也十分关注此类问题，多措并举以期应对气候变化，控制温室气体排放。碳市场的出现为解决这一问题提供了新的渠道，相关交易所应运而生，如芝加哥气候交易所。芝加哥气候交易所是全球首家、也是北美唯一的气候交易机构，以自发和法律约束相结合的温室气体减排、注册和交易机制而闻名于世。理查德·桑德尔博士是美国著名金融家，师从诺贝尔经济学奖获得者罗纳德·科斯，是改变世界金融历史的利率期货的发明人。他还是美国芝加哥气候交易所的创始人、主席兼首席执行官，也是西北大学 Kellogg 管理学院的研究教授以及北京大学光华管理学院国际顾问委员会的成员。他一直致力于碳减排方面的工作，既是国际"金融期货之父"，更是国际"碳交易之父"，2007 年 10 月，他又被《时代周刊》誉为环保英雄。他的著作《衍生品不是坏孩子》影响全球。

2010 年 1 月 15 日，中国企业家论坛——北京大学光华管理学院 CEO 圆桌会议在北京大学光华管理学院新楼举行，此次的演讲嘉宾正是桑德尔博士。圆桌会议为中国企业家论坛和北京大学光华管理学院联合推出的"定期研讨会"，每次邀请 2 位国内知名企业家或经济学家作为主讲。会议曾邀请过美通无限公司董事长、中国宽带产业基金董事长、国家统计局总经济师等，他们均围绕创业历程、经济发展等方面发表自己的见解。这些都局限于国内，桑德尔博士的到来为我们拓宽了视野，放眼至美国及世界。相较于以往，此次会议的意义更加重大，国内众多知名企业家和政府相关部门的中高层领导均慕名参加，我也应邀前往北京参会。会议主要围绕美国碳排放测量、碳减排技术、中美低碳科技方面的交流合作等方面进行交流。桑德尔博士介绍了自己近年来在低碳方面所做的工作，并慷慨地分享了自己的宝贵经验。而后在提问环节，他仔细聆听每个问题，并逐一答疑解惑。

我就自己较为关注的布什政府退出《京都议定书》之后，美国应对气候变化工作推进路径问题进行提问："布什政府当时提出另外一个路径——碳封存，这是与《京都议定书》不同的内容，请问未来美国有没有可能加入《京都议定书》，或者是碳封存与《京都议定书》哪个更有发展前景？"

桑德尔博士认为这个问题十分值得我们去研讨和分析，他回答道："关于碳封存的问题，我从1991年开始研究，直到1997年联合国都没有考虑碳封存方法的使用。无论是现在的，还是以后的《京都议定书》时代，联合国有可能改变其过去的规则。关于美国是否会加入《京都议定书》，我认为美国不太可能正式加入，但是会保证其总量控制与排放交易的控制，通过核证自愿减排量与全世界其他的市场进行联系，我相信在20年内，欧洲、北美、中国、印度甚至巴西都会建立总量控制和排放交易的市场，这些市场是相对独立的，但又可以通过市场间的套利产生联系。"的确，时至今日，美国依旧未加入《京都议定书》，同时还于2017年6月退出《巴黎协定》，或许正如桑德尔博士所说，美国更倾向于采取自愿方式和市场激励手段。

图 9.2.1　参加圆桌会议的桑德尔博士

会后与桑德尔博士交流时，我提到山西省曾经与美国 RFF 公司和亚洲开发银行做过二氧化硫排污权交易的研究，在应对气候变化方面具有一定的实践经验。随后，我又向桑德尔博士介绍了山西省低碳发展的具体情况。他十分惊讶于我们的成就，并对山西省的项目产生了浓厚兴趣，主动提出若我们有需要，可以随时联系他们在中国的合资企业进行合作。桑德尔博士与参会人员的交流，使我对碳交易、美国低碳发展情况等有了更多认识，同时使我了解企业层面在低碳领域的关注焦点，视野逐渐开阔，思维不断活跃，也为今后更好开展山西省应对气候变化工作提供了借鉴，正可谓"青山缭绕疑无路，忽见千帆隐映来"。

第三节　勠力同心，合作共赢

气候变化问题已成为当今世界关注的焦点，各国均采取行动来迎接这一巨大挑战。美国也进行了多方面的努力，同时关注全球的低碳发展事业。2002 年，美国杰克逊侯全球事务中心成立，它位于美国西北部怀俄明州，致力于集政府部门、企业、个人三方之力共同商讨解决气候变化问题之良策。自 2003 年以来，在《中美清洁能源倡议》框架下，该中心与山西省在清洁能源、环保、采煤安全、清洁发电、煤层气开采利用、碳捕集封存等领域开展了深入的交流合作。

2016 年 9 月，为进一步促进山西省与美国杰克逊侯全球事务中心在应对气候变化和低碳发展等方面的交流合作，我和杰克逊侯全球事务中心总裁戴维·温特一行举行会谈。温特先生一直以来致力于全球经济和社会发展方面的政策研究计划，近年来更是发表出版了许多关于全球能源政策的文章。可见温特先生也具有"先天下之忧而忧，后天下之乐而乐"的远大抱负。

我与戴维·温特先生已是老朋友。2003 年 10 月，应美国杰克逊侯全球事务中心总裁戴维·温特邀请，我随山西省代表团赴怀俄明州杰克逊侯参加美国国务院和中国科技部联合主办的首届中美清洁能源倡议论坛。美国助理国务卿特纳和中国科技部秘书长石定寰主持论坛，我参会并作了"亚行赠款二氧化硫排污权交易项目进展"演讲，由此与戴维·温特先生相识。

图 9.3.1　会见远道而来的温特先生

此后，2004—2012 年，戴维·温特先生多次组织美方代表团访问山西，促成双方签署山西省政府和怀俄明州政府清洁能源伙伴关系备忘录，共同举办中美清洁煤技术研讨会等。他出席"2015 太原能源低碳发展高峰论坛"，参观了杜儿坪矿煤层气发电厂。戴维·温特先生的每次出访都能为山西省带来一定的合作项目，协助当地更好地开展低碳发展工作。他对山西的关注令我感动，我怀着一份敬重之情期盼着他的到来。9 月 20 日，我与戴维·温特先生再次进行了会谈交流。

图 9.3.2　与温特先生交流中

山西省一直以"煤都"之称闻名于世界，其实当地除丰富的煤炭资源外，也拥有大量的可再生能源，如风能、太阳能等。我详细地向温特先生介绍了本地情况，以使他了解一个真实的山西。会议开始后，我直入主题，说："温特先生，非常感谢您在百忙之中前来山西省进行考察，您海纳百川的气魄值得崇敬，同时您敏锐的眼光也使人钦佩。当然，我很高兴地告诉您，您选择山西省进行合作的这个决定是十分睿智且正确的，同时这也是我们莫大的荣幸。下面，请允许我介绍一下理由：第一，山西省是'华夏文明之根'，拥有五千年文化的积淀，可以说，如果外国朋友来中国却没有到山西，可谓一大憾事。此外，山西风景秀丽，具有十分丰富的旅游资源。第二，众所周知，山西省是能源大省，煤炭资源尤其丰富，但同时我们其他能源也十分充裕，有很大的开发空间。目前，山西省已经在很多方面卓有成效，如煤层气的推进、光伏能的开发等。第三，低碳发展是山西省的必然选择，目前我们已经推动了一系列应对气候变化项目的实施，如应对气候变化立法、温室气体排放控制等。此外，山西省也正在努力推动 CCUS 的开展。总之，山西省具有多方面的优势，但是我们也面临着诸多困难，如技术匮乏、资金短缺等，因此，希望能与贵中心合作，共同应对气候变化。"

　　戴维·温特先生对我所说的内容十分感兴趣，表示出强烈的合作意愿。"中国，一个具有五千年历史的东方古国，博大精深的文化令人心驰神往。而山西作为华夏文明的发祥地，风景秀美，资源极其丰富，具有很大的发展潜力，这也是我来到贵省考察的一个很重要的原因。通过走访参观以及您刚才的介绍，又进一步加深了我对山西省的认识。近年来，贵省在应对气候变化方面所做的工作是有目共睹的，取得的成就世界瞩目，目前技术、资金上的困难只是暂时的，我方愿意与你们进行合作，协力发展 CCUS、风力发电、旅游项目等。杰克逊侯全球事务中心愿意发挥优势，加强合作，相信通过我们的共同努力，山西省的低碳发展之路会越走越远，气候变化这一大人类难题也能逐步得到解决。"温特先生如是说，而后，我们一同展望了双方在应对气候变化领域的合作意愿和合作前景。

图 9.3.3　会谈后合影

　　就如《诗经》中所说："岂曰无衣？与子同袍。王于兴师，修我戈矛，与子同仇！岂曰无衣？与子同泽。王于兴师，修我矛戟，与子偕作！岂曰无衣？与子同裳。王于兴师，修我甲兵，与子偕行！"此次交谈，使山西省与美国杰克逊侯全球事务中心进一步确立了良好关系，从此共同前行，一起应对气候变化这个全人类的挑战。相信"人心齐，泰山移"，在众多力量的推动下，山西省乃至全球可以变得"山更青，水更绿"。

第四节　重塑能源，共筑未来

　　我同卢安武教授的缘分始于 2015 年，结识于哈佛大学肯尼迪政府学院，多次的头脑风暴与研讨会加强了我们之间的关系，加深了彼此之间的了解，建立了良好的友谊。

　　卢安武教授是美国著名能源专家，美国落基山研究所联合创始人、首席科学家、董事长，曾荣获美国《时代周刊》"100 位最具影响力的人物"和《外交季刊》"100 位最具思想的思想家"的称号。自 1973 年起，他在包括中国在内的超过 65 个国家担任政府和大型企业的能源顾问，同时他也是一位超能效建筑、交通工具和工厂的综合设计者。2013—2015 年，他与中国国家发展和改革委员会所属能源研究所专家学者们共同开展了有关中国能源未来发展的研究。在 2015 年 6 月访华期间，卢安武博士曾受到李克强总理的亲切接见，并在由中国国际交流中心举办的"第四届全球智库峰会"上发表题为"2050 中国能源消耗会和今天持平"的演讲。卢安武教授还特地来到太原看望我，邀请我去落基山研究所参观，并为他的团队做演讲。卢安武博士在世界范围内颇具影响力，且他时刻关注中国的能源问题与低碳发展，相同的追求促使我们成为一生的挚友。

2017 年 5 月，在卢安武教授的多次邀请下，我来到美国科罗拉多州巴索尔特的落基山研究所总部。落基山研究所是世界知名顶级能源智库，以推动全球能源变革，创造清洁、安全、繁荣的低碳能源未来为己任，致力于借助经济可行的市场化手段，加速能效和可再生能源取代化石燃料的能源结构转变，拥有全美能效最高的办公大楼。在到达的当天，卢安武教授向我赠送了其著作《自然的资本主义》和《重塑能源：新能源世纪的商业解决方案》，并题写了"赠武东升教授：自然的资本主义，资本的自然主义。朋友和导师，共同创造我们期盼的世界"。《自然的资本主义》和《重塑能源：新能源世纪的商业解决方案》被翻译成多种语言在全球发行，风靡世界。美国前总统克林顿、前国务卿舒尔茨、壳牌石油公司总裁奥德姆等为其作序。我向卢安武教授回赠了我在哈佛大学肯尼迪政府学院网站发表的《中国的低碳革命》论文。

图 9.4.1　卢安武教授赠书《重塑能源》

落基山研究所为我举办了专场演讲会，我发表了"交通转型与中国城市低碳发展"（Communication Mobility and Low-Carbon Development in Chinese Cities）专题演讲，也回答了卢安武教授的那两个问题，期望得到多方面关注，一同为全球的低碳事业贡献一份力量，竭尽所能地为子孙后代创造宜居的生活环境。演讲会由董事长卢安武教授亲自主持，落基山研究所纽约代表处、华盛顿特区代表处、博尔德代表处、北京代表处等全球办公室通过视频形式参加。卢安武教授的言行令我十分钦佩，因此我更加珍惜此次与众多学者交流的机会。

图 9.4.2　与卢安武教授学术探讨中

面对气候变化这一大世界难题我们该怎么做？如何才能无愧于我们的子孙后代？我打趣道："Amory 先生的中文名叫卢安武，我们的名字里同有一个'武'字，因此我们都很有力量，很勇敢地去面对人类的一大难题——气候变化。地球是我们赖以生存的家园，现在是，未来也是，子孙后代还得在此繁衍生息。为无愧于他们，我们应该携手面对这些挑战，开启低碳生活，还他们一个山清水秀的美好未来。目前，中国已经做了许多努力，我将以华夏文明之源——山西省的低碳实践为例，分享我们的经验与观点，希望诸位多多指教。同时，我也诚挚地邀请在场的各位专家前往山西感受中华文化。在中国，有这样的一句俗话'一千年文明看北京，三千年文明看陕西，五千年文明看山西'，期盼各位能光临我的家乡。"紧接着，我从中国的低碳发展行动和成就、山西经济社会发展的历史和现状、太原交通转型的政策和实践等方面，以太原电动出租车和公共自行车项目为案例，系统剖析并阐述了交通转型和中国城市的低碳发展，独特见解和"太原绿都模式"引起了与会专家学者的强烈共鸣。

图 9.4.3　在美国落基山研究所发表"交通转型与中国城市
低碳发展"专题演讲

10

低碳发展
前瞻思考

千淘万漉虽辛苦，吹尽狂沙始到金

第十章
低碳发展，前瞻思考

"飒飒西风满院栽，蕊寒香冷蝶难来"，该境况岂不悲壮？低碳发展，迫在眉睫，但此路漫长又坎坷，行路之难，难于上青天。尽管前方荆棘密布，但也不能阻挡"低碳人"前进的步伐。

中华民族发扬其一贯的坚韧品质，迎难而上，高度重视应对气候变化和低碳发展，科学把握未来发展趋势，绿色转型指日可待。作为华夏文明之源的山西省是中国能源和重化工基地，同时也属于欠发达地区，因此"低碳"和"发展"成了当下的主旋律，两难困境也让我们面临了更多挑战。为此，我们沉心静气，溯本求源，开拓创新，以期迎来"冲天香阵透长安，满城尽带黄金甲"之势。

第一节　碳排达峰，五步合力

在 2009 年 12 月 7—18 日，哥本哈根世界气候大会召开，低碳经济成为世界经济的发展趋势，"低碳经济""低碳技术"日益受到世界各国的普遍关注。作为一种以低能耗、低污染、低排放为基础的新的经济模式，低碳经济是人类社会继农业文明、工业文明之后的又一次重大进步。发展低碳经济是在气候变化大背景下，全球正在经历的一场经济和社会发展方式的重大变革。

对于中国而言，大力发展低碳经济不仅是承担国际责任所需，而且是转变经济发展方式、实现可持续发展的必然选择。它对我国现有发展模式提出了重大挑战，同时也为我国实现经济方式的根本转变提供了难得的机遇。中国作为世界第二大经济体，在创造世界瞩目的"中国奇迹"，促进经济增长的同时，生态环境也遭受了严重破坏。传统的高碳发展路径已经不可持续，低碳发展是在新常态下国家发展战略的深层次转变，是国家转型、全球治理改革的重大契机。

低碳发展是改变经济发展方式、提升经济增长质量和效益的内在需要。尽管在今后很长一段时间内，支撑中国经济还需要依靠传统产业，但它要改造、要升级、要切实践行绿色发展理念。同时，要积极发展战略性新兴产业以及生产性服务业，创造新的经济增长点，提升经济增长质量和效益。

低碳发展旨在落实新的发展理念，满足建设生态文明的长期需要。只有贯彻低碳发展、绿色发展理念，抓重点、补短板、强弱项，推动生态文明建设，才能顺应新的经济发展潮流。这既是生态文明建设的必由之路，也是实现经济可持续发展的根本保障。

低碳发展是我国抢占国际低碳技术、产业制高点的战略选择。只有早谋划、早布局，通过加快低碳发展、提升低碳技术自主创新能力，积极参与国际低碳规则、政策、标准制定，积极开展低碳核心技术研发和产业化应用，才能在新一轮的国际低碳技术和产业的发展格局中占领制高点，形成低碳产业竞争优势，提升我国在全球低碳发展潮流中的话语权和影响力。

低碳发展是我国参与全球治理、提升国际话语权的客观要求。作为全球第二经济大国和第一温室气体排放大国，我国面临的减排压力不断增大。低碳发展不仅是一个发展模式的转变，同时也是一个国际发展新秩序的制度安排。世界各国都试图引领时代发展潮流，占领道义制高点，把低碳发展作为构建国际政治经济新秩序、参与全球治理的重要角力点。

中央政府高度重视应对气候变化和低碳发展，国家相继出台系列相关重要文件，提出国家中长期低碳发展目标，政策和管理体系逐步形成，气候变化工作持续推进，低碳试点逐年扩展，碳交易试点稳定进展，国际合作稳步扩展。低碳转型，大有可为。

2014年11月，习近平主席同奥巴马总统举行会谈。两国元首就加强双边、地区和全球会谈层面合作达成多项重要成果和共识。中美双方共同发表了《中美气候变化联合声明》，宣布了各自2020年后的行动目标。美方承诺到2025年努力减排26%～28%。中方承诺2030年左右二氧化碳排放达到峰值且将努力早日达峰。

2020年9月22日，在第七十五届联合国大会一般性辩论会议上习近平主席再次发表讲话，他表示这场疫情启示我们，人类需要一场自我革命，加快形成绿色发展方式和生活方式，建设生态文明和美丽地球。人类不能再忽视大自然一次又一次的警告，而沿着只讲索取不讲投入、只讲发展不讲保护、只讲利用不讲修复的老路走下去。应对气候变化《巴黎协定》代表了全球绿色低碳转型的大方向，是保护地球家园需要采取的最低限度行动，各国必须迈出决定性步伐。各国要树立创新、协调、绿色、开放、共享的新发展理念，抓住新一轮科技革命和产业变革的历史性机遇，推动疫情后世界经济"绿色复苏"，汇聚起可持续发展的强大合力。2020年12月12日，习近平主席在气候雄心峰会上通过视频发表题为"继往开来，开启全球应对气候变化新征程"的重要讲话，倡议开创合作共赢的气候治理新局面，形成各尽所能的气候治理新体系，坚持绿色复苏的气候治理新思路，并进一步宣布中国国家自主贡献一系列新举措。2030年，中国单位国内生产总值二氧化碳排放将比2005年下降65%以上，非化石能源占一次能源消费比重的25%左右，森林蓄积量将比2005年增加60亿立方米，风电、太阳能发电总装机容量将达到12亿千瓦以上。中国历来重信守诺，将以新发展理念为引领，在推动高质量发展中促进经济社会发展全面绿色转型，脚踏实地落实上述目标，为全球应对气候变化做出更大贡献。为保证碳中和目标的如期实现，还可以借鉴欧盟等提出的公平转型机制，解决低碳转型中的社会资源分配问题，为长期减排行动提供稳定的社会保障。

作为一个长期从事低碳工作的碳路者，我认为实现碳排放达峰目标的战略步骤如下：

一是推动不同区域分步达峰。不同地区经济发展水平不同，工业化、城镇化进程处于不同的阶段，对于能源和高耗能产品的需求程度不一，对不同区域要有不同的要求。按照经济发展水平，首先，推动东部沿海地区和中西部先进城市实现发展的转型，在 2030 年前率先达峰，并逐步实现绝对减排。其次，要求全国大部分地区在 2030 年前达峰。最后，支持部分经济欠发达地区稳步发展，允许其在 2030 年后达峰。

二是推动不同部门和行业分步达峰。部门和行业是推动我国经济发展和碳排放逐步脱钩的关键影响因素。特别是钢铁、电力、化工、交通、建筑等高碳行业，对于全国碳减排目标的早日实现贡献率极高。政府部门要为重点行业更好地实现碳减排创造有利条件，要深化经济领域的体制和机制改革，大幅度降低融资成本、基础设施服务成本和交易成本，帮助企业释放发展的内在活力，同时要根据各行业的不同特点设定有区别的目标。在此基础上，要求钢铁、建材、化工等重点行业碳排放率先达峰，并逐步实现绝对减排，为其他行业的发展留出空间；在逐步提高城乡居民生活质量的前提下，推动建筑领域和交通领域尽早达峰。

三是推动高碳能源消费尽早达峰。高碳排放，归根结底是由于高化石能源消耗，如果不能实现能源低碳化，则无法从根本上解决碳排放量居高不下的问题。能源低碳化总体上来说包含两方面的内容：一是"开源"，用清洁低碳的能源来替代传统不清洁的高碳能源，从源头上减少二氧化碳的生成；二是"节流"，鉴于我国多煤的资源现状，短时间内能源结构不会发生根本性转变，这就要求我们加大碳减排技术的科研力度，同等能源条件下进一步减少碳排放量。通过加快能源消费革命、生产革命、技术革命、体制革命和国际合作的进程，全面推进能源系统低碳转型。争取煤炭消费总量在 2020 年左右达峰，石油消费在 2030 年左右达峰，为非化石能源和天然气等低碳能源发展留出空间。

四是推动消费方式的低碳转型。人类活动对温室气体排放具有重要影响。政府作为领导者，要积极引导提倡低碳消费，培育公民的低碳意识，推行简约生活方式，积极营造低碳消费的整体氛围，同时要考虑企业和居民两大主体：企业是推行低碳消费方式的中坚力量，只有企业提供了低碳绿色的产品，才能使居民在消费时有所选择，提供坚实的物质基础；公民是推行低碳消费方式的主体，公民的消费偏好在很大程度上影响市场风向。要提倡人们在满足基本权利的基础上，尽可能减少资源浪费，在追求物美价廉的同时，考虑产品本身的能耗和污染。

结合当前的实践和 2030 年前碳排放达峰的目标，我认为应对气候变化工作需要多管齐下，多措并举。首先，法律保障是前提，要尽快健全和完善低碳发展相关法律法规体系，完善辅助性法规及实施细则，做到应对气候变化工作有法可依。其次，人才创新是根本，要营造良好的低碳技术创新环境，加强对低碳技术创新人才的培养和引导，健全低碳技术创新合作机制。再次，规划引领是方向，要提升低碳发展相关规划的科学性、前瞻性、合理性，发挥规划引导作用。最后，组织协调是推力，要健全完善政府推进低碳发展组织协调机制，切实转变传统政府管理模式，推进政府职能转型，构建低碳发展组织保障。

中国当前走低碳经济之路，存在着各种各样的困难，如资金、技术、市场、发展模式等因素的制约。面对困难，我们一定要认清形势，坚定信心，科学决策，不断探索，努力把发展低碳经济作为推动经济良性发展的新引擎。

第二节　低碳革命，九措并举

自担任应对气候变化处处长以来，我一直致力于构建山西省应对气候变化能力管理体系和技术支撑体系，以推动山西省的低碳发展。我清楚地意识到，气候变化归根结底是发展问题，排放空间是比土地、资本、劳动力等更加稀缺的资源。在新常态下，低碳转型对于经济可持续发展至关重要，既要实现低碳发展，又要以此为动力促进经济增长。山西实施低碳发展战略，必须将其现实经济特征与历史上对煤炭资源产业的高度依赖结合起来。

2017 年 3 月，我的论文 *Low-carbon Revolution in China* 在哈佛大学发表，哈佛大学著名教授、环境和资源项目主任亨利作序，并评价此论文"专注于能源、环境议题，阐述了在该领域的真知灼见。论文极具价值，不仅在于它为美中两国的官员和学者提供了对这些议题的更好的理解，还在于它提供了有助于两国正在进行的政策辩论的重要问题的观点"。论文引发国内外广泛关注，许多高校和机构纷纷转载。国家发展改革委原副主任、中国气候变化事务特使解振华称赞，"这是贯彻习总书记指示、向国际社会传递中国声音、讲好中国故事的成功典型"。《山西日报》以"山西低碳发展经验享誉国际学术界"为题进行了专题报道。以下为论文中译版全文。

中国的低碳革命（中译版）

气候变化是全人类面临的共同挑战。科学研究和观测数据表明，全球气候正在发生以变暖为主要特征的变化，且速率不断加快，人类活动是其主要原因。气候变化导致冰川和积雪融化加速，水资源分布失衡，生物多样性受到破坏，灾害性气候事件频发，威胁经济社会发展和人类健康。

中国人口众多，人均资源禀赋较差，气候条件复杂，生态环境脆弱，是易受气候变化不利影响的国家。气候变化关系中国经济社会发展全局，对维护中国经济安全、能源安全、生态安全、粮食安全以及人民生命财产安全具有重大意义。积极应对气候变化，加快推进绿色低碳发展，既是中国实现可持续发展、推进生态文明建设的内在要求，也是加快转变经济发展方式、进一步优化增长模式、推进新型产业革命的重大机遇。

气候变化作为全球性问题，需要国际社会携手应对。1992 年，全球 150 个缔约国在巴西里约热内卢一致通过了《联合国气候变化框架公约》。该公约是世界上第一个通过全面控制二氧化碳等温室气体排放，以应对全球气候变暖给人类经济和社会带来不利影响的国际公约，构建了国际社会在应对全球气候变化问题上开展国际合作的基本框架。2015 年 11 月 30 日至 12 月 11 日，在巴黎北郊布尔歇展览中心举行的第 21 届联合国气候变化大会达成了具有法律约束力的应对气候变化《巴黎协定》。作为人类应对气候变化的"又一关键里程碑"，该协定以"自下而上"、自主贡献的方式创新了应对气候变化行动机制，将更多国家纳入全球气候治理体系框架，进一步提升了全球应对气候变化的行动力度。以中国为代表的发展中国家提出了强有力的减排目标和具体措施，赢得了国际社会广泛赞誉。各缔约国均期待按照共同但有区别的责任原则、公平原则、各自能力原则，积极开展绿色低碳行动以应对气候变化。

伴随着全球气候行动日益加速，中国政府应对气候变化工作也不断加力。2012年11月8日，在北京召开的中国共产党第十八次全国代表大会拉开生态文明建设大幕，强力推动"绿色发展、循环发展和低碳发展"。2013年11月召开的中国共产党第十八届中央委员会第三次全体会议推出了一系列生态文明建设的制度性安排，促使低碳发展上升为国家战略。2015年6月30日，中国向联合国气候变化框架公约秘书处提交《强化应对气候变化行动——中国国家自主贡献》，确定2030年左右二氧化碳排放达到峰值并争取尽早达峰，单位国内生产总值二氧化碳排放比2005年下降60%～65%，非化石能源占一次能源消费比重的20%左右。2015年10月29日，中国共产党第十八届中央委员会第五次全体会议明确提出实现生产方式和生活方式绿色、低碳水平上升以及碳排放总量得到有效控制等目标。在应对气候变化战略不断强化、控制温室气体排放目标不断明确的同时，全国碳排放权交易市场建设进程也不断加快。

1 山西省经济与碳排放状况

作为中国能源和重化工基地，山西形成了典型的资源型经济发展模式。能源资源富集的优势，既为区域经济发展带来辉煌，也使山西逐步滑入"资源优势陷阱"之中，产业单一、环境恶化、高耗能高碳排放、后续发展能力匮乏等资源型经济痼疾日益显现。

1.1 山西省高碳排放影响因素解析

1970年Ehrlich和Holdren等学者提出IPAT恒等式（I=P×A×T），用于表示经济发展对环境的影响。IPAT恒等式认为人类活动导致的环境问题（I）是人口（P）、富裕度（A）和技术（T）等因素综合作用的结果。1990年，YoichiKaya学者在IPAT恒等式的基础上提出Kaya等式，刊载在IPCC工作报告中，将二氧化碳排放的影响因素归纳为单位能耗二氧化碳排放强度、能源消费强度、人均 GDP 和人口等四个因素。

对于山西而言，经济规模总量的扩张是碳排放总量持续高速增长的最主要原因，能源消费结构、产业结构等则是其关键影响因素。本文接下来围绕这些因素，对山西高碳发展原因进行具体剖析。

1.2　经济较快增长，碳排放总量快速增长

1979 年以来，中国经济社会飞速发展，人民生活发生质的变化。随着经济体制逐步放活，山西经济发展表现出良好的增长态势。从 2000—2014 年的十几年中，山西省 GDP 总量从 2000 年的 1 845.72 亿元跃升为 2014 年的 1.28 万亿元，增长约 7 倍；人均地区生产总值从 2000 年的 5 722 元增长为 2014 年的 3.51 万元，增长约 6 倍。除受全球金融危机影响的 2008—2009 年和经济严重下滑的 2013—2014 年外，山西省 GDP 年均增速大部分时间保持在 10% 以上。

环境库兹涅茨曲线描述了经济增长与环境污染之间的倒 U 型曲线关系，主要表现为一个国家的整体环境质量或污染水平在经济发展初期随着国民收入的增加而恶化或加剧；当该国经济发展到较高水平时，环境质量的恶化或污染水平的加剧开始保持平稳，进而随着国民收入的继续增加而逐渐好转。具体而言，在国民收入达到"拐点"之前，收入每增加 1%，某些污染物增加幅度会超过 1%；在"拐点"之后，某些污染物的下降幅度会超过收入的增长幅度。因为山西经济发展水平还未达到"拐点"，碳排放总量一直随着经济发展而增加。据初步测算，2014 年全省化石能源消费产生的二氧化碳排放量约为 2000 年的 3 倍多。不过，尽管二氧化碳排放和经济增长之间有着强正相关关系，但自 2003 年以后这种关系开始弱化，山西省 GDP 增长速率逐步高于碳排放总量增长速率，呈现"弱相对脱钩"趋势，这主要得益于山西省在能源节约方面的努力。

虽然山西在碳排放强度降低方面取得了一定成效，但与广东、江苏、山东、浙江等省份横向比较仍然存在较大差距（见图 10.2.1）。山西省人均 GDP 一直低于全国平均水平，且自 2008 年起与全国平均水平的差距有增大趋势（见图 10.2.2）。根据美国橡树岭国家实验室二氧化碳信息分析中心发布的数据，发达国家人均二氧化碳排放和人均能耗达到峰值时已基本完成工业化和城镇化，人均 GDP 至少达到 1 万美元以上。与发达国家达到碳排放峰值时的经济水平比较，山西相差甚远，因此经济增长仍将是碳排放增长的重要贡献因素。

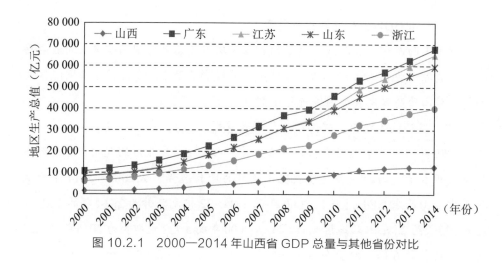

图 10.2.1 2000—2014 年山西省 GDP 总量与其他省份对比

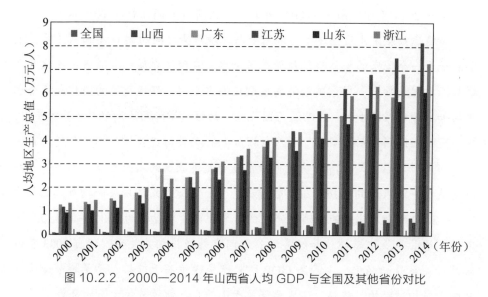

图 10.2.2 2000—2014 年山西省人均 GDP 与全国及其他省份对比

1.3 能源消费结构以煤为主，能源碳排放强度高

山西是中国最大的煤炭生产基地和火力发电基地之一。同时，作为能源输出大省，山西每年生产出大量的煤炭、电力等能源产品。据统计，自 1985 年起山西省煤炭生产量和输出量大幅增长（见图 10.2.3）；另外，2014 年的电力输出量相比 1985 年增长超过 35%（见图 10.2.4）。

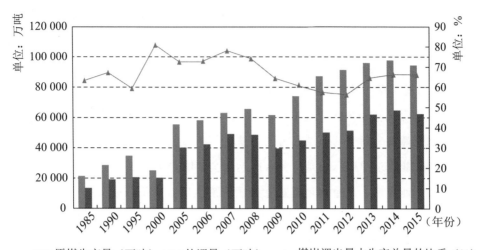

图 10.2.3　1985—2014 年山西省原煤生产与煤炭输出情况

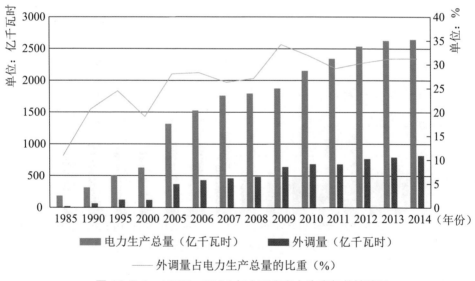

图 10.2.4　1985—2014 年山西省电力生产与外输情况

煤炭、电力两大行业为山西省国民经济的核心。1985—2005 年，煤炭占全省工业增加值的比重基本保持在 30% 左右，这一数字在 2008 年以后快速上升，2012 年则达 60% 以上。受国家煤炭消费总量控制政策的影响，2014 年比重有所回落，为 51% 左右。

随着全省经济社会发展，山西省能源消费阶段性特征十分显著：20 世纪

70年代至90年代初期，能源消费量呈现缓慢而持续增长态势，90年代中后期稳中有降，2000年以后重新进入快速增长期，但增长速度低于经济发展速度。尽管如此，山西仍然消耗了大量的能源，2014年单位GDP能耗为1.52吨标煤／万元，是全国平均水平的2倍多。

煤炭资源优势和依托煤炭形成的能源重化工等资源型产业，决定了山西省长期以来能源消费结构均以煤炭为主。根据《国家统计年鉴》中历史数据分析，山西省一次能源消费中，煤炭消费占比总体呈下降趋势，但仍然维持在90%左右；非化石能源所占比重远远落后于全国和发达国家水平。全省燃料煤消费中发电煤耗占比自2010年以来基本保持在60%以上，电力行业为全省燃料煤消费大户（见图10.2.5）。过度依赖煤炭的能源消费结构，造成全省单位能源消费的二氧化碳排放远高于国家平均水平。

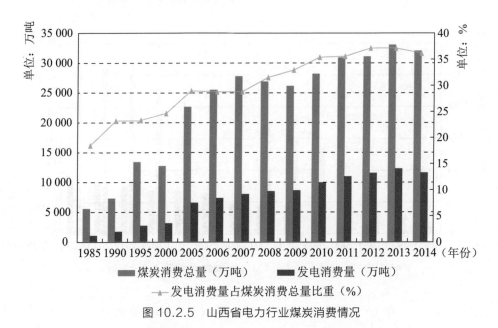

图10.2.5　山西省电力行业煤炭消费情况

1.4　产业结构重型化严重，工业部门成为碳排放重点

1949年以来，山西一直是全国重要的老工业基地。1953—1957年，在中国156项重点工业项目中，山西占据了18项。1958—1962年，中央政府继续加大对山西的投资，其间，山西形成了重型机械、铁路机车、军工、钢铁、化工、纺织、食品、电力、建材比较合理的工业格局。随着2000年左右中国经济进

入繁荣期，煤炭需求大涨，煤价攀升，山西迎来煤炭发展的黄金十年，大量资金进入煤炭产业，其他产业发展空间受到挤压。依托丰富的煤炭资源优势和国家经济发展对能源的大量需求，能源重化工基地建设战略成为山西发展的必然选择，并逐步形成了以煤炭、电力、冶金、化工、建材等重化工业为主的产业发展模式。

从三次产业间的比例关系来看，第二产业在国民经济中所占比重几乎均超过50%，高者甚至达到61.5%，远远超过全国平均水平。从第二产业内部来看，轻、重工业的比例也不尽合理，总体上工业重型化趋势较为明显。2000年山西工业增加值中，轻、重工业占比分别为11.8%和88.2%，此后重工业比重逐年上升，轻工业比重逐年下降，2014年，轻、重工业的比重分别为6.7%和93.3%。

从资源型产业增加值占工业增加值的比重来看，2014年山西工业增加值为5 068.71亿元，而资源型产业提供的工业增加值为4 844亿元，占工业增加值总量的95%。具体来看，煤炭采掘业占2014年山西工业增加值总量的比重高达51.75%，其次为电力热力、冶金以及炼焦，分别为10%、9.6%和4.3%。煤、焦、冶、电等四大资源型重化工产业增加值占工业增加值的比重高达75.65%。

重工业在山西经济发展及工业结构中占有绝对优势地位，初级化、重型化的产业结构使整体经济效益水平难以提高，以高耗能、高污染、高排放工业为主的产业结构给山西生态环境质量带来严重不良影响，工业部门产生的温室气体也成为最重要的碳排放源。据研究，工业部门二氧化碳排放量占全省二氧化碳排放总量的90%左右，其中火电和冶金两大行业占50%以上。

2　山西省低碳发展实践

中国在发展进程中高度重视气候变化问题。山西省在国家引导下，鉴于自身发展需求，积极开展低碳发展的探索与尝试。

2.1　开展低碳发展顶层设计

山西省出台了《山西省应对气候变化办法》，在全国率先以地方政府规章的形式规范应对气候变化工作；出台了《山西省"十二五"控制温室气体排放工作方案》《山西省低碳创新行动计划》《山西省应对气候变化规划（2013—2020）》《山西省"十三五"控制温室气体排放规划》等。一系列规划和政策的出台，明确了控制温室气体排放的主要目标、重点领域和关键举措，有效指导了山西省应对气候变化工作的开展。

2.2 建立管理体制和工作机制

为加强对应对气候变化工作的组织领导，成立了以省长为组长，副省长为副组长，相关30个部门的主要领导为成员的山西省应对气候变化工作领导组，统筹全省应对气候变化工作。省发改委于2009年成立应对气候变化处，负责组织开展本领域应对气候变化工作。市级和部分县理顺了应对气候变化管理体系，成立了相应的机构或确定了专职负责人。2014年成立了由省内外著名院士、专家组成的"山西省低碳发展专家咨询委员会"，作为省政府的非常设机构，为山西应对气候变化工作提供支撑。另外，山西省政府下发《山西省"十二五"单位GDP二氧化碳排放降低目标考核体系实施方案》，启动地市政府单位国内生产总值二氧化碳排放降低目标责任的评价考核，以进一步提升地市政府在调整产业结构、提高非化石能源比重、增加森林覆盖率以及改进能源效率等方面的积极性。

2.3 逐步优化产业结构

以转型发展为契机，努力做好非煤产业这篇大文章，将文化旅游、装备制造、新材料、新能源、节能环保、食品医药、现代服务业七大产业作为培育和发展的重点。先后出台《关于加快培育和发展战略性新兴产业的意见》《山西省战略性新兴产业发展"十二五"规划》《关于推进战略性新兴产业发展的若干措施》；启动总规模100亿元的产业投资基金，全面实施战略性新兴产业"512"工程，促进战略性新兴产业投资较快增长。

2.4 努力调整能源结构

充分利用新能源资源优势，科学发展水电、风电、太阳能、煤层气等产业。2014年，全省电力装机容量达6 305.88万千瓦，其中，火电5 563.54万千瓦，占比88.2%；风电454.15万千瓦，占比7.2%，成为全省第二大类电源；煤层气发电装机305万千瓦，占比4.8%。煤层气（煤矿瓦斯）抽采量90亿立方米，占全国的53%，其中，地面抽采量近35亿立方米，利用量达30亿立方米；煤矿瓦斯抽采量55亿立方米，利用量达20亿立方米，煤层气、天然气等使用比例持续增加。非化石能源占能源消费总量的比重逐步上升，煤炭占能源消费总量的比重逐步下降。

2.5 加快提升能效水平

山西严格贯彻落实国家要求，加大淘汰落后产能力度。在淘汰落后产能的同时，以能耗考核为手段，将能效先进指标作为高耗能行业新增产能的审查红线，在冶金、焦化、电力、煤炭、化工、建材六大高耗能行业开展能效对标活动，发布实施 50 余项产品能耗限额标准、节能管理标准和节能技术标准等地方标准，初步形成覆盖主要耗能行业的节能标准体系。2011—2014 年，全省万元 GDP 能耗累计下降 14.73%，超额完成国家下达的目标。

2.6 积极开展基础能力建设

开展温室气体清单编制，摸清全省温室气体排放种类和排放量；筛选 2010—2014 年中任一年度综合能源消费量达到 5 000 吨标准煤的法人单位以及温室气体排放达到 1.3 万吨二氧化碳当量的法人单位作为报送主体，开展企业温室气体排放报告工作；在全国率先开展省级温室气体站网建设，实施监测人类活动和工业聚集区环境温室气体浓度变化；建立包括行业温室气体排放系数、各领域活动水平、区域和重点企业温室气体排放量等为主要内容的山西省温室气体排放数据库；充分利用全国低碳日等专题节日和电视、报纸、广播、网络等媒体手段传播应对气候变化知识，提高人们应对气候变化意识；举办低碳发展高峰论坛，多层次多方位开展应对气候变化培训工作，提升政府、企业应对气候变化能力。

2.7 大力推进低碳科研创新

制定实施省级低碳创新行动计划，全省科技创新大会对低碳创新驱动发展战略作出全面部署。高起点推进山西科技创新城建设，已有 35 个煤基低碳研发机构入驻，公开招标实施 67 个重大低碳科技项目。逐步形成了由相关科研机构组成的省级应对气候变化技术支撑单位和相对固定的科研队伍。设立"煤基低碳联合基金"，聚焦煤炭开采、煤层气、煤化工、煤电、煤机装备、新材料、新能源、节能环保等山西省煤基低碳重点领域，集聚全国、全省范围的科研力量，着力研究解决相关重大科学问题及共性关键技术基础与工程基础问题。

2.8 积极探索低碳发展模式

自 2009 年 11 月中国提出 2020 年控制温室气体排放行动目标后，各地纷纷主动采取行动落实中央决策部署。2011 年中国明确提出开展低碳发展试验试点建设，主要包括低碳省区和城市试点、低碳产业试验园区试点、低碳社区试点、低碳商业和低碳产品试点等。在缺乏可借鉴经验的前提下，山西省为探索符合自身的低碳发展模式，积极开展试点示范，包括积极参与国家的低碳城市、低碳园区、低碳交通等试点示范，同步推进省级低碳县区、低碳园区、低碳社区等试点示范。

3 山西省的低碳发展困难与挑战

在国家统一指导下，山西省低碳实践取得了显著成效，圆满完成了国家要求的温室气体减排目标。未来将是山西省工业化、城镇化快速发展的关键时期，在新的形势下，山西省低碳发展转型面临严峻挑战。

3.1 外部要求更加严谨

气候变化和控制温室气体排放已成为全球性公共问题和国际政治核心问题之一。国际社会通过《巴黎协定》就全球平均升温控制目标和低碳发展路径达成了共识。尽管美国特朗普政府最近在能源、气候治理等问题上表现出了一定程度的不确定性，但从世界范围来看，绿色低碳发展的方向和潮流不可逆转。

中国一直积极应对气候变化，据世界银行公布的数据，中国近20年累计节能量占全球的52%，已经成为全球节能减排力度最大的国家。党的十八大以来，中国推进气候治理的力度明显加大，特别是2015年通过国家自主贡献文件提出的碳排放达峰、碳强度大幅下降、非化石能源占比提高等中长期减排目标，进一步显现了中国的减排决心。当前面对复杂的国际环境，中国承诺继续坚定不移应对气候变化，推进全球气候治理。

山西省在全国属于碳排放大省，国家长期减排目标的确定和强化、国家应对气候变化工作进程的加快，将增强山西省的碳排放约束，促使山西省在控制温室气体排放上面临更大挑战。

3.2 自身经济社会发展的诉求

经济学家钱纳里和赛尔奎将经济发展过程划分为前工业化、工业化实现和后工业化三个阶段。其中，工业化实现阶段又分为初期、中期、后期三个时期。判断依据主要有人均收入水平、三次产业结构、就业结构、城市化水平等标准（见表10.2.1）。

表 10.2.1　工业化阶段划分依据

基本指标	前工业化阶段	工业化实现阶段			后工业化阶段
		工业化初期	工业化中期	工业化后期	
人均GDP（2005年美元，PPP）	745～4 190	1 490～2 980	2 980～5 960	5 960～11 170	11 170以上
三次产业产值结构	A＞I	A＞20%，A＜I	A＜20%，I＞S	A＜10%，I＞S	A＜10%，I＜S
第一产业就业人员占比	60%以上	45%～60%	30%～45%	10%～30%	10%以下
城市化率	＜30%	30%～50%	50%～60%	60%～75%	75%以上

（A代表第一产业、I为第二产业、S为等三产业，PPP表示购买力平价，2005年为2.147）

资料来源：陈佳贵，钟宏武，王延中，等.中国工业化进程报告[M].北京：中国社会科学出版社，2007年.

2014 年，山西省的人均 GDP 达 35 064 元，按当年平均汇率（6.312 5）计算为 5 708 美元，按 2005 年美元购买力平价计算大于 11 170 美元；第一次、第二次、第三次产业比例为 6.2∶49.7∶44.1；第一产业就业人员比重为 35.6%，城镇化率为 54%。基于人均 GDP 指标衡量，山西省已处于后工业化阶段，但就山西发展现状来看，采用购买力平价后的人均 GDP 严重高估了山西的工业化发展水平；从三次产业结构判断，山西省处于工业化后期的起步阶段；从就业结构看，处于工业化中期阶段；从城市化水平看则是刚迈入工业化中期门槛。综合来看，山西省工业化总体处于中期阶段，但已出现向后期阶段过渡的特征。重工业化是工业化中期阶段内部结构演化的一般规律。以能源、钢铁、建材、化工为代表的具有重化工业特征的行业仍将成为促进经济增长至关重要的因素。与此同时，城市化也进入高速发展时期。伴随着工业化、城镇化的加快推进和经济总量的持续扩张，能源消费总量和温室气体排放总量快速增长的压力将持续存在。

3.3　高碳产业结构和以煤炭为主的能源结构的制约

山西省现有工业行业主要涉及 38 个行业类别，其中包含 5 个采掘行业、30 个制造行业和 3 个电力、燃气及水的生产和供应业。初步估算，山西省工业行业碳生产力跨度较大，为 0.04 万～16 万元 GDP/ 吨二氧化碳，其中电力、钢铁、有色、化工等行业碳生产力在 0.5 万元 GDP/ 吨二氧化碳以下，为山西省传统的高碳行业。

据山西省《能源发展战略行动计划》和《焦化、钢铁、有色、电力、煤化工等五个传统优势产业三年推进计划》，煤炭、电力等温室气体排放重点行业在不断提升减排水平的同时，仍将大力发展，势必带来温室气体排放的大量增加，并与控制温室气体排放的刚性约束产生冲突。未来山西省将以调整产业结构为发展主线，但改造提升传统产业，培育壮大新兴产业也存在着诸多不利因素，实现高碳产业转型发展必将是一个艰难的过程。

作为山西省目前乃至未来较长时间内的主导行业，电力、钢铁、水泥和化工等行业发展主要依托于煤炭资源的现状不会改变。和发达省份电力需求相比，山西省人均消费电量还有很大差距，2012 年山西省人均电力消费量 374 千瓦·时/人，低于 461 千瓦·时/人的平均水平，仅为美国的 8%，电力需求仍有较大增长空间。电力供应的增加，会带动以火电为主的煤炭资源消费量增加。同时，鉴于可再生能源和新能源资源开发利用的经济、技术等多方因素制约，短期内可再生能源和新能源再难以替代煤炭作用。因此由于成本、技术、产业结构、生活方式等因素制约，煤炭在山西省能源结构中的主体地位短时间内还难以被取代。

3.4　自然环境和低碳发展认识的制约

山西省地处黄土高原东翼，自然条件先天不足，生态环境本底脆弱，易受气候变化的不利影响。另外，后天高强度、大规模经济开发进一步加剧了生态环境的脆弱，促使山西成为全国气候变化反应敏感地带。根据 1961—2012 年的气候观测数据，山西省平均气温出现增加趋势，气温升高速率为每 10 年上升 0.25℃，平均降水量 468.3mm，出现下降趋势。2014 年，山西省人均水资源量 305.1m³，为中国平均水平的 15.3%、世界平均水平的 3.8%。平均气温升高、降水量减少、降水时间高度集中等因素，导致灾害性极端气候事件频发，加剧了农业生产的不稳定性和水资源紧张，减弱了生态系统恢复功能，增大了人群健康风险。近年来，极端天气和自然灾害事件发生的频率不断上升，影响面和严重后果越来越大，气候变化对自然生态系统和经济社会发展所带来的现实威胁，已成为一个无法回避的重大课题。

煤炭和电力两大部门既是山西最重要的产业部门，也是最大的环境污染源和温室气体排放源。2005—2009 年，山西省电力行业二氧化碳排放量占全省二氧化碳排放总量的 43%～48%，2012 年电力行业贡献了全省超过 50% 的二氧化碳排放和氮氧化物排放（氮氧化物中 21.33% 为烟尘排放）。颗粒物、二氧化碳和氮氧化物排放引起了显著的环境污染问题，这些问题以雾霾的形式严重影响人们的生活质量与呼吸系统健康。在这种情况下，公众环保意识越来越高，为政府和排污企业带来的压力也越来越大。然而，与二氧化碳等污染物排放不同，温室气体的排放是渐进性的增加环境本底浓度和大气温度，短期内人们在日常生活中可能难以察觉到这种变化。因此，广大公众对气候变化的认识基本上仍停留在最浅层，还未转化为践行绿色低碳价值观、生活观和消费观的实际行动。

3.5 低碳发展核心动力的缺失

低碳发展是外部要求更是山西省资源型经济转型的内在需求。创新是引领发展的第一动力，科技创新是控制温室气体排放的重要支撑。山西资源型经济的繁荣以及对资源相关产业的投资并没有对其他产业产生溢出效应，因为资源产业的资产专用性强，沉淀成本高，前后关联效应和正外部性效应低，这导致所在区域教育、人力资本、研究与开发投资普遍不足。目前，山西省有研发活动的工业企业约占企业总数 8%，建立研发机构的企业约占 6%。控制温室气体排放及绿色低碳发展专业人才和科技基础较为薄弱，高层次人才缺失和流失现象并存；科研和自主创新能力较弱，普遍存在"重引进、轻消化"现象，产业化制度机制建设和市场环境培育等方面也存在较大差距，直接导致低碳发展的核心竞争力不强。

3.6 分散的行政资源尚未形成合力

推进低碳战略涉及工业、农业、交通、建筑、科技、教育等多个领域。由于我国低碳战略起步较晚，多数政府职能部门尚未充分认识到该战略的重要性和紧迫性。在制定规划时，未将控制温室气体排放、应对气候变化工作与本部门工作深入融合。分散在各部门的行政资源尚未有效整合，无法形成强有力的控制温室气体排放的合力，制约了工作推进的深度与广度。

4 山西省低碳发展展望

气候变化的实质是发展问题，排放空间是比土地、资本、劳动力等更加稀缺的生产要素。在经济发展新常态下，如何平衡经济发展和低碳转型至关重要，既要实现低碳发展，又要以此为动力推动山西经济发展。山西实施低碳发展战略，要将其现实经济特征与历史上对煤炭资源产业的高度依赖结合起来，突出"高碳资源低碳发展、黑色煤炭绿色发展、资源型产业循环发展"的山西特色。低碳发展目标的实现，需重点从以下六大方面布局。

4.1 从战略高度重视低碳发展

在应对气候变化方面，发达国家都是基于本国经济社会发展的战略需要，提出应对措施、设计发展路径。例如，英国首先提出"低碳经济"这一概念，目的在于占领新时期产业制高点，为自身经济发展寻求新的增长动力；日本提出的"低碳社会"，是在能源效率很高的基础上，动员全社会寻求低碳发展道路；美国提出的"低碳路径"则是在能源消费水平非常高的基础上，鼓励技术进步和刺激对替代能源的投资。

作为欠发达地区，山西要在控制能源消费和碳排放总量增长的同时，全力促进经济增长。因此对山西而言，应该将更多的注意力放在转变经济发展方式上，这是比仅仅减少碳排放更为复杂、更为艰巨的任务。技术进步和对替代能源的投资，应该是山西下一步重点关注的领域。由于经济社会发展存在碳锁定效应，现有的生产方式、消费方式、城市建设模式等均决定着未来较长时间内的碳排放模式。一旦形成高碳模式，短时间内难以转变。因此，在山西省工业化尚未完成、城镇化建设加速和转型综改攻坚阶段，从战略高度统筹考虑低碳发展和经济社会发展十分必要。

4.2 创新机制体制，实施九大制度

中国实现目前提出的温室气体减排目标存在较大困难，必须要从制度上有所保障。区域低碳发展工作，迫切需要体制机制创新。结合国家形势要求和山西省特色，建议制定并实施以下九项低碳制度：

一是建立健全单位 GDP 二氧化碳排放降低目标责任评价考核制度。将二氧化碳排放强度降低指标完成情况纳入各地区（行业）经济社会发展综合评价体系和干部政绩考核体系，是强化政府责任，确保实现"十三五"碳强度降低目标的重要基础和制度保障。目前，国家发改委已经制定了《单位国内生产总值二氧化碳排放降低目标责任考核评估办法》，对各地单位国内生产总值二氧

化碳排放降低目标完成情况进行考核，对落实各项目标责任进行评估，下一步应该将制度贯彻落实下去，以制度建设推进减碳工作。

二是建立温室气体排放基础统计与核算制度。建立和完善温室气体排放统计核算制度，加强应对气候变化统计工作，将温室气体排放基础统计数据纳入政府统计指标体系，对于确保实现单位国内生产总值二氧化碳排放约束性目标，有效履行控制温室气体排放义务具有重要意义。2013年5月，国家发改委、国家统计局联合印发了《关于加强应对气候变化统计工作的意见》通知，山西将根据国家要求，结合现有统计基础，科学设置反应应对气候变化状况的统计指标，建立健全覆盖能源活动、工业生产过程、农业、林业和废弃物处理等领域的温室气体基础统计制度和排放核算体系，实现碳排放的可测量、可报告和可核实。

三是建立重点企事业单位温室气体排放直报制度。实行重点企业温室气体排放报告制度，是加强温室气体排放管理，规范温室气体排放监督管理，推进碳交易的重要支撑性工作。目前中国政府已经下发了钢铁、发电、水泥等24个行业企业温室气体核算方法与报告指南。山西省将需加紧明确企业报告主体、报告平台、报告制度的建设，率先推动煤炭、钢铁、化工、发电、水泥等高耗能高碳排放行业的报告。

四是建立碳排放权交易制度。碳排放权交易是运用市场手段促进温室气体减排的重要措施。目前，国家已经启动了7个省市的碳排放权交易试点，颁布了碳排放权交易管理暂行办法，起草了《全国碳排放权交易管理条例（草案）》，2017年将启动全国碳交易市场体系。全国碳交易市场初步将纳入八大行业（石化、化工、建材、钢铁、有色、造纸、电力、航空）的年排放量在2.6万吨以上的企业，碳排放交易量可能涉及30亿～40亿吨。全国碳市场的建设将对山西省产生深远影响，尤其对于电力、钢铁、有色、化工、建材、煤炭高碳产业的影响将更为突出。

五是积极参与全国碳交易市场。山西需提前做好以下事情：

（1）结合山西经济社会发展特征趋势，对接国家应对气候变化总体要求，深入研究碳排放总量控制目标；

（2）充分考虑山西省各区域的差异性和各行业特征，自下而上地考虑减排指标设定和分解的合理性及可达性问题，逐步建立碳减排指标的调整机制；

（3）评估碳排放权交易总量和分配制度对山西省宏观经济与具体行业的影响。

六是建立经济、环境、政治方面可行的碳排放总量控制制度。中国确立的2030年左右达到二氧化碳排放峰值的目标，对于加快生态文明建设、着力推进低碳发展具有重大战略意义，对于维护国家发展利益，树立积极负责任大国形象，推动全球治理机制变革具有重要指导意义。为积极配合国家目标的完成，山西省需综合考虑经济社会发展阶段、历史排放水平、未来的减碳潜力和发展计划，探索建立温室气体排放总量控制制度，积极谋划山西碳排放峰值，明确温室气体排放总量分阶段控制目标和分配原则，分解落实各地区和重点行业温室气体排放总量控制目标。通过倒逼机制，确定各年度二氧化碳排放总量控制目标，制定年度的减碳计划，确保国家目标的完成。

七是建立温室气体排放许可制度。温室气体排放许可制度是通过规定温室气体控制排放的种类和行业覆盖范围，以有效利用温室气体排放空间这一稀缺资源的制度。山西省需结合实际情况，积极研究煤炭、火电、化工、建材、钢铁等高碳排放产品标准，对排放温室气体的企业实行严格的约束。

八是建设项目温室气体排放评价制度。在高耗能、高排放行业探索制定固定资产投资项目碳排放影响评估及准入制度，从源头上控制高能耗、高污染、高排放项目，加快低碳技术推广和产业结构调整，确保控制温室气体排放目标的实现。

九是实施标准、标识认证制度。国家质检总局、国家发改委联合发布《节能低碳产品认证管理办法》，自2015年11月1日起正式施行。依据该办法，中国将建立国家统一的节能低碳产品认证制度，依据相关产业政策推动节能低碳产品认证活动，鼓励使用获得节能低碳认证的产品。山西省需研究制定低碳产品认证的实施细则，选取有代表性的工业产品类别、重点企业开展低碳产品认证试点工作。探索电力、钢铁、化工、水泥、建筑和交通等主要碳排放行业，制定能耗标准和碳排放标准。

4.3 合理控制并优化高碳产业，激活低碳产业

山西资源环境问题产生的根源，在于经济发展方式的粗放、产业结构的畸

形。面对资源约束趋紧、环境污染严重、生态系统退化以及经济增长波动大、抗风险能力差的严峻形势，低碳发展成为必由之路。加快促进产业结构调整和产业结构升级则是低碳发展的最大驱动力。

积极引进、消纳和吸收现有低碳节能技术，以科技创新促进煤基产业绿色转型，重点实现煤炭"高效、清洁、低碳"开发利用，实施"电力、焦炭、化工"等传统煤基行业的低碳化改造；严格限制高碳产业发展，逐步降低其产业比重，为技术领先、附加值高的低碳产业提供发展空间；在传统产业技术减排的基础上，面对未来技术节能减排空间压缩的趋势，需借助转型综改平台，充分发挥市场机制作用，加大政府扶持力度，积极鼓励现代服务业，努力提升服务业占比；积极培育战略性新兴产业，调整生产行业内部结构；将现有产业链上下延伸，重点发展高附加值和低碳产品，积极调整产品内部结构，提高碳生产力，逐步打破第二产业占绝对比重、重工业主导的产业发展格局。

目前山西省已经确定重点发展的高端装备制造、新材料、节能环保、新能源等战略性新兴产业，在产业规模、技术创新、市场竞争力等方面与发达地区还有较大差距。为弥补人力资本和金融资本等方面的差距，山西应尽快在这些方面进一步完善激励机制。

4.4　优化传统能源，积极发展新能源

在全球应对气候变化低碳发展的潮流下，世界范围内能源体系正发生重大变革——"以化石能源为支撑的高碳能源体系向以新能源和可再生能源为主体的新型低碳能源体系过渡"。能源体系的重大变革，能有效降低能源碳排放强度，减少化石能源的二氧化碳排放，是低碳发展的重要途径之一。

能源领域低碳发展的重中之重是促进煤炭清洁高效利用，积极发展新能源，改善能源利用方式。借助全省创新发展战略，山西应加大煤炭清洁高效利用、新能源开发利用技术和装备研发力度，强化政策扶持，积极探索利用和推广洁净煤技术，促进重点耗煤行业煤炭的清洁高效综合利用；挖掘太阳能、风能、水能、生物质能、地热能等非化石能源潜力，逐步提高非化石能源消费占一次能源消费的比例，建设综合能源基地；积极发展分布式能源、热电冷联供、智能电网等，实施能源生产利用方式变革。统筹兼顾、协调煤层气的产、输、销，

合理布局天然气的管网和储运，加强煤层气的综合利用、高效利用，实现"气化山西"。

4.5 强化科技创新，探索碳捕集、利用与封存技术

创新是引领发展的第一动力，科技创新是控制温室气体排放的重要支撑。围绕"清洁能源、提高能效、削减与利用温室气体"等国际低碳技术发展方向，结合山西省实际，重点突破低碳发展关键共性技术，引领低碳发展。在传统能源领域，重点攻克煤炭清洁高效开发利用、煤基低碳替代燃料生产等传统能源关键技术研发；加快推进煤层气等非常规天然气规模化开发利用关键技术研发。在可再生能源领域，重点研究低成本规模化的可再生能源、太阳能发电和太阳能建筑一体化、燃料电池、水电、生物质能、沼气等技术的开发利用。在工业领域重点开展煤炭、电力、冶金、化工、建材等高耗能、高碳排放行业能源梯级综合利用技术、工业余能余热高效利用技术、原料燃料替代技术和碳捕集，利用封存技术。

碳捕集、利用封存技术是一项具有战略意义的新兴温室气体排放控制技术。山西省具有丰富的煤层气资源，且工业以高碳排放行业为主，对于开展CCUS具有较好的条件。推动省内开展CCUS的试验示范既有助于通过实践来解决技术发展中存在的各种问题，也是CCUS走向规模化和商业化应用、发挥其最大规模温室气体减排潜力的必经环节。

山西在推动CCUS研发示范方面开展了一些工作。例如，山西国际能源集团与美国巴威公司、空气化学品公司、西弗吉尼亚大学合作开展了"350MW富氧燃烧碳捕集、利用封存可行性研究"项目，以驱油、驱煤层气和食品利用为主要利用途径；晋煤集团"国家能源煤与煤层气共采技术重点实验室"开展了二氧化碳驱替煤层气前期研究，中国科学院山西煤炭化学所开展二氧化碳制甲醇、二氧化碳合成碳酸二甲酯、二氧化碳制氢气等研究，山西省煤炭地质资源环境调查院开展二氧化碳深部煤层封存及驱替煤层气主要影响因素的研究等。山西省将加强国际合作，继续深化CCUS的研发和示范，重点解决成本效益问题，并推动在火电、煤化工、钢铁、煤层气开采等领域开展CCUS关键技术研发和规模适度的示范工程。

4.6 推进各类节能减排协同共进

走低碳发展道路是一项涉及面广、需要各个部门通力合作才能实现的战略目标，主要手段包括调整产业结构、优化能源结构、节约能源和提高能效、增加碳汇等。为促进政府对低碳发展的统筹能力，充分发挥各部门优势，合力推进低碳发展工作，山西需根据低碳发展要求，对目前已出台的农业、林业、水资源、能源、循环经济、清洁生产、节能、节水、环保、废弃物回收利用等相关的政策制度作出相应修订和完善，保持各领域政策和行动的一致性。另外，要建立低碳发展与生态文明建设、循环经济建设、节能增效、调整产业结构、发展非化石能源、造林绿化和环境保护等工作的协同机制，充分发挥协同效应。只有全方位统筹布局低碳发展工作，山西才能最终实现经济发展方式和能源消费模式的转变，达到中国更长远的低碳发展目标要求。

5 结束语

中国是世界上主要的能源生产和能源消费大国，也是碳排放大国；山西是中国的能源生产和消费大省，也是碳排放大省。因此从某种意义上讲，山西就是中国的一个缩影。作为中国唯一一个国家级的全省域、全方位、系统性资源型经济转型综改试验区，低碳发展既是山西转型的方向，也是山西转型的动力。

历史地、辩证地认识经济社会发展的阶段性特征，科学把握未来发展趋势，是中国走低碳发展道路的关键。建立在历史史观和科学研究基础之上的低碳发展道路，是中国成功完成低碳革命、实现国家能源战略的不二法门。

11

能源革命
势在必行

老骥伏枥，志在千里；烈士暮年，壮心不已

第十一章
能源革命，势在必行

2014 年 6 月，中央财经领导小组第六次会议首次提出推动能源消费、能源供给、能源技术和能源体制四方面的"革命"。2019 年 5 月，中央全面深化改革委员会会议审议通过《关于在山西开展能源革命综合改革试点的意见》，并由中共中央办公厅、国务院办公厅联合印发。这是继 2017 年国务院出台《关于支持山西省进一步深化改革促进资源型经济转型发展的意见》后，中央对山西改革发展的又一次顶层设计和大力支持。

中央能源改革的号角已经吹响。山西作为全国的能源大省，担负着全国能源排头兵，开创能源转型发展新局面的历史使命。身为碳路者，心思碳路事，我立志为山西的能源改革加油助力。"千淘万漉虽辛苦，吹尽黄沙始到金"。前路虽难，但我仍要击鼓扬帆、激流勇进。既要仰望星空，思考国家能源革命战略的出发点和立足点，又要脚踏实地，在实际工作中稳步推进，为山西和中国的能源改革贡献绵薄之力。

第一节　行思坐想，一得之见

近百年来，全球气候变暖，对人类造成重大威胁，应对气候变化已逐渐成为全球共识。人类消耗大量的化石能源，排放大量的温室气体，特别是二氧化碳，是全球气候变暖的主因。应对气候变化成为第三次能源革命兴起的重大动因。应对气候变化所采取的节能减排、发展非化石能源、结构调整、技术创新，有助于从源头上治理环境污染。解决气候变化问题的本质在于改变能源利用方式和结构。

当前正在进行的第三次能源革命，不是为了解决经济发展的动力问题，而是寻求人与自然和谐共存，关系到经济的可持续发展和人类的可持续发展，与应对气候变化的内涵高度一致。第三次能源革命的核心是推动可再生能源的发展，提高可再生能源在一次能源中的比重，最终实现当前化石能源系统向绿色、可持续的可再生能源系统转变，从根本上减少温室气体排放，实现对气候变化问题的有效治理。然而，短期内世界还无法摆脱对传统化石能源的依赖，化石能源仍然是经济增长的主要动力。寻求低碳发展，找到以低碳为特征的新能源组合和利用方式成为能源革命新的核心议题。碳交易为传统能源利用模式和低碳模式搭建了桥梁。

2020年10月，以"能源革命，聚焦山西"为主题的2020年中国（太原）国际能源产业博览会开幕，这是经国务院批准的国家级、国际性、专业化博览会，是世界五大能源博览会之一。我作为《专家解读》直播的解读专家，针对"国际交流""能源消费"和"天然气"主题，在两天时间内做了三场面向全球观众的解读直播。从当前气候的严峻形势谈起，谈到进行能源革命的重要性和紧迫性，并解读了今后能源革命的发展方向，还对广大观众和网友留言的问题进行了解答，新浪、今日头条、抖音、广电融媒公众号等平台同步直播。同时，我也接受了中央电视台等多家平台的专访。

图 11.1.1　通过媒体面向全球直播解读中国（太原）国际能源
博览会

图 11.1.2　接受中央电视台专访

碳排放空间是比土地、资本、劳动力等更加稀缺的资源

1997 年《京都议定书》使市场机制成为解决温室气体减排问题的新路径。《京都议定书》规定，在规定期限内没有完成减排目标的国家和地区，可以购买排放额度，而超额完成减排目标的则可以出售碳排放额度。发达国家能源使用效率高，碳排放需求量大，其减排成本高；而发展中国家能源利用效率低，减排空间大，成本低，这使得同一减排单位在不同的国家间存在比较优势，产

生了高低价差，使得交易成为可能。

哥本哈根会议上提出，相对于 1750 年工业化前的水平，全球平均气温升高 2℃是人类社会可以容忍的最高升温。根据 2℃阈值的共识，2050 年大气中二氧化碳浓度的最高峰值必须控制在 450ppm 以内，也就意味着人类可使用的二氧化碳排放空间是有限的。同时，人类生产活动日益频繁，生活质量不断提升，对于碳排放空间的需求更加强烈。当低碳排放成为全球经济增长的边界约束之时，碳排放权日益演化为一种稀缺资源，碳排放空间则成为比土地、资本、劳动力等更稀缺的资源。

碳排放空间之争的背后实质是发展问题，更多的碳排放空间意味着更大的发展空间。《2006 年 IPCC 国家温室气体清单指南》指出，温室气体核算主要考虑以下几个方面：能源活动，工业生产过程和产品使用，林业、农业活动和其他土地利用，废弃物。其中，80% 以上的温室气体来源于能源活动。工业发展离不开能源活动，因此，工业发展需要更充裕的碳排放空间。但目前气候变化的大背景使得碳排放空间日益稀缺，几乎所有的工业生产都不能避免排放温室气体，没有碳排放空间则意味着不能进行生产活动，碳排放空间成为现代工业生产必不可少的生产要素。

以中国为例，当前土地、资本、劳动力等生产要素都存在一定程度的短缺，对经济的发展产生了诸多限制。土地资源的稀缺更多的是表现为土地征用和征地补偿之间不平衡性、土地要素供给与需求之间的错配等问题。资本要素存在的主要问题是资本要素价格扭曲和供需矛盾。劳动力问题主要体现在人口红利的消失和劳动力供给结构问题。上述三种生产要素稀缺的主要原因在于供需矛盾、供应结构等，可以通过市场引导和政府调节共同推动缓解，并且不同的国家稀缺程度不同，情况各异。相比于三种传统的生产要素，碳排放空间的稀缺更具有全球性、紧迫性。碳排放空间的有限性，直接影响各国的经济发展。世界各国经济发展对碳排放空间需求无限，但其绝对量有限，此外也涉及发达国家与发展中国家相对量上的矛盾。在这种约束下，碳排放空间将会成为制约经济发展的最重要的生产要素，碳排放权成为一种具有内在价值的无形商品。

应对气候变化制度是比经济制度、金融制度、贸易制度等更重要的全球性制度安排

温室效应被列为 21 世纪人类面临的最大威胁之一。为了应对其给人类带来的威胁，使大气中二氧化碳等温室气体的浓度维持在一定水平之下，达到人与自然和谐相处的局面，实现经济和人类的可持续发展，全世界已经有 186 个国家签署了《联合国气候变化框架公约》，意味着全世界 90% 以上的国家都认为应该控制二氧化碳的排放。

《京都议定书》确立了三种碳交易国际间市场机制，分别是国际排放交易、联合履行机制、清洁发展机制。配额碳交易可以分成两大类，一是基于配额的交易。买家在总量管制与交易制度体制下购买由管理者制定、分配（或拍卖）的减排配额，如《京都议定书》下的分配数量单位和欧盟排放交易体系下的欧盟配额；二是基于项目的交易。买主向可证实减低温室气体排放的项目购买减排额。最典型的如清洁发展机制以及联合履行机制。根据以上两种机制的设计显示，碳排放额度被当作一种商品，可以在各个国家之间交易和转让。当某个国家想要出售碳排放量，就必须利用各种方法使该国的减排额度有所剩余，剩余的排放额度就可以进行交易，如同实体市场把剩余的产品进行交换一样。获得剩余碳排放额度的最终手段是采取低碳技术，而低碳技术的创新与进步需要借助市场的激励作用实现。国家间签订国际合约，设定全球排放的总量和减排目标，使得碳排放权在每一个阶段相对于减排目标都存在相对短缺。

在《京都议定书》形成的三种机制的基础上，芝加哥气候交易所于 2003 年以会员制正式运行，在自愿配额交易领域进行开创和探索。欧洲碳排放交易体系启动于 2005 年 1 月 1 日，建立了目前世界上最大的碳排放交易市场，对其他的碳交易市场具有极大的示范作用。2007 年，澳大利亚加入《京都议定书》，澳大利亚新南威尔士温室气体减排交易体系正式在这个背景下成立。2008 年，新西兰启动碳交易市场，以期实现减排承诺。2008 年 4 月，印度国内开始进行碳交易，这是最早建立碳交易所的发展中国家。2011 年，中国宣布将陆续在全国 7 省市开展碳交易试点工作。2013 年，试点工作正式启动。2017 年，全国统一碳市场正式启动。

图 11.1.3　全国碳排放交易体系正式启动

　　根据国际碳行动伙伴组织发布的《国际碳行动伙伴组织（International Carbon International Carbon Action Partnership，ICAP）2020 年度全球碳市场进展报告》，目前四大洲已有 21 个碳交易排放体系正在运行，另外还有 22 个正在建设或探讨中。截至 2020 年，全球共有 36 个国家、20 多个地区、州、市已开展碳排放权的交易市场。报告指出，排放交易体系（Emission Trading Scheme，ETS）占全球人口、经济产出和温室气体（GHG）排放的份额越来越大，全球人口的六分之一居住在 ETS 下，这些管辖区的 GDP 占全球 GDP 的 42%，高于前一年的 37%，其系统覆盖全球 9% 的温室气体排放。ICAP 预估，随着包括中国在内的更多系统即将上线，2021 年全球排放量中将有 14% 属于 ETS。在未来，全球碳排放权的覆盖范围将达到空前的规模，全球统一碳市场的建立极具可行性。

　　碳交易市场是实践中的环境服务市场。通过碳交易，可以在全球范围内实现成本最低、效益最高的减排效果。碳交易使得应对气候变化的过程中既实现了节能减排，又产生了经济效益。合理的碳交易制度，既能帮助发达国家履行减排义务，也可以推动发展中国家引进先进技术和吸收资金，为实现环境、经济、社会的可持续发展创造条件。碳交易机制是将市场机制引入生态服务领域的创举，对形成构筑于市场准则基础上的生态系统具有十分重要的理论和现实意义。相比其他制度，碳交易制度直接面对人类共同面临的最大威胁，更长远地影响人类和经济可持续发展，既有广泛的国家基础，也有深刻的国际合作实践。碳排放权具有普遍接受性，应对气候变化制度是比经济制度、金融制度、贸易制度等更重要的全球性制度安排。

碳货币时代是继黄金美元、石油美元之后新的货币时代

所谓碳货币，可以简单理解为"碳本位"下的国际货币体系，也就是碳排放权成为国际货币基础。在各国纷纷推崇低碳经济，寻求低碳发展的潮流下，碳排放权代表了发展权，紧扣经济发展的命脉，其背后涉及国家间的利益分配。在碳排放空间日益稀缺的情况下，碳排放权的多少将决定各国经济发展的边界。谁拥有更多的碳排放权，谁就拥有更广阔的发展空间。一系列国际规则和国际条约，为碳排放权提供了信用保障。全球统一的碳市场虽尚未形成，但世界范围内的碳交易已有了诸多实践，交易规模不断扩大，范围不断拓宽，碳排放权交易具有普遍可接受性。稀缺性和普遍接受性使碳货币成为全球流通的国际货币具有现实可能性。同时，碳排放权作为一种无形商品，其总量可以基于人类经济的发展、减排能力的提升、减排技术的提高、全球碳交易规则的变化而调整，有利于维持国际货币体系的稳定。

碳货币时代的到来，有利于其他国家避免为美国经济震动"买单"，对于改变美元霸权格局、促进国际货币格局的多元化具有重要意义。同时，其实现也有助于推动各国实现节能减排目标，寻求低碳高效的发展新路径，摆脱对传统能源的过度依赖，实现经济和社会的可持续发展。

作为二氧化碳第一排放大国和 CDM 的最大供给国，中国有可能、也有必要推动人民币成为碳排放权交易的国际计价货币。但是，在当前国际碳交易定价、计价过程中，中国仍然处于被动接受地位。2017 年 12 月全国统一碳市场体系的启动和 2021 年全国碳市场第一个履约周期的正式启动，将对人民币成为国际碳交易重要货币起到重要推动作用。

碳达峰和碳中和是引领未来几十年中国及世界能源、经济、科技、社会等全领域、全方位深度转型的旗帜和方向

中国在第 75 届联合国大会一般性辩论上提出 2030 年前实现碳达峰、2060

年前碳中和的愿景目标，这标志着我国正式做出碳中和承诺，全面提升长期减排行动力度，对我国社会经济发展和应对气候变化都具有重要意义。截至目前，已有120多个国家宣布碳中和目标，这些国家的GDP和碳排放量分别占全球的75%和65%。碳中和将对全球产业链和供应链的重组、重构产生深刻影响。碳达峰和碳中和是引领未来几十年中国及世界能源、经济、科技、社会等全领域、全方位深度转型的旗帜和方向。

于能源，碳达峰和碳中和目标的提出既是挑战更是机遇。我们要正确认识能源转型的挑战，尽早谋划"碳中和"场景下能源生产、消费转型升级的路径，持续推动可再生能源高比例发展，统筹集中式和分布式开发利用方式，力促风光等可再生能源装机持续增长，着力减少化石能源开发利用。同时，要留有足够的政策调整空间和调整期，实现绿色低碳平稳转型。

于经济，实现碳达峰和碳中和对GDP增长与产业升级有重大影响。我国把应对气候变化作为推动我国经济转型增效、引领全球绿色低碳技术和产业革命的重大战略机遇，通过推动能源生产和消费革命、绿色工业体系的创建和城镇化的低碳发展，基本扭转了温室气体排放快速增长的局面，在为全球应对气候变化做出重要贡献的同时，也有效促进了经济高质量发展和生态环境高水平保护的协同，并正在逐步实现经济增长和温室气体排放的"脱钩"，经济社会发展效率大幅提升、效益显著。

于科技，碳达峰、碳中和的碳减排任务日趋重要，为此更需要以低碳、碳中和为导向的新技术和新方法。今后十年是一个大转折的时期，不管是体制机制、政策还是技术都要有所突破。其中，科技支撑极其重要，目前已有技术较难满足碳中和目标的实现，亟须寻找替代技术。因此，当下最为紧迫的是对电力、工业、交通、建筑等主要领域的技术进行梳理，可按两条线路去做工作：一方面对已有低碳技术进行大面积推广；另一方面，攻克"卡脖子"技术，如储能技术等。在传统的技术路线基础上，要突发奇想，独出心裁，鼓励创意和突破，这样才能更快找到替代技术。

于社会，碳达峰和碳中和目标的制定，有利于全社会形成节约资源、保护环境的良好意识，环境好转带来人民幸福感的提升，同时也推动全社会实现长期的高质量、绿色的可持续发展。

第二节　国际视角，能源重构

当前，全球化趋势不可阻挡，但是各种要素正在重构。在全球能源供需格局发生重大变化以及气候变化对人类生存环境的威胁日益严重的双重背景下，中国作为能源大国和负责任大国，肩负着推动技术创新、促进地区能源转型、实现可持续发展的重任。2019年我发表题为"国际视角下的能源革命和绿色金融"的主题演讲，在国际视角下对世界、中国、山西能源革命情况进行论述，得出低碳是能源革命的灵魂，低碳引领能源革命的结论。该演讲不仅入选中共中央组织部"2020年全国好课程"，还入选了中共中央组织部"全国好课程十门优秀课程"，上传至中国干部网络学院和山西干部在线学院，并被纳入山西省委党校中青年领导干部等主体班次和太行、右玉干部学院干部教育培训课程，供全国和全省干部学习。以下是部分演讲文字实录。

国际视角下的能源革命和绿色金融

今天我给大家报告的题目是《国际视角下的能源革命和绿色金融》。这里有三个关键词——国际视角、能源革命和绿色金融。

第一个关键词是国际视角。随着中国上升为世界第二大经济体，随着智库热的兴起，包括国际化、全球视野、人类命运共同体等这样的大词汇，我们每天都可以听到。那么何为国际化？何为全球视野？我认为国际化就是用国际比较的眼光看中国、看他国，而不是以中国为参照看世界。所谓的全球视野，就是讲中国故事、分析中国问题的时候，脑子里首先要有一个全球的背景，要有一幅全球的地图，要有一套立足于全球的知识体系，要有一种以全球为分析问题的角度，这样得出的问题和措施，一定大不一样。

第二个关键词就是能源革命。国际社会、西方国家称之为能源转型。"革命"这个词比起"转型"，很显然分量是非常重的，说明这个事情一定是非常难做，一定有重大利益调整，一定要有突破性的举措。我们叫能源革命，我们就要破题，为什么要能源革命? 革命的目的是什么? 革命的路径是什么? 革命的整个过程怎么推进? 那就要很好的思考, 怎么思考能源革命呢? 要放在全球大背景下, 要放在百年、千年为尺度的这样一个条件下, 来思考我们的能源转型问题。

第三个关键词是绿色金融。什么是绿色金融? 绿色金融的意义和价值是什么? 绿色金融是指为支持环境改善、应对气候变化和资源节约高效利用的经济活动, 即对环保、节能、清洁能源、绿色交通、绿色建筑等领域的项目投融资、项目运营、风险管理等所提供的金融服务。绿色金融不仅可以促进环境的保护和治理, 而且更重要的是引导资源从高污染、高能耗产业流向理念、技术先进的部门。国际上已推出"赤道原则", 我国已把绿色金融上升为国家战略高度, 在信贷、债券、基金等领域都有长足发展。这就是我今天选择"国际视角下的能源革命和绿色金融"为报告题目的原因。

第一, 世界能源发展的概况。2014—2016 年, 全世界能源消费保持了低速增长, 能源消费转向了低碳能源, 这是大趋势。2017 年全球一次能源消费强劲增长, 增速为 2.2%, 但是主要是由天然气和可再生能源的引领, 煤炭在整个能源结构中占比持续下降。美国在 2014—2016 年也是能源消费量逐渐降低, 中国在 2012—2017 年能源消费量持续增长, 2017 年中国能源消费的总量达到了 3 132 万吨标准油, 我们国内是用标准煤, 国际是用标准油为单位, 煤、石油、天然气消费量占能源消费总量 86% 左右。2017 年我们中国能源消费增长 3.1%, 连续 17 年成为全球能源消费增量最大的国家。近年来我们的中国能源结构确实在不断地优化, 2017 年煤炭消费占比是 60%, 2018 年占比为 59%, 天然气和可再生能源消费占比达到 20%, 但是可以肯定地说, 中国在未来相当长的一段时间里, 煤炭仍然是主导能源。中国和世界主要国家地区无论是从能耗、单位 GDP 的能耗来讲, 还是能源消耗总量来讲, 在全球都是排得比较靠前的。2017 年, 我们的人均 GDP 才 9 373 美金, 还不达全球人均 GDP 1 万美金。全球主要国家碳排放每年约为 300 多亿吨二氧化碳排放量, 2017 年中国的温室气体排放总量是 92 亿吨, 占全球的 27%, 现在占比 30% 左右, 美国是 15% 左右, 中美两国碳排放占了全球整个碳排放量的 45% 左右。

2017 年我们能源消费和碳排放的总体特征前进两步、后退一步。前进两步是天然气和可再生能源的消费增长迅猛, 而中国能源消费增速仍然是明显低于过去十年的平均水平，但是能耗强度下降速度是全球平均水平的两倍。2017年以前，全球能源消费引起的碳排放连续三年几乎没有增长。后退一步，也就是2017年煤炭消费从2013年以来首次出现增长，比较上年度能源消费增速的提高。全世界的能源总需求进入低速增长状态，增长点主要集中在新兴经济体。由于经济形势的原因，2017年全球能源总量增长2.2%，能源效率又提高了，2017年的能源强度降低了1%。这说明能源科技创新进入了高度活跃期，各个国家都在积极地抢占战略制高点。拿储能技术来说，如新能源，我们的风能、太阳能资源是非常丰富的，但是由于线路比较远，比较远离主电网，所以能源消纳有点问题；另外由于新能源的不稳定性、间歇性问题比较大。但是恰恰因为这样，如果解决了稳定性问题和间歇性问题，那肯定会被主电网所接受，这就是所谓的储能技术，欧洲、美国、日本在这方面的技术比较先进，这也是我们未来的方向。从分布式来讲，有低碳能源网络，包括现在全球的低碳能源网络，大家都在积极推进。包括智能化的问题，IT和DT的深度融合问题，这也是我们需要抢占的战略制高点。总而言之，在大背景、大趋势下，世界能源在转型，特别是我们从事能源工作、经济工作的人员必须很好地意识到这一点，把握大趋势，才能谋划好我们的应对之策。

第二，中国能源革命的实践和成效。2012年，中国首次提出了生态文明建设，首次提出了建设美丽中国的概念；2014年提出了能源生产和消费革命，也首次提出了控制能源消费总量，要支持节能低碳产业和新能源可再生能源的发展；2017年在"一带一路"高峰论坛上提出了要建设全球能源互联网，后来我们要调整中国以煤为主的能源消费结构，提高电力、新能源在终端能源消费中的比重。要进行生态文明建设，就必然要进行能源生产和消费革命，核心就是转变经济发展方式，这是个大背景。

能源革命的核心内涵有四个方面：消费革命是关键，核心是供给革命，支撑是技术革命，保障是体制革命。从举措目标来讲，在2020年和2030年，我们能源消费总量分别不能超过50亿吨和60亿吨标准煤，采取的举措就是要抑制不合理的能源消费；在2020年和2030年，非化石能源占比分别提高至15%和20%，天然气占比也要分别提高至10%和15%。从供给革命的角度来讲，就是要着力发展非煤能源，要形成煤、油、气、核、新能源、可再生能源多轮驱动的能源供应体系。从技术革命角度来讲，就是要培育能源技术和关联产业升级的新增长点，我们要产生一批突破性的、颠覆性的能源技术。比如说氢能源、石墨烯和我们的储能技术等，我们出现一批技术，要推广一批、示范实验一批、集中攻关一批。从体制革命角度来讲，就是要构建激励创新的体制机制，体制机制在某种意义上更加重要。要构建有效竞争的市场结构和市场体系，如电力体制改革等，都是往这个方向走。这次中央通过的《关于在山西实施能源革命综合改革试点意见》，就是由单一领域向能源全领域来进行综合改革试点的推进，这个试点不仅是要为中国的其他省市能源转型提供示范，也是要为世界其他国家提供可复制的经验。可以说消费革命、供给革命、技术革命、体制革命再加上国际合作，构成了我们整个能源革命的全部内容。

图 11.2.1　为中青年领导干部班和青年干部班作
《国际视角下的能源革命和绿色金融》专题报告

中国能源革命现在正在向纵深推进。通过七八年的飞速发展，我们在能源领域的五大方面已经达到了世界第一，全球最大的可再生能源生产和消费国，全球最大的可再生能源投资国，全球最大的新能源汽车生产和消费国，核电在建规模世界第一，水电、风电、太阳能光伏发电装机总容量居世界第一。下一步应该怎么推进呢？中央提出了山西要做中国能源革命的排头兵，引领中国的能源革命向纵深推进。从世界大趋势来讲，在《巴黎协定》之后，有六个重构正在发生，即重构能源结构、重构能源业态、重构能源市场、重构世界能源安全、重构世界能源版图、重构能源话语权。未来展望十化，即能源资源多元化、能源来源属地化、能源技术智能化、能源生命数字化、能源生产分散化、能源联网共享化、能源使用便利化、能源利用高效化、能源服务普通化以及能源经济的低碳化，这是未来大的发展趋势。从可再生能源来讲，可再生能源装机规模持续扩大，可再生能源发电装机总量已经占到全部电力装机的38.3%，可再生能源的清洁能源替代作用日益显著。另外，可再生能源利用的水平不断提高，2018年中国可再生能源的发电量达到1.87万亿千瓦时，发电量占到全部发电量的比重26.7%，平均水能利用率达到95%左右，弃风率7%，平均弃光率3%，数据都在下降。由此可见，我们可再生能源的利用水平在不断提高。从全国来讲，低碳试点已经涵盖了低碳省市、低碳园区、低碳社区、低碳城镇的全方位多层次的低碳试点体系。中国的碳交易试点也在稳步推进，7+2的碳交易市场效果还是不错的。截至2018年12月，7个碳市场试点，共交易配额3.23亿吨二氧化碳当量，累计成交额75亿元。2017年12月19日，中国的全国碳排放交易体系宣布正式启动。我们以发电行业为突破口，全国1 700家电力行业产生35亿吨二氧化碳当量，超过了欧洲EU-ETS市场。当时宣布数据之后，国际媒体和国内媒体都进行了报道。国家的中长期低碳发展目标是在"十三五"末期或者在2020年，我们单位GDP二氧化碳排放要比2005年下降40%～45%，也就是"4045"目标，非化石能源占一次能源消费的15%左右。2030年的目标，一个是"6065"，一个是20%。因为中国是全世界能源生产、能源消费和碳排放第一大国，面临非常大的压力，无论是作为负责任的大国、承担国际义务也好，还是我们中国自身的经济社会发展要求也好，都必须很好地推进我们的低碳发展。

第三，山西打造能源革命排头兵的实践。从历年煤炭消费情况来讲，煤炭消费量也是下降趋势，2017年和2018年山西的煤炭消费占一次能源的84%左右，全国是59%。通过对历年经济运行情况的分析，我们可以看到煤炭行业对山西省工业经济和GDP的贡献率在"十二五"初期达到顶峰，2018年山西省服务业占全省GDP的比重为53.4%，服务业对GDP增长贡献率为71.7%。近十年的地区生产总值增速变化过程中有三次比较明显的下降，这说明我们经济抗风险能力比较差。山西高度依赖煤炭，原煤消耗比例为84%，但是还是远远高于国家水平和世界水平，非化石能源消费比重偏低，因此由能源大省到能源强省的路径，唯有低碳发展，就是黑色煤炭绿色发展、高碳资源低碳发展。

2010 年，国务院批准了山西省作为国家级的资源型经济转型综合配套改革试验区。2017 年 6 月，国务院以 42 号文，出台《关于支持山西省进一步深化改革促进资源经济转型发展的意见》，这是全国唯一的全省域、全方位、系统性的资源型经济转型综合配套改革试验区。那么转型的方向在哪里？往哪儿走？转型的动力在哪里？为什么要转？低碳发展！低碳发展既是转型的方向，也是转型的动力，核心就是能源革命。

2017 年 6 月 22 日，习总书记视察山西，明确提出了山西争当全国能源革命排头兵的重要指示。随后，山西省出台行动方案，包括目标措施。那么从国家的"十三五"规划到山西省出台行动方案，这些都很重要，但是还有一个非常重要的约束性指标，那就是二氧化碳的排放。"十三五"国家规划明确提出来，大型发电集团每千瓦小时二氧化碳的排放量要控制在 550 克以下。实际上，我们单机的二氧化碳排放大约 700 多克，这就要求企业大力发展新能源和可再生能源。

山西省推动能源革命排头兵有八大重点任务。第一，推动煤炭清洁高效开发利用。山西转型综改示范区，有很多功能，其中一个重要功能，就是要把它打造成为全省、全国乃至世界的煤炭清洁高效低碳利用的研发、孵化和产业化基地。第二，调整优化能源消费结构。促进新能源产业提质，要发展互联网＋智慧能源，还要突破能源的关键核心技术，也要培育能源转型的升级新动力，深化能源体制改革，扩大能源开放合作，实际上是围绕四个革命加国际合作来展开。

中央全面深化改革委员会通过了《关于在山西实施能源革命综合改革试点意见》，随后中央办公厅和国务院办公厅联合印发文件。山西省也要根据中央的精神，推出具体行动方案。在这种前提下，和世界银行等国际组织合作来调动国际、国内资源，共同推动综合试点，为全中国、全世界做出可以复制的经验。

山西能源革命的具体行动包括电动出租车、煤层气开发利用、地热能源开发、太原能源低碳发展论坛等。例如，太原市在 10 个月的时间内一次性把 8 292 辆出租车全部换为纯电动出租车，当时，中央各大媒体都进行了报道，国际媒体彭博社等媒体也进行了报道。国务院新闻办召开了新闻发布会向全国推广经验。太原市是全世界纯电动出租车拥有量最大的城市。2015 年国家批复大同为全国首个光伏"领跑者"基地，累计批复山西省光伏基地装机容量 400

万千瓦。2016年国家能源局又批复了山西省晋北风电基地，总装机容量达到700万千瓦。这对于我们进一步加快能源发展方式转变，促进能源结构转型，拉动经济增长，都有非常重要的意义。截至2018年底，山西省的新能源装机达到2 347万千瓦，占了全省总装机容量的28.5%。而且山西省也有一批具有先进管理技术的新能源企业，就是全产业链，包括风机、光伏组件，整体装备水平比较高的企业，高效太阳能电池和组件，薄膜发电等技术都处于国内的领先水平。

从煤层气来讲，山西的预测储量在10万亿立方米，几乎占全国的30%，而且主要集中在沁水煤气田和鄂尔多斯东缘煤气田。2017年8月，山西省国土资源厅发布消息，榆社县和武乡县又发现了气田，预测煤层气、页岩气资源总量超过5 000亿立方米，约合4亿吨原油当量，属于超大型气田。

接下来，为大家报告一下低碳发展培育经济增长的新动能。山西省的经济发展对于高碳的路径有比较强的依赖性。因为现在以煤炭石油为代表的高碳能源比较容易发展经济。再者，高碳低端产业可以短平快地驱动发展、驱动增长。另外，国际上又有美国等国家的高碳发展先例。但是，低碳转型会不会影响经济的发展呢？推进低碳转型和经济的发展是不是有矛盾呢？从我们人类整个发展过程，特别是过去一两百年的发展来讲，经济发展对高碳路径确实已经有非常强的依赖，这也是客观的事实。

美国在2008—2015年间，采取了一系列的应对气候变化的举措，整个碳排放量减少了9.5%，但是GDP总量却增加了10%，说明经济发展和低碳是可以双赢的。拿我们国内的珠三角地区来讲，它的产业结构调整比较早，能源结构调整也比较早，而且基本没有重度雾霾。再如京津冀地区，由于经济增长过多地依赖投资高耗能的产业驱动，导致重化工行业资本存量高企，高耗能产业产能过剩，同时产生了压缩型、复合型、结构型的环境污染，超环境容量，可以说呈现出非线性爆发的态势，重污染成为常态，现在不得不花费加倍的代价进行调整和转型。事实证明，高碳高污染不是现代化的必由之路，转变发展方式刻不容缓，经济和环境应该双赢，而且也是可以实现双赢的。

低碳发展可以培育经济增长的新动能，由传统发展方式向低碳发展转型，一方面对高碳能源和高耗能产业的发展会有所制约。基于高碳产业的GDP增速应该减缓；同时低碳发展会催生新型的低碳能源和新型产业，可以培育新的经济增长点和新动能，能提高我们国家的创新能力和竞争力。在整个低碳发展过程中，在整个结构调整以后，大量的新型产业会涌现出来，包括就业，那么这也是未来产业战略发展制高点。

那么怎么推动低碳发展来引领能源革命呢？低碳新能源革命大体上有几大措施。第一就是节能提效措施，在 2030 年左右，我们碳排峰值年要到来，而且要尽可能提前达到，这意味着我们能源消耗的拐点要提前到来。但是我们经济还需要发展，一定会继续消耗能源的，那怎么办？我们需要做的就是节能提效，提高能源的使用效率。第二就是优化供给侧能源结构，在推进化石能源的过程中，我们要大力发展新能源、可再生能源，如风能、太阳能、水能、核能、潮汐能、地热能等。

一个新技术的大规模地推广必须具备两个条件。第一，技术本身必须过关，第二，成本必须合算。国家为了引导新能源发展，采取了补贴措施。这几年的整个新能源造价在快速下降，而且技术也在飞速进步。在 2020 年实现平价上网没有问题。同时也要实施农村的能源革命，农村拥有大量的散烧煤，没有农村的能源革命，就不是真正意义上的能源革命。

还有就是智慧能源互联网，全球也在大力推进这项技术。总体来讲，节能提效是我们中国能源革命的战略之首。节能提效的首要潜力就是转变发展方式，调整产业结构。我们国家已经谋划 2050 年之前中国的低碳发展路径。在国际上，《巴黎协定》达成以后，各个国家的立法速度都在快速推进，各国碳交易市场的建设也在进行中。未来相对独立、又相互共通的国际碳市场一定要形成，而且未来的碳市场，相比较于石油、相比较于其他各种商品市场，是更大的市场。我们需要转变发展方式、调整产业结构，从过去的追求速度、贪多求大，来转向求质量和效益。"去产能、去库存"政策首先指向的是高耗能产业，比如说钢铁、水泥、煤电行业整体都在低效运行，煤电现在年运行小时数大约 4 000 小时，而且还在扩张，甚至挤占了新能源的发展空间。同时，弃风弃水弃光现象非常严重，2016 年西北五省弃风达到了 33%。

优化供给侧能源结构。煤炭革命的六个要素，第一就是提高科学产能能力，减少非科学产能。根据中国煤炭工业协会"十三五"规划纲要来讲，用 3 ～ 5 年的时间，我们再退出产能 5 亿吨左右，减量重组 5 亿吨左右。第二，散烧煤替代需要认真地规划和实施，散烧煤大约在6亿～8亿吨，45万台燃煤锅炉需要替代。结合地域资源的实际因地制宜，我们选择气、电、太阳能、风能、地热、生物质能、核能、余热等进行替代。在"十三五"期间，我们争取替代2亿吨，2030年基本全部替代。第三，控制工业燃煤量，调整高耗能产业结构。第四，煤电仍然是发电主力，不需要再增加装机数量。在未来相当长的时间里，煤炭还将是中国最主要的一次能源。对山西来讲也是如此。山西"兴于煤也困于煤"，不可能抛开煤而谈低碳发展，因此必须做好煤炭的清洁高效低碳利用。从煤电角度来讲，在未来一段时间还是发电主力，但是必须考虑两方面：第一，追求煤炭洁净、高效、集中利用；第二，探索CCUS的创新和使用。2004年10月，我应美国助理国务卿邀请在美国参加首届中美清洁能源论坛，当时美国方面提出要进行合作。就是用特殊技术捕捉二氧化碳，埋藏在土壤中、森林中、海洋中，人类将来具备一定技术再拿出来。这是我第一次接触CCUS。随着时间推移，美国在这方面取得了非常大的进展。比如怀俄明州、伊利诺伊州、西弗吉尼亚州，利用二氧化碳打到地底下把石油驱出来。中国的陕西延长石油集团做得也很不错。我们新疆在这方面探索的也是非常成功的。CCUS就是利用创新技术能想方设法减少二氧化碳排放。我们碳交易通过市场化手段来鼓励、激励大家减少碳排放，多排放有成本，少排放有收益。而CCUS就是用技术处理二氧化碳。

截至今天，人类也没有找到真正意义上的二氧化碳商业化利用的途径。有些小的使用，比如汽水，但是打开瓶盖以后二氧化碳就跑出来。比如四川大学，通过把二氧化碳矿化处理进行埋存，但这也是在探索过程中。山西用中国CDM赠款进行二氧化碳深部埋存和驱替煤层气的研究。中国矿业大学的校长博士生团队把这项研究作为世界最前沿的课题跟踪研究。这是个难题，但CCUS也是一个重要的方向，要想从根本上解决二氧化碳排放问题，还需要另想办法。第五，可以适当以煤制油等能源煤化工作为技术储备，但是规模要适当。煤化工的方向应该以高端的化工原料为主。第六，煤电产业需要进行灵活性的改造，适当的用于调峰，整体上要支持风、光等可再生能源的发展。从国际视角来看，未来新增的能源主要来自于可再生能源和新能源。

中国现在新增能源主要是可再生能源和新能源。中国低碳能源的三驾马车包括可再生能源、核能、天然气，其中，天然气包括致密气、页岩气、非常规天然气等。天然气也是化石能源，但它是个过渡性能源，相比煤炭、石油的排放要低一些。在未来一段时间里，这三种能源将逐步实现高比例替代高碳能源。全球的大背景是以煤炭、石油为代表的高碳能源体系，现在正在向以新能源和可再生能源为支撑的低碳能源体系转型。可再生能源包括水、风、光、生物质能、地热能、海洋能、垃圾能源化利用等。从核电来讲，它稳定、低碳、高能量密度，但是安全问题特别重要。我们要科学谋共识，理性谋发展，从沿海到内陆都要考虑安全第一、稳中求进。

法国的核电发展是比较快的，中国要想把它推动发展起来，必须完善法律制度和工作机制。在基础、全产业链纵深安排方面也要做好。刚才提到的非常规天然气，包括煤层气、页岩气、致密气，以及天然气的水合物，这些都是相对低碳的化石能源，我们要提高其在一次能源中的比重，从2015年的5.9%提高为2020年的10%和2030年的15%。在中国能源转型过程中，天然气必将起到重要的过渡能源和助推转型的作用，这是具有中国特色非常重要的方面。从农村能源来讲，它存在不少问题，但是中国农村能源又是能源体系的重要组成部分，也是薄弱环节。没有农村的能源革命就没有真正意义的能源革命。农村能源存在的问题包括结构不良、污染严重、设施落后、效率比较低，而且服务也比较差。农村地区面积又比较大，散烧煤问题如何替代，原始形态使用大量的生物质能，固废的资源化利用，这些都是需要很好地考虑。

如何发展智慧能源互联网？国家电网的刘振亚董事长退休以后，现在专门推动国际能源互联网。智慧能源互联网，可以说是能源技术革命的体现。在供给革命、消费革命、技术革命、体制革命中，智慧能源互联网是技术革命的体现。从电气化角度，就是要提升终端用能的电力比例；从低碳化的角度，就是要增加低碳能源的比例；从智能化的角度，就是要IT和DT进行深度融合，总体上通过"三化"来发展我们的智慧能源互联网。可以说发展智慧能源互联网是能源转型的特征之一，它把传统能源升级为具有双重属性的产业，即它既是能源产业，同时又是能源服务业。

以世界银行、花旗银行等多家银行发起的叫赤道原则，就是投资人、贷款人在上新的投资项目的时候，必须要考虑到碳排放和温室气体的排放和对环境的影响，而且要进行量化分析，把量化的分析转化为要付出的成本，鼓励投资人向低碳方面投资。我们中国现在有两家银行加入了赤道银行。未来中国和世界的发展大趋势必须考虑到碳的存在、碳成本的存在和碳收益的存在。

能源的转型的灵魂是低碳，低碳引领能源革命。围绕《巴黎协定》制定能源转型的低碳发展路径，相对应的投资、融资路径也就出来了。由此也孕育出了巨大的发展商机和需求。各行各业，不仅涉及技术，也涉及管理、法律、金融、教育、政治方方面面。以能源革命推动低碳发展，可以说是一个历史性的过程，具有长期性和艰巨性，但是发展路径是非常清晰的。低碳发展是大势所趋，生态文明是大势所趋，国际合作是大势所趋。

从全球来讲，各国政府的政治意愿非常重要。一年一度的气候谈判还在进行，共识在逐步达成，尽管少数国家，比如说美国，特朗普政府提出要退出《巴黎协定》，但是从量化角度和美国国内来讲，无论奥巴马重视也好，特朗普不重视也好，对美国国内的影响只有5%左右。事实上，美国的州政府、美国的企业、美国的智库，都在推动低碳发展，抢占低碳发展未来的战略制高点。从国际上来讲，美国退出可能有一些影响。但这是大势所趋，全世界的共识。只有叙利亚、尼加拉瓜两个国家没有加入《巴黎协定》。叙利亚是因为无政府状态。尼加拉瓜认为《巴黎协定》强度还不够，还应该进一步加强。美国退出，但是还没有完全退出，因为还有个法律程序过程，而且最终恐怕还得加入。全世界都认可低碳发展路径，这是大势所趋。这不仅需要政府政治意愿推动，全球的企业也必须认识到这个大的发展趋势，这是整个企业的社会责任，这是企业发展的机会。

未来发展机会在哪里？未来的蓝海就是围绕低碳发展，这是企业的机会。实业型企业、各类金融企业、资本市场，包括多层次的资本市场、现代化的金融体系等，都要围绕低碳发展进行。我们要提倡简约、节约的生活方式，把低碳生活方式作为我们的一种时尚，这是我们为了整个美好的家园和生活应该做的事情。由政府、企业和公众协同努力，践行我们的"生态文明"，创新、协调、绿色、开放、共享五大发展理念，创造一条适合全球绿色低碳发展的新型道路。以能源革命为契机，各国都在制定各自的经济社会发展战略。低碳是能源革命的灵魂，低碳引领能源革命，可以说一幅壮美的未来发展蓝图正在绘就，未来发展的序幕正在徐徐拉开。我就简单给大家汇报这么多，谢谢大家！

第三节　助力融资，开放合作

开放合作才能双赢，互相借力才能共促发展。2016 年 6 月 7 日，第二届中美气候智慧型 / 低碳城市峰会在北京成功召开。此次峰会旨在落实习近平主席与奥巴马总统联合签署的《中美气候变化联合声明》有关倡议，推动中美在低碳城市发展领域的交流与合作。中国气候变化事务特使解振华、美国气候变化特使乔纳森·潘兴、美国贸易发展署署长里欧卡蒂亚·扎克，北京市、深圳市、兰州市、镇江市代表以及美国波士顿市长出席峰会高级别论坛并致辞。峰会围绕城市达峰和减排最佳实践、绿色金融与低碳城市投融资、构建气候韧性城市、碳排放权交易等主题举办了多场分论坛，邀请了政府、企业、研究机构等社会各界人士深入探讨气候智慧型和低碳城市建设相关问题。我也有幸受邀参加了此次盛会，感受到开放合作是进行能源革命的基本立场和重要路径。

图 11.3.1　与中国气候变化事务特使解振华在第二届
中美气候智慧型 / 低碳城市峰会上

从能源供应、能源技术开发、能源价格确定和国际能源资源分配等几个角度来看，中国参与国际合作的程度越深，能源资本的创造与供应的安全性就越高，杠杆效应也就越明显。通过更加广泛的国际合作，能够确保全球范围内的能源形态供应的充足和能源资本流通的顺畅，人类命运共同体的构建便有了充足的能量和动力基础。从这个意义上讲，我很荣幸地为构建"能源革命"的国际桥梁添砖加瓦。

世行合作推动能源转型

2018 年 1 月我调回外资处,感到我们在与国际社会、国际组织的合作方面还有所欠缺。世界银行作为最具代表性的国际金融组织,是世界上最大的发展援助机构,加大与世界银行的合作力度对于促进转型发展和开展能源革命综合改革试点具有重要示范意义。

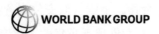

January 4, 2019

WU Dongsheng
Director of Foreign Capital and Overseas Investment Division
Shanxi Provincial Development and Reform Commission
No. 12 Donghouxiaohe Street, Taiyuan, Shanxi Province
P.R.China 030002

Dear Mr. Dongsheng,

We are delighted to inform you that the World Bank Group Energy & Extractives Learning will take place over two weeks, from March 4 to 15, 2019 in Washington D.C. For this event, we warmly invite you to participate in the weeks and our plenary event. The topic of the session is *Extractives in a Low Carbon Economy*, which will bring together core extractive industry topics that highlight the intersection of extractive industry with institutional and client commitments to transition to a low carbon economy.

This session is part of our flagship event of the World Bank Energy and Extractives Week. This year, our theme is *Defying the Future: Frontier Solutions for a Changing World*. The objective is to share cutting-edge insights with World Bank staff and provide an avenue to engage with renowned thought leaders like yourself from around the world. Your renowned perspectives on transformation of the transport sector and low-carbon development of cities led us to select you as a distinguished speaker for this plenary.

We look forward to your insights that can help the world learn more about China's energy revolution and help defy the future. Your participation will also help us sharpen our engagement with clients across the world.

Please let us know by **January 14, 2019** if you accept this invitation. The World Bank will arrange for your travel and accommodation after receiving your confirmation. Thank you so much for your time. I look forward to hearing from you.

Sincerely,

Riccardo Puliti
Senior Director and Global Head
Energy and Extractives Global Practice

图 11.3.2　世界银行能源局局长普利提邀请函

2018 年 5 月,我收到世界银行的反馈,提出在煤矿的关停并转方面开展合作。随后,世界银行全球首席煤矿专家 Michael Stanley 和高级能源专家彭喜明博士来到了太原,我组织山西省发改委宏观经济研究院和山西省投资咨询和发展规划院与世界银行专家进行了会谈，会谈中我讲道："过去十年山西省关闭煤矿 3 000 余座，但绝不是简单的一关了之。剩余的煤层气怎么处理，剩余的煤炭资源怎么使用，生态怎么修复，土地怎么复垦，煤矿的空间怎么利用，这是一项系统工程，是世界级的难题，但我们还有更重要的事情要做，国际社会叫能源转型，我们叫能源革命。煤矿的关停并转项目当然要做，可以作为能源转型、能源革命项目的组成部分持续推进。"

图 11.3.3　主持与世界银行能源局长 Ranjit、副局长唐杰、中国副首代 Harold、环境自然资源局副局长 Jannette 等一行就中国能源革命排头兵合作方案会谈

　　会谈中我还谈到了中国是全世界能源生产、能源消费和碳排放量第一大国，山西省又是中国能源生产、消费和碳排放大省之一。然而，如今的山西已坚定走上资源型经济转型发展之路，世界能源转型看中国，中国能源转型看山西。世界银行和山西在能源转型上的合作，不仅具有全省意义，而且具有全国意义，甚至全球意义。

　　Michael Stanley 对我们的项目表现出极大兴趣，回到华盛顿后立即向世界银行能源局局长报告。随后，世界银行能源局兰吉特局长和唐杰副局长带领世界银行的高级专家和官员来到山西，与山西省直有关部门、大型企业集团代表交流，我全过程组织了会谈。在总结时我表示："山西省作为中国唯一全省域、全方位、系统性的国家级资源型经济转型综改试验区，必将为中国能源转型升级提供山西经验。这样的合作，于中国，我们以项目为平台和载体引进国际先进的理念、思维和管理经验，从而进行体制机制创新；于世界，可以为世界银行 189 个成员国探索出一条可复制、可推广的能源转型经验，贡献中国智慧，进而促进全球低碳发展，共同应对全球气候变化，合作双赢，意义重大。"兰吉特局长表示，这是激动人心的大事，回去后立即向行长报告，同时邀请我去世界银行华盛顿总部作专题报告。

在国家发展改革委、财政部的大力支持下，在山西省委省政府的领导下，省发改委会同省财政厅等部门与十几批到访的世界银行专家团队反复磋商，世界银行拟利用发展政策贷款工具，围绕山西能源革命综合改革试点，支持山西能源转型，扩大能源国际合作，从而引领中国"能源革命"。项目名称为"世行贷款山西能源转型和绿色发展项目"。该项目是中国能源革命的第一个国际合作项目，也是山西省首次与世界银行开展基于能源转型项目合作的发展政策贷款，还是世界银行参与中国能源革命对外合作的创新之举，影响深远。

2019 年 3 月，我应世界银行能源局局长普利根特别邀请，以特邀专家身份参加了在美国华盛顿举办的世界银行"能源与采掘周"会议，并在大会旗舰会议之一——"低碳经济中的能源与采掘业"主题论坛上发表了题为"低碳引领能源革命"的演讲，世界能源局副局长朱莉·弗雷泽主持会议。我在演讲中谈到："山西要改变眼睛向内看的习惯，通过国际合作促进转型发展。"数据显示，全球能源总需求进入低速增长状态，世界能源正从高碳向低碳转型，山西探索低碳、转型发展势在必行。针对能源转型，山西要善用全球视野和国际比较眼光来分析自身问题，通过国际合作、统筹国际国内两个大局、两种资源，以开发促转型，以开放促发展。此次演讲被《中国新闻网》《中国经济时报》等媒体相继报道，《中国新闻网》向全球发了通稿，报道标题为"山西官员在世行舞台阐述低碳发展路径：目光向外开放合作"；《中国经济时报》的报道标题为"山西人的骄傲！能源经济与低碳经济专家武东升：第一个在世界银行总部演讲的山西人"。

图 11.3.4　在华盛顿世界银行总部参加"能源与采掘周"会议并发表演讲[①]

图 11.3.5　与世界银行能源局局长普利提合影

附《中国新闻网》报道原文。

山西官员在世行舞台阐述低碳发展路径：目光向外开放合作

中新网太原 3 月 16 日电（记者 李新锁）3 月 16 日，美国华盛顿，在刚刚结束的世界银行"能源与采掘周"会议上，山西省发改委利用外资和境外投资处处长武东升受邀做了题为"低碳引领能源革命"的演讲。

针对煤炭大省——山西的低碳、转型路径，武东升表示，山西要改变眼睛

---

① 从左到右依次为：世界银行能源局副局长朱莉·弗雷泽、武东升、欧洲委员会煤炭石油市场政策协调员亚力山娜、美国国家首都地区煤炭和能源研究中心主任迈克尔、美国煤田开发公司保护协调员雅各布。

向内习惯，通过国际合作促进改革发展。

数据显示，全球能源总需求进入低速增长状态，世界能源正在从高碳向低碳转型。在此背景下，山西探索低碳、转型发展势在必行。

据武东升介绍，2017 年，中国煤炭消费占比为 60.4%，天然气和可再生能源消费占比为 20.1%。能源结构不断优化，煤炭消费占比不断下降，但在很长一段时间内煤炭仍是中国主导能源。

此前，受理念思维、产业结构等影响，山西能源生产结构"一煤独大"，风、光电规模偏小，煤层气产出不足。煤炭消费比重过高。近年来，山西在采暖期因散煤燃烧带来的大气污染依然严重。

在此背景下，山西作出打造中国能源革命排头兵这一战略抉择。

在武东升看来，在未来较长时间内，山西作为煤炭主产区的地位不会改变。虽然"减煤去煤"是能源发展大势，但山西具有靠近国内能源主消费区的地缘优势，极有可能成为国内煤炭生产最后退出省区之一。这为实现能源结构调整"软着陆"赢得了时间。

实际上，过去几年，山西煤炭消费量明显呈下降趋势。山西官方明确能源供给、能源消费、能源科技、能源体制"四个革命"和能源开放合作"一个合作"的总体思路。

在上述会议期间，武东升用数据阐释山西减排转型实践：截至 2017 年底，山西完成 113 万户"煤改气""煤改电"和集中供热清洁取暖改造任务。山西全省新能源城市公交车占公交车总量约 60%。在煤炭去产能方面，山西近两年退出产能 4 590 万吨；在新能源方面，截至 2018 年底，山西新能源装机容量达到发电总装机量的 30%。

武东升认为，作为中国唯一全省域、全方位、系统性的国家级资源型经济转型综改试验区，山西必将为中国能源转型升级提供山西经验。

针对能源转型，武东升表示，山西要善用全球视野和国际比较眼光来分析自身问题。通过国际合作，统筹国际国内两个大局，以开放促进改革发展。

武东升说，世界银行高度关注山西在打造能源革命排头兵和产业结构调整等方面的经验、成果。

据介绍，截至 2018 年底，山西累计执行世界银行贷（赠）款合作项目 41 个，签约额 12.4 亿美元，项目涉及农业、工业、能源、交通等诸多领域。

武东升表示，山西将与世界银行等多个国际组织继续深入合作。近日，由世界银行能源局局长兰吉特率领的世行高级代表团再次访问山西。经反复磋商，世行拟利用发展政策贷款工具，重点围绕山西能源革命综合改革试点，支持山西能源转型，扩大能源对外合作，从而引领中国"能源革命"。

附《中国经济时报》报道原文

山西人的骄傲！

能源经济和低碳经济专家武东升：第一个在世界银行总部演讲的山西人

（中国经济时报记者　曹英　刘雅卓）

3 月 4 日，两年一度的世界银行"能源与采掘周"在美国华盛顿总部启幕。在 3 月 6 日举行的大会旗舰会议之一——"低碳经济中的能源与采掘业"主题论坛上，一名黑头发、黄皮肤的中国人发表了精彩的全英文演讲"低碳引领能源革命"，他就是山西省发改委利用外资和境外投资处处长武东升。

本次大会为期 11 天，主题是"藐视未来：改变世界的前沿解决方案"，目标是分享前沿理念，搭建交流平台。武东升不仅是因发表交通领域变革转型和城市低碳发展著名观点的受邀主讲嘉宾，更是在世界银行总部演讲的山西第一人。此次，他以精练有力的语言、鲜明独到的观点和敏捷流畅的思维，赢得了世界银行能源和采矿局局长里卡尔多·普利提、兰吉特·拉梅克、副局长朱莉·弗雷泽、国际货币基金组织基础设施和自然资源局局长摩根·兰迪、欧洲委员会煤炭石油市场政策协调员亚力山娜等在场官员和专家的一致称赞，在世界级交流平台上充分展示了中国和山西能源发展新形象。日前，记者连线了在华盛顿参会的武东升，就低碳能源等相关问题进行了采访。

能源转型迫在眉睫

"全球正在推动能源转型，煤炭化学能源转向新能源，高碳能源转向低碳能源。节能提效是中国能源革命战略之首，首要潜力在于转变发展方式、调整产业结构。从追求速度、贪多求大，转向求质量和效益，目前正当其时，'去产能、去库存'首先指向高耗能产业，技术、交通、建筑三大节能潜力巨大。"

武东升一语中的能源转型核心。

　　当前，全球仍然有10亿多人无法使用电力资源和现代民用燃料，消费方式给自然资源带来了巨大压力。尽管转型道阻且长，许多国家仍在探索清洁能源转型发展道路。今年的政府工作报告总结了过去一年我国的环保战果，"单位国内生产总值能耗下降3.1%"。这是全面开展蓝天、碧水、净土保卫战取得的实效。不仅如此，报告明确要求，"生态环境进一步改善，单位国内生产总值能耗下降3%左右""加快解决风、光、水电消纳问题"。

　　武东升介绍，2014—2016年，全球能源消费量保持低速增长，增长率分别为0.9%、1%和1%，能源消费转向低碳能源。2017年，由天然气和可再生能源引领的全球一次能源消费强劲增长，煤炭在能源结构中的占比持续下降。在中国，能源结构不断优化，煤炭消费占比不断下降，但将在很长一段时间内仍是中国的主导能源。

　　"全球能源总需求进入低速增长状态，增长点主要在新兴经济体。能源科技创新进入高度活跃期，各国积极抢占战略制高点，分布式低碳能源网络、物理和化学储能式技术、信息技术和数字技术深度融合的智能化技术成为发展亮点。这些充分说明世界能源正在转型。"武东升分析道。

经济发展与低碳发展双赢

　　"习总书记提出能源革命，具有现实而深远的战略意义。低碳是灵魂。随着利益调整逐渐显现，改革更具艰难性。"武东升的一番话别有深意，中国连续17年成为全球能源消费增量最大的国家，推动能源革命向纵深发展，消费革命是关键，供给革命是核心，技术革命是支撑，体制革命是保障。

　　经过大力推进，中国已成为全球最大的可再生能源生产和消费国、可再生能源能源投资国、新能源汽车生产和消费国，核电在建规模居世界第一，水电、风电、太阳能光伏发电装机规模居世界第一。同时，低碳试点示范逐年扩展，已形成涵盖低碳省（市）、低碳园区、低碳社区和低碳城（镇）试点的全方位的多层次低碳试点体系。2017年12月19日，全国碳排放交易体系启动工作电视电话会议，标志着中国碳排放交易体系启动。截至2018年12月，7个碳市场试点市场共交易配额3.23亿吨二氧化碳当量，累计成交额74.7亿元，平均交易价格为22.9元/吨。

山西是中国能源生产能源消费碳排放大省之一，能源消费高度依赖煤炭，原煤消耗比例达 84% 左右，远高于国家水平及世界水平，非化石能源消费比重偏低。2010 年，山西成为中国设立的第九个综合配套改革试验区，也是中国第一个全省域、全方位、系统性的国家级资源型经济转型综合配套改革试验区。

武东升认为，要做中国能源排头兵，意味着山西将引领中国的能源革命向纵深推进。低碳发展、能源革命是山西转型的方向和动力。近年来，山西省煤炭消费量明显呈下降趋势。从"能源大省"到"能源强省"，山西正在坚定不移地践行低碳理念。

"三驾马车"引领低碳能源

"经济发展对高碳路径依赖已有很强的惯性。而美国在 2008—2015 年间采取了一系列应对气候变化举措，结果碳排放减少了 9.5%，经济总量却增加了 10%，说明经济发展与低碳发展可以双赢，低碳发展也可通向现代化。国内珠三角、京津冀等地区的实践表明，高碳、高污染并非现代化的必由之路，转变发展方式刻不容缓。"武东升强调。

说到低碳引领能源革命对策，他建议应积极落实节能提效措施，优化供给侧能源结构，大力推广低碳能源，实施农村能源革命，发展智慧能源互联网。在他看来，可再生能源、核能、天然气是中国低碳能源的"三驾马车"，将逐步实现高比例替代高碳能源。值得关注的是，农村能源是中国能源体系的重要组成部分，也是薄弱环节；没有农村的能源革命，就没有真正的能源革命。此外，发展智慧能源互联网是大势所趋，这是发展能源技术革命的体现，也是能源转型的特征之一。

"在未来的低碳发展过程中，山西怎么办，中国怎么办，世界怎么办，这是具有世界意义的艰巨课题。我们要向世界发出中国声音，讲好中国故事。"武东升告诉记者。

法署会谈交流低碳发展

2019 年 5 月 29 日，法国开发署署长 Remy Rioux、该署亚洲司司长 Rémi Genevey 和驻中国代表处首席代表 Yann Martres 等一行八人访问山西，实地考察了法国开发署贷款祁县古城保护与城市更新发展示范项目和山西昌源河国家湿地公园法署贷款项目。我与 Remy Rioux 署长一行进行会谈，就未来山西省与法国开发署在能源转型、绿色增长和应对气候变化等方面进一步开展合作深入交流。省财政厅、晋中市、祁县和阳煤集团有关人员参加。Remy Rioux 署长兴奋地表示对山西能源转型、低碳发展非常感兴趣，愿独立提供资金或联合融资与山西开展合作。

图 11.3.6　与法国开发署 Remy Rioux 署长一行举行合作会谈

图 11.3.7　与法国开发署、气候政策倡议组织会谈

2019 年 10 月 22 日，我与法国开发署总部官员罗兰·贝尔加达、驻华代表处高级项目官员金筱霆以及气候政策倡议组织主席汤姆·赫勒、全球研究总监大卫·尼尔森一行举行会谈。法国开发署项目官员介绍了他们的全球气候战略，主要针对发展中国家面临气候变化而采取低碳政策所带来的挑战和危机，如何

包容性地开展相关经济转型。气候政策倡议组织是一家全球知名的智库研究机构，主要研究方向是针对低碳发展带来的社会、经济、金融等方面的风险和影响。气候政策倡议组织在法国开发署和世界银行的支持下，在全球视角下，对南非低碳转型的风险和影响进行评估研究，通过对低碳转型的成本收益分析，对风险影响的合理管控提出政策性建议。我介绍了山西省正在积极推动的能源革命，以及山西省在应对气候变化、推动低碳发展方面开展的工作。双方还就借鉴全球经验，共同在山西开展低碳发展政策研究进行深入探讨，并就利用法国开发署贷款和赠款开展绿色转型合作达成高度共识。

"一带一路"走出去——山西品牌丝路行

走丝绸之路，促合作共赢。如今中国的"一带一路"倡议已覆盖全球 138 个国家、33 个国际组织，形成了比较完整的对外开放格局。在"一带一路"的倡议下，山西省组织了对外开放重大经贸活动——山西品牌丝路行。自 2015 年开始，"丝路行先"后在匈牙利、吉尔吉斯斯坦、俄罗斯、意大利等五大洲几十个国家举办，为带动山西企业走出去，推动外资外贸稳定增长和转型升级，推动国际产能合作，宣传山西品牌、塑造山西品牌形象发挥了重要作用，已成为推动山西对外开放、服务转型发展的重要平台。2018 年丝路行首站选定马来西亚、泰国、柬埔寨三国，是为了加强与"一带一路"重要节点国家的交流合作，统筹国际国内"两个市场""两种资源"，吸引项目、人才、资金等要素，助力经济转型发展。

资料显示，中国已连续 9 年成为东盟第一大贸易伙伴。2017 年，山西与东盟贸易额实现 92.73 亿元人民币，同比增长 11.3%。东盟已成为山西省第三大出口贸易市场。随着区域全面经济伙伴关系协定的签署和"一带一路"建设走向深入，山西与东盟都面临更广阔的合作空间。

中国驻马来西亚大使馆经参处参赞石资明说："山西举办品牌丝路行活动，是积极践行并推动形成全面开放新格局的有益探索和具体实践。希望晋、马双方依托各自产业优势，不断挖掘合作潜力，实现互利共赢。"本站丝路行活动成果颇丰。3 个国家、4 场推介会，在经贸、文化、友城等领域达成 16 项投资或合作协议。为山西乘船"出海"实现良好开局。

图 11.3.8　参加 2018 年山西品牌丝路行（东盟站）启动仪式

　　2018 年 9 月，山西品牌丝路行（欧洲站）正式启动。绿色煤炭、绿色电力、新能源、装备制造、农产品、特色食品、轻纺产业、中医药深加工、现代服务业……从德国柏林到捷克布拉格，2018 山西品牌丝路行（欧洲站）精心策划，用心烹饪，一路走一路推介新产品，山西针对欧洲特点需求推出的九道特色精品大餐香飘欧洲德国、捷克、奥地利等国。随着中欧全面投资协定的签署，中国与欧盟经贸合作获得了坚实的制度性框架保障。

　　作为山西优势产业项目推介的发言人，我全程用英语介绍了山西九大优势产业，让现场欧盟嘉宾既惊叹又满含佩服，顿时成为会议的亮点。我谈到，山西煤炭以安全绿色开采、清洁高效利用为重点，以大型煤炭企业为主体，走出了一条以市场主导、清洁低碳、集约高效、延伸循环、安全保障为特色的煤炭产业之路；山西是中国重要的电力基地，电力总装机达 7 640 万千瓦，在电厂建设、发电机组直接空冷等方面有着丰富的经验，产业技术处于行业领先水平；山西还是中国风电、光伏等新能源产业的领跑者，特别是 1.5 兆瓦～ 6 兆瓦风电设备、高效太阳能电池及组件、薄膜发电技术等处于国内领先水平；山西更是中国重要的装备制造业基地，在轨道交通、煤机、煤层气、电力等方面，与欧盟具有很大的合作机会。山西正在加快推进资源型经济转型发展示范区建设，打造能源革命排头兵，构建内陆地区对外开放新高地。特别是近年来，6 个国家级开发区（含保税区）引领前沿，35 个省级开发区和一批设立在各县的产业园区也是蓬勃发展。山西热忱欢迎德国、捷克、奥地利及欧盟各国和海内外朋友到山西投资兴业、旅游观光，开展经贸、投资、科技、文化等交流合作，我们将以高效优质的政府服务和"重商、亲商、安商、富商"的社会氛围，真诚地与来自各方的朋友们携起手来，共享发展成果。

图 11.3.9 　在捷克首都布拉格推介九大优势产业

中印战略经济对话会上推介山西

2019 年 9 月 9 日，由中国国家发改委、印度国家转型委员会共同举办的第六次中印战略经济对话及中印经济合作论坛在印度新德里举行。全国政协副主席、国家发改委主任何立峰、印度国家转型委员会副主席库马尔共同主持对话会并出席论坛作主旨发言。中国国家发改委、外交部、商务部、能源局、铁路局、山西省，印度国家转型委员会、外交部、铁道部、电子信息部、住房和城市事务部、商工部、水资源部、电力部、新能源和可再生能源部、油气部、能源效率局、药品部等共约 100 人参加论坛。

这个百人论坛对话会可谓政府要员云集、产学研精英荟萃、强手如林。规格之高、人数之多，内容之丰富，足见中印双方对这次论坛对话会的重视程度，以及背后所承载的非凡意义。

在这个备受世界关注的重要会议上，我作为唯一一个来自省市的地方代表，也是唯一一个全程用英语进行对话的人向世界介绍了山西。我以"发挥山西产业优势，促进跨境投资合作"为题目，向世界传递了中国山西的声音，向世界讲述了中国山西的故事，赢得了第六次中印战略经济对话会现场嘉宾热烈的掌声。《中国经济时报》《山西经济日报》等媒体专题报道。

图 11.3.10　参加第六次中印战略经济对话并发表专题演讲

图 11.3.11　印度国家转型委员会副主席库马尔宴请中国政府
代表团何立峰副主席一行

图 11.3.12　与国家发展改革委副秘书长苏伟在第六次中印战
略经济对话会上

以下是部分演讲文字实录：

在中印两国开展"战略经济对话"，深入推进两国经贸合作的时刻，非常高兴来到南亚友好邻邦印度，来到美丽的新德里。

山西地处中国中部，山西历史悠久，是中国华夏文明的摇篮。山西文化灿烂，有中国古建筑博物馆的美誉。山西有着丰富的自然资源和日趋完备的基础设施，能源产业基础雄厚，工业门类比较齐全，许多优势产业呈现出良好的发展势头。

在煤炭产业方面，山西以安全绿色开采、清洁高效利用为重点，以大型煤炭企业为主体，多年来致力于推进煤转电、煤化工等产业发展，提高煤炭转化率，走出了一条市场主导、清洁低碳、集约高效、延伸循环、安全保障为特色的煤炭产业之路。

在电力产业方面，山西是中国重要的电力基地，电力总装机达8 758万千瓦，在电厂建设、发电机组直接空冷、大机组远距离供热、大型循环流化床锅炉研发生产、热电厂乏汽利用技术应用、超低排放改造以及电厂管理等方面有着丰富的经验，产业技术处于行业领先水平。

在新能源产业方面，山西是中国风电、光伏等新能源产业的领跑者，新能源总装机容量达2 650万千瓦，占全省电力总装机的30.2%，其中风电装机1 043万千瓦，进入千瓦级装机方阵，光伏装机864万千瓦，水电222万千瓦，生物质41万千瓦。拥有一批具有先进管理技术的新能源企业，风机、光伏组件及整体设备水平较高，特别是1.5～6兆瓦风电设备、高效太阳能电池及组件、薄膜发电技术等处于国内领先水平。

在装备制造产业方面，轨道交通、煤机、煤层气、电力、煤化工、农业机械、节能环保等装备制造产业基础雄厚、门类齐全，是中国重要的装备制造业基地。

在农产品方面，山西地理环境独特，农产品资源丰富，特色农产品众多，小杂粮是山西独具特色的优势资源，深加工走出了一条产业化新路子，

山西特色食品在肉禽加工、干鲜果蔬加工、功能食品、食用油等方面积累了成熟的加工技术。

山西轻纺产业可圈可点。山西是中国的日用玻璃、日用陶瓷生产基地，是山西传统大宗出口商品，在棉纺、染整、服装加工等方面也有较好的技术基础。

山西医药卫生发展令人瞩目。山西具有独特的中药材资源优势，还有良好的药材深加工和中成药生产基础，西药生产也有明显的优势。

山西现代服务业同样亮点频出。正在努力构建中国中西部现代物流中心和生产性服务业大省。

山西还是中国中部地区文化旅游强省。山西正在打造黄河、长城、太行三大板块发展全域旅游，山西旅游产业进入了新阶段。

山西正在加快推进国家级资源型经济转型发展示范区建设，打造中国能源革命排头兵，构建内陆地区对外开放新高地。特别是近年来，6个国家级开发区（含保税区）引领开发区发展，61个省级开发区和一批设立在各县的产业园区正在蓬勃发展，已成为山西招商引资的重要平台。

在中印双方致力于深化经贸、投资、科研、高技术、环保、清洁能源、基础设施、医药、文化、体育等领域的交流合作之际，我们愿意把山西的资源、经验、产业、文化等优势与印度的资金、技术、人才、市场等优势结合起来，取长补短，务实合作，互利共赢，共同发展。我们将以高效优质的政府服务和"重商、亲商、安商、富商"的社会氛围，真诚与来自各方的朋友们携手，发挥各自比较优势，促进跨境投资合作。

引进国际评级助力资本融资

中国企业在国内资本市场融资难，或许我们可以在国际资本市场进行一些尝试。经过2018年和2019年两年的不懈努力，我们向国家发改委争取了发行60多亿美元境外企业债券的额度，这一额度在全国名列前茅。发行境外企业债券的额度有了，如何发行是一个难题。一是因为国际形势的变化；二是因为前些年山西系统性塌方式腐败等原因导致政府信用评级很低。由于没有国际评级，企业发行境外债券成本奇高。我认为，要改变山西形象、要扭转这一局面，必

图 11.3.13　新冠疫情期间在太原龙投集团调研评级发债工作

须引进国际评级。然而引进国际评级必须依托企业，经过多方考察之后，我觉得太原市龙城发展投资集团有限公司（以下简称太原龙投集团）可以一搏。我和太原龙投集团董事长刘鹏飞、总会计师刘丽萍达成一致意见，从标准普尔、穆迪和惠誉三大国际评级机构中至少引进两家进行国际评级。国际评级有风险，需要担当，但评级成功意义重大。

当时山西省尚无获得国际投资评级的企业，对太原龙投集团启动境外 3 亿美元境外企业债券发行评级尚属全省首次。由于国际评级机构采用自上而下的评级方法，评级专家组首先要对省市两级政府进行访谈。2020 年 4 月 27 日，我代表省政府分别与两大国际评级机构惠誉和穆迪的专家团队进行了各 1 小时评级专场访谈，两场访谈分别由中金公司（香港）和中信里昂（香港）主持。由于疫情期间无法到达现场，访谈以视频连线方式进行。我对山西省经济社会转型发展进行了勾勒描绘，并就国际产能合作、境内外投资、优势产业、新兴产业集群、营商环境、历史文化、疫情防控等方面作了详细阐述，得到评级分析师团队的高度赞同。此次访谈不仅向世界展示了山西、展示了中国，而且也向国际评级机构传递出一个信息：山西是具有巨大投资潜力的地方。这将对山西省国际认可程度带来巨大提升，对全省企业的境外融资将产生积极引领作用，在政治、经济和社会等方面均具有重要意义。

图 11.3.14　与惠誉、穆迪两大国际评级机构线上访谈

6 月 12 日，山西省获得政府层面的高级别"投资级"国际信用评级，其中穆迪给予山西省的评级为投资级 A3，彻底扭转了山西省无国际信用评级的被动局面，也为今后全省企业发行境外债券、进入国际资本市场奠定了信用基础，

具有里程碑意义。穆迪、惠誉两家评级机构给予太原龙投集团"国际投资级"双评级，山西省历史上首家具有国际投资评级的企业由此诞生。6 月 18 日，太原龙投集团成功发行 3 亿美元山西省首单国际投资级境外债券，年利率 3.7%，创全球资本市场同类型、同期限、同期价格新低。太原龙投集团专程为山西省发改委送来感谢信。

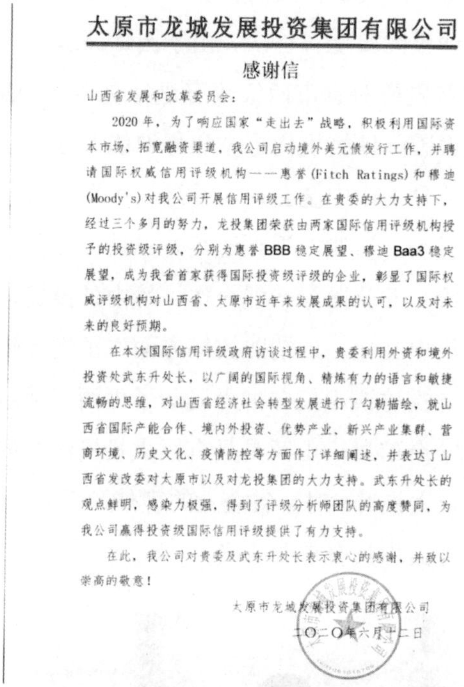

太原市龙城发展投资集团有限公司

感谢信

山西省发展和改革委员会：

2020 年，为了响应国家"走出去"战略，积极利用国际资本市场，拓宽融资渠道，我公司启动境外美元债发行工作，并聘请国际权威信用评级机构——惠誉（Fitch Ratings）和穆迪（Moody's）对我公司开展信用评级工作。在贵委的大力支持下，经过三个多月的努力，龙投集团荣获由两家国际信用评级机构授予的投资级评级，分别为惠誉 BBB 稳定展望、穆迪 Baa3 稳定展望，成为我省首家获得国际投资级评级的企业，彰显了国际权威评级机构对山西省、太原市近年来发展成果的认可，以及对未来的良好预期。

在本次国际信用评级政府访谈过程中，贵委利用外资和境外投资处武东升处长，以广阔的国际视角、精炼有力的语言和敏捷流畅的思维，对山西省经济社会转型发展进行了勾勒描绘，就山西国际产能合作、境内外投资、优势产业、新兴产业集群、营商环境、历史文化、疫情防控等方面作了详细阐述，并表达了山西省发改委对太原市以及对龙投集团的大力支持。武东升处长的观点鲜明，感染力极强，得到了评级分析师团队的高度赞同，为我公司赢得投资级国际信用评级提供了有力支持。

在此，我公司对贵委及武东升处长表示衷心的感谢，并致以崇高的敬意！

太原市龙城发展投资集团有限公司

二〇二〇年六月十二日

图 11.3.15　太原龙投集团为山西省发展和改革委员会送来感谢信

附相关报道：

山西省发改委大力推动我省信用评级工作

山西省发改委利用外资和境外投资处积极推动，历经数月，近日太原龙投集团获得惠誉、穆迪两大国际权威信用评级机构"投资级"双评级，成为我省首家获得国际投资评级的企业，彰显了国际权威评级机构对我省近年来发展成果的认可和未来的良好预期。以此为契机，太原龙投集团成功发行我省首单国际投资级境外债券 3 亿美元，年利率 3.7%，创全球资本市场同类型、同期限、同期价格新低。

在国际评级的政府访谈环节，山西省发改委利用外资和境外投资处处长武东升就国际信用评级分别接受穆迪和惠誉评级分析师团队的两场专场访谈。访谈分别由中金香港和中信里昂香港主持。武东升处长对山西省经济社会转型发展进行了勾勒描绘，并就国际能源合作、境内外投资、优势产业、新兴产业集群、营商环境、历史文化、疫情防控等方面作了详细阐述，观点鲜明，感染力极强，得到了评级分析师团队的高度赞同，为我省和龙投集团赢得投资及国际评级提供了有力支持。

在此次评级中，山西省获得了政府层面的高级别"投资级"国际信用评级，其中穆迪给予山西省的评级为投资级A3，彻底扭转了山西省无国际信用评级的被动局面，也为今后全省企业发行境外债券、进入国际资本市场奠定了信用基础，具有里程碑意义。

除国际融资外，山西境外投资业务也硕果累累。历经近三十多年的发展，山西对外投资与经济合作业务从无到有、发展壮大，逐渐步入又好又快的发展新阶段。目前，山西企业对外投资已遍及六大洲的50余个国家和地区。当前除亚洲、欧洲、美洲等传统投资地区外，山西省与非洲的合作日趋紧密。非洲能源资源在各大洲中最为丰富，需要提前布局，南非、毛里求斯、津巴布韦、喀麦隆、坦桑尼亚等国家都成为山西省境外投资的热门地区，在电力、煤炭、工业园区等领域都有众多合作，发展前景十分广阔。我相信三千多万平方公里、十几亿人口的非洲大陆，会越来越成为全世界投资的热土。

图 11.3.16　与南太平洋岛国巴布亚新几内亚通讯和能源部
部长瑞恩伯·派塔商谈在巴新合资建设能源项目

图 11.3.17　与非洲马拉维自然资源能源矿业部长宾托尼·库塞拉一行会谈园区投资合作

图 11.3.18　在津巴布韦调研境外投资能源项目

　　人类历史上共经历了四次能源革命。第一次能源革命，人类学会钻木取火，从此告别愚昧，进入原始社会；第二次能源革命，煤炭石油伴随着柴薪燃料、蒸汽机的技术革新，让轰轰烈烈的工业革命在机器轰鸣中拉开序幕；第三次能源革命，现代物理学使人类开发利用核能，科技进步在核能利用领域中表现得淋漓尽致；现在，我们迎来了能源的第四次革命浪潮，以物联网为代表的新兴IT手段正在改造和提升传统能源。能源革命是低碳发展的必由之路，需要政策、技术、资金、人才等方面的全面配合。作为一名普通"碳路者"，我将继续在我的"碳路"上积极前行，为山西、全国乃至全世界的低碳事业贡献自己的微薄力量。

12

妙趣横生
津津乐道

及时当勉励，岁月不待人

第十二章
妙趣横生，津津乐道

　　低碳生活代表着更健康、更自然、更安全，返璞归真地去进行人与自然的活动。纵观人生之道，我们似乎一直在努力奔跑，追寻着自己最初的梦想，但是我们仍需适当放慢脚步来思考人生的意义。与广袤的天地相比，人是何等渺小，生命是何等短暂。在这短暂的一生中，我们需要时常思考如何实现自身价值的最大化，只有这样我们才无悔来世间走一遭。

　　经过常年的求索，我发现人生有三大"道"：一是"经营之道"，培养一种共通的思维方式，静心转变观念，竭力开阔视野；二是养生之道，寻找一种最适合自己的速度，莫因疾进而不堪重荷，莫因迟缓而空耗生命；三是生活之道，发掘一种独特的审美情趣，领略中华古典的韵味，定格山川河谷的秀美。

第一节　转变思维，经营智慧

"古之欲明明德于天下者，先治其国；欲治其国者，先齐其家；欲齐其家者，先修其身；欲修其身者，先正其心；欲正其心者，先诚其意；欲诚其意者，先致其知，致知在格物。物格而后知至，知至而后意诚，意诚而后心正，心正而后身修，身修而后家齐，家齐而后国治，国治而后天下平。"修身，乃齐家、治国、平天下之根基，因此约束自己的德行是个人发展的第一要义。秉承古训之教诲，我一直在生活中严格要求自己，择善而从，博学于文，并约之以礼。

为丰富完善自身的人格，一言一行中不逾越事理，我一直在学习的道路上不断向前，诵读名人经典，解读圣贤思想，感悟生命真谛。正如培根所说，"读史使人明智，读诗使人聪慧，哲理使人深刻"，读书使我的思维方式不断更新，视野不断开阔。学习期间，稻盛和夫先生的思想给予了我一种全新视角来审视自己、看待生活以及领悟人生。稻盛和夫先生是日本经济领域的"经营四圣"之一，作为两大世界500强企业（京瓷和KDDI）创办者，他有着自己的经营哲学，并在50年的时间内亲身实践。他的思想包括生活态度、哲学、伦理观等方面，对人格的塑造十分有帮助。

稻盛和夫先生相信，所谓经营是经营人格的投影，只要具备做人的正确判断基准，就一定能在经营实践中发挥它的作用。在拜金主义肆虐的今天，到处充斥着一夜暴富的急功近利，有些人对正义传统的蜕化无动于衷，对良知和灵魂的沦丧日趋麻木。稻盛和夫的敬天爱人、慎言笃行，筑起了一座精神山脉，正可以给渴求的灵魂以甘露、阳光和力量。在人生中，只要心怀纯粹的愿望并不懈努力，就一定能迎来美好的未来。对于我们每一个人来说，要时刻拥有明确的目标和坚定的意志，保持谦虚谨慎的态度，努力达到学有所得、践履所学的境界，那么"修身之道"将不远矣。

纵然"修身"使我们个人素养提高至一定境界，但人生来是群居动物，注定拥有多种纽带的维系，从而不可避免地肩负多重使命与责任。与我们联系最紧密的是家庭，一个由夫妻关系和子女关系结成的最小社会生产和生活的共同体，同时也是每个人心灵的避风港，情感的归宿。因此，营造和谐、温馨的家庭氛围是每个成员的职责，经营之道也是每个人所探求的重点。

图 12.1.1　和乐之家

不可忽视的是，组建工作是万物之始，寻找合适的伴侣共同生活十分必要，对此我提倡新一代的"门当户对"。这与古代封建思想完全不同，我强调的门当户对是双方拥有共通的价值观、共通的思维方式和共通的行为方式。钱财、权势、美貌这些都是短暂的，经过时间消磨，这些美好的事物终将销蚀，当时的情趣将荡然无存，一切都会灰飞烟灭。为保证长久的婚姻关系，新一代"门当户对"思想极其重要，与志趣相投的伴侣共同生活乃幸福之至。闲暇时，二人可以一同领略大好河山，欣赏悦动音符，探求人生真理，岂不乐哉！在学术界、体育界、文艺界，总能发现许多模范夫妻，他们共同从事于某一领域，且都是其中的佼佼者。这些夫妻拥有共通的价值观，确立了共同的奋斗目标，从而一同携手徜徉在属于自己的海洋里，相濡以沫，共度终生。家庭组建实为不易，在此之后，我们应该用心呵护，竭力经营。至于家庭管理，我认为最重要的是确定一个共同的目标，所有成员团结一致，互相包容，善于沟通，定能达到"万事兴"的效果。

企业是经济体的细胞，其发展关乎国民经济的未来，因此组建一个有效率的组织是国家经济增长的前提，其经营之道也成为当今社会所关注的重点。企业的经营之道，我认为其与家庭经营之道有许多共通之处，即寻找合适的合伙人和孕育组织内部上下都认同的企业文化。

　　一个投资者不可能同时拥有所有生产要素，需要在市场上去购买、租赁，或者与他人共同合资共建，这在当今社会十分常见。那么如何寻找能和衷共济的合伙人呢？许多人可能会答道"满足双方的利益条件即可"。利益固然是每个企业所追求的核心，但我认为合作双方或者多方是否拥有共通的价值观、共通的思维方式和共通的行为方式才是我们追求的关键。唯如此，合作才能走得久、走得远、走得强。若合作双方缺乏共通价值观，一方面，企业的领导者在沟通的过程中存在着种种困难，必然会延长协商时间从而增加交易成本，这些都是无谓损失，在一定程度上降低了社会的经济效率；另一方面，各利益集团将为自身的效用最大化而努力，无暇顾及整体奋斗的共同目标能否实现，此类组织效率极其低下，甚至会造成两败俱伤的局面。

　　然而仅合资者间拥有共通的价值观是远远不够的，企业文化是企业存在的核心力量，是企业的核心竞争力，它可以使企业得到顺利发展，也可以使企业陷入灾难的深渊。企业文化的核心所体现出的企业共通价值观和企业精神，使企业领导层和企业员工在企业经营目标上容易达成共识。在企业经营理念的指引下，通过沟通信仰、传递意愿，从而凝聚成一股巨大的竞争力，最终达到企业经营目标，实现企业价值最大化。愿景、目标及价值观的确立是一个企业成功的关键，总共分为三个方面的内容，即短期、中期和长期。短期战斗目标促企业扎实当下根基；中期战术目标助企业明确阶段方针；长期战略目标为企业勾勒未来蓝图。我坚信将朴素、开朗的人才齐聚一堂，团结一致，拥有共同目标并为之努力，就一定能够成就大事业。

　　也许"治国，平天下"还是普通人所可望而不可即的，但我们仍要努力做到"修身，齐家"，因为这不仅关系到家庭的和睦，还会影响到国家的安定，保障神州大地的和谐发展是每一位中华儿女的使命。无论我们作为独立的个体、家庭成员、员工还是管理者，最重要的是明确并统一发展目标，为其不懈努力，终能获得令人满意的结果，这也是人生、家庭、企业共通的经营之道。

图 12.1.2　与"中国房地产之父""中国 REITs 教父"、中房集团理事长孟晓苏，新东方教育集团董事长俞敏洪探讨"经营之道"

图 12.1.3　与北京大学光华管理学院院长刘俏探讨经营智慧和"我们热爱的金融"

第二节　怡心静气，长乐永康

曾记得宋代词人苏轼的感叹"寄蜉蝣于天地，渺沧海之一粟"，人是何等渺小，生命又是何等短暂。每当此时，我的脑海中总会浮现出这段话"人最宝贵的东西是生命，每个人的生命只有一次。一个人的生命应该这样度过，当他回首往事的时候，他不会因虚度年华而悔恨，也不会因碌碌无为而羞耻"。我相信这段话成为许多人一生的座右铭，并且为此而不断奋斗。一部分人经常熬夜加班，用泡面充饥，最终导致身体素质每况愈下，更有甚者猝死而终。看到这些新闻后，我们是否重新审视过自己的生活情况？我们是否想以一个健康、充满活力的躯体去迎接每一天的到来？想必我们都明白这样一个道理"身体是革命的本钱"，没有健康的身体，一切均化为乌有。我将其铭记于心，劳逸结合，并在闲暇之余了解一些养生之道。一方面丰富自己的生活，另一方面期盼在这有限时间内发挥自身最大价值。

我平时的工作复杂而又繁重，还时常奔波于研讨会之间，站立三四个小时演讲也是常有的事。许多学生都惊讶地问道："武老师，我感觉您这样慷慨激昂地演讲一下午仍活力满满，您是如何做到的？"我笑着回答道："当看到你们这些朝气蓬勃的年轻人时，我似乎又年轻了许多呢，大家看看我是不是和诸位一样年轻。"纵然年华已逝，不知不觉到了"知天命"的年纪，但我依然保持一颗年轻的心态，乐观积极向上地拥抱每一天。

俗话说得好，"生命在于运动"。总的来说，运动的作用有二：一是增加气血的运行速度，促进体内的垃圾排出体外；二是打开皮肤的毛孔，吸收天地精气。多年来，我一直保持着这样的习惯——步行上下班，这一方面可以节能环保，另一方面还锻炼了自己的身体，保证一天充沛的精力。随着"悦跑圈"和"共享单车"的推广，我逐渐培养了跑步、骑行等兴趣爱好。每晚，我都会按时前往公园跑步，在一番大汗淋漓之后，微风掠过，怎一个惬意了得。"悦跑圈"是一款基于社交型的跑步应用软件，专业化记录跑步数据，通过排行榜与全国跑友比拼，在独有的社交平台与跑友分享交流。自从加入"悦跑圈"之后，跑步成了我生活中必不可少的一件事，身心都得到了极大的享受。闲暇之余，我还常约朋友一同骑行，在欣赏风景之余，卸下重担，沉淀内心，增强体质，继续前进。我想自己旺盛的精力一定与这些锻炼有关，希望当今时代的青年人在奋力追求梦想的同时也不忘迈开自己步伐，向健康进发。

图 12.2.1　参加北京大学运动会

其实，人生最忌是个乱字。心乱了，对外会紊事，对内会打扰血气，使人失常。在生活中，我时常听到一些年轻人抱怨"心好累"，也会有些年轻人喜欢半夜发朋友圈诉说失眠的痛苦，这在近年来似乎变得常态化。"心累""失眠"亦即心乱之征兆，若不及时制止，各种麻烦可能会接踵而至。没有平静的心态，又如何能成大事？

我曾与一些青年人交谈，并问道："我常看到你们发朋友圈说自己'心累'是怎么回事？"后来，了解到他们无不是被生活中的琐事所困扰，并给自己套上心灵的枷锁，限制了前进的道路。我开导他们道："跌宕起伏的人生才是完美的，你既可以站在山顶俯察品类之盛，又可坐在山脚仰观宇宙之大。人生道路虽然坎坷，但你能欣赏别样的风景，岂不乐哉。生活充满着不确定性，你永远不知道下一秒会发生什么，这也许就是其乐趣所在。因此，你会遇到诸多不遂内心所发生的事情，此时放宽心，理性分析，合理安排，每件事都会顺心。我有一点小建议希望对你们有所帮助，每当遇到麻烦事时深吸气并给自己一个心理暗示勇敢地去面对。睡觉之前放空自我，使自己安然入睡，保障睡眠质量。良好积极的心态还需自我调整，希望你们时刻能保持一颗平静祥和的内心。"

在当下有些浮躁的社会中，不乏有诸多年轻人有这样的想法，如"年轻就是资本，我们可以随意挥霍""养生与我们年轻人有什么关系呢""养生，即合理饮食与中药调养"等。其实，养生应是我们每个人所关注的重点，而养生之道也不仅局限于"膳食合理""中药调理"，还应强调"自我修缮"。但愿大家在逐梦的路上能够不断调整，真正达到身心健康的状态，永葆青春之活力。

第三节　奏笛逐影，乐享生活

在这纷扰复杂的世界里，我们也许会受世俗的一些禁锢，如工作重任与生活负担，有时可能被压得喘不过气。其实，闲暇时我们可以放慢自己的脚步，一方面回顾总结，积蓄能量；另一方面静享生活，怡情养性。俗话说，生活就像一个弹簧，你压迫得越紧，反弹越剧烈。因此，每个人的生活必须张弛有度，保证它维持在一个合适的状态。试想这样一种生活场景，"午后，品一杯香茗，阅一卷经典，揽一缕清风"，人生之乐亦即如此，我也一直为追求此种境界而不懈努力着。久而久之，音乐和摄影逐渐成为我的两个精神伴侣，陪伴我走过沧桑岁月。

贝多芬曾说过"音乐是精神生活与肉体生活间的媒介"，拿破仑也发表过相似的言论，即"在一切艺术中，音乐对于情感影响最大"，可见音乐在人类精神领域中的重要作用。音乐是生活中的一泓清泉，可以放松身体，舒缓压力；可以敞开心扉，排解苦闷；可以改善睡眠，增强记忆。多年来，音乐一直是我生活中不可或缺的一部分，它尽其所能地发挥功效。闲暇时，我会吹奏一曲《姑苏行》来领略古城苏州的秀丽风光，弹奏一曲《空山鸟语》来寻找"空山不见人，但闻鸟语声"的空灵境界。

闲暇之余，兴起之时，我总爱高歌一曲或用乐器演奏一首，用音乐来抒发自己的心情。在中国古典乐器中，我最爱竹笛，它具有强烈的华夏民族特色，发音动情、婉转、极具风韵及魅力。多少文人墨客将其心境寓于笛声之中，如"谁家玉笛暗飞声，散入春风满洛城"的思乡之愁、"中军置酒饮归客，胡琴琵琶与羌笛"的豪迈之情、"数声风笛离亭晚，君向潇湘我向秦"的离别之殇。在悠扬的笛声中，我欣赏到了黄莺在晴朗天空自由飞翔的意境，体会到了村妇向牧童问路时浓厚的农村生活气息，领略到了湘江两岸秀美的春光和人们欢欣鼓舞、建设家园的豪情壮志。通过对竹笛的深入学习，我对中国民间音乐文化产生了更深的认识，更加赞叹于中华文化的博大精深。

图 12.3.1　光华晚会，笛曲悠扬

由于工作原因，我经常去往多地进行学习交流，并在此期间领略各地迥异的风土人情，可谓美不胜收。我曾去丹麦感受幸福国度里的童话生活，去瑞典游走精致的城市，去法国领略浪漫之都的风情，去日本体会樱花的非凡气质……我把这一切美丽的风景都定格在手机里，也定格在记忆里。

在大自然中，用镜头去翻阅青山绿水在春夏秋冬的变化中的精美画卷，从白色的冬季看到五彩的春天，森林与山川的和谐，沙漠与草原的旷达，大海与礁石的碰撞，天际与大地的展现……这一切都让我感到身体在扩展，心灵在延伸，血液在沸腾。在平凡的生活中，用镜头去体会人性的真善美，去表达生命的执着与坚强，去感慨人生的冷暖。伴随着镜头的不断变幻，生命经受一年又一年不同的承载，心灵历经一场又一场不同的收获，人生拥有一次又一次不同的感悟。久之，摄影让我拥有了一双发现美的眼睛，用心灵去感受大自然的美好；摄影带给我一种心情的修炼，忘却工作与社会中的诸多浮躁；摄影教会我捕捉生活中的瞬间姿态，品味人间百态。

图 12.3.2　天朗气清，惠风和煦

图 12.3.3　碧波荡漾，悠然自得

图 12.3.4　秋高气爽，落叶知秋

图 12.3.5　挂壁直下，气势非凡

生活不止眼前的繁华与喧嚣，还有美不胜收的自然景观、宛转悠扬的中华经典、温馨和谐的人间真情。当我们在逐梦道路上因疾进而不堪重荷时，适当放慢脚步，去领略大好河山，去欣赏天籁之音，去感悟世间冷暖，总能领悟到生命中的别样风情。每个人都有属于自己的世界、生活方式和审美情趣，相信我们用心去感受、去发掘，就一定能寻找到属于自己的宝藏，生活也会变得更加绚丽多彩。

后 记

人的一生，因社会角色的不同，会有多种不同的身份。众多身份中，最让我自豪的便是"碳路者"。于我而言，低碳发展既是现实，亦为理想。"碳路者"身份的背后，隐藏着很多令我难以忘怀的人、事、物，唯恐时间将其色彩冲淡，便提笔慢叙，终成《碳路》一书。

全球气候变化是关乎人类生存的大事，出于对美好生活的追求，人们突破了地域、国籍、种族的限制走到一起，共商低碳之事，并由此增进了政治、经济、文化的交流。低碳发展造福当世、惠及后代，绝非一时之功，并不是靠某几个人努力就能达成，而需要所有人百折不回的共同努力。

曾经，蓝天并没有那么稀奇，何时想欣赏抬头便是，但在当下，这有时也成了一种买不来的奢侈。碧水蓝天是大自然珍贵的馈赠，同时也需要我们精心的维护。当前，低碳发展的行动中政府做得多，企业和民众的参与相对较少。寻求低碳发展不应该是资源、环境、生态被破坏后追悔莫及的补救，也不应该是某地区、某行业痛心疾首的挽回，而应该是深入人们心里且体现在日常行动中的观念。虽然已有许多仁人志士投身低碳事业，但是对更多的人来说，低碳可能仅仅是一个口号。普通民众对低碳知之甚少。不知故而不解，不解故而无所作为，进而又进入下一个循环，如此往复，低碳事业很难真正地实现。

本书以我的亲身经历为引，介绍了应对气候变化工作在我国开始、发展、蓬勃推进的过程，初衷在于告诉更多的人，为什么要低碳发展、低碳到底在做什么，同时号召更多的"碳路者"踏上征程。

本书之所以叫《碳路》，一方面源于我对"碳路者"这个身份的珍视，更重要的是全书所述并非只有我武东升一人，所有为应对气候变化工作做出努力的"碳路者"都可以在书中找到自己的身影。

此书前后将近一年才写成，其间得到了很多人的帮助，在此表示衷心感谢！

本书的出版发行得到了清华大学出版社的鼎力支持和帮助，在此表示衷心感谢。

衷心感谢中国气候变化事务特使解振华先生在百忙之中阅读拙作，并为之作序。

衷心感谢澳大利亚前总理陆克文先生为本书作序。

衷心感谢世界银行能源和采掘业全球发展实践局（东亚及太平洋地区）副局长唐杰先生为本书作序。

感谢清华大学公共管理学院苏竣教授、哈佛大学肯尼迪政府学院 Henry Lee 教授、法国液化空气（中国）投资有限公司董事会主席路跃兵先生、丹麦丹佛斯集团中国区副总裁车巍先生、欧美同学会留美国分会副会长徐洪才先生的倾情推荐。

感谢国家发展和改革委员会、生态环境部、山西省发展和改革委员会的领导和同事们，碳路始终离不开他们的大力支持和推动。

感谢山西大学绿色发展研究中心的老师和同学们，特别是杨军教授和丛建辉副教授对全书的主题策划、系统结构提出了宝贵的意见和建议。本书涉及的图文资料众多，材料整理是一个大工程，书稿的顺利完成离不开他们的协助。

感谢在低碳道路上一起奋斗的"碳路者"们，一路同行我深感荣幸，愿与大家携手共筑低碳事业！

感谢背后默默支持我的家人。父亲母亲给了我对生活的爱，夫人给了我爱的生活，儿子给了我对未来的憧憬和期冀。我素有些"工作狂"，家庭事务上多有疏忽，感谢他们对我的包容与理解。

习近平主席在第七十五届联合国大会上作出"二氧化碳排放力争于2030年前达到峰值，努力争取2060年前实现碳中和"的庄严承诺，描绘了未来10～40年中国低碳道路的发展蓝图。"路漫漫其修远兮，吾将上下而求索。"拙著付梓之际，愿以此与大家共勉。低碳发展任重道远，我将永远在路上……

2021 年 3 月于太原

Postscript

In our lives, we may have different identities with the varied roles we play. Among all my identities, the one of which I feel most proud is the "Low-Carbon pathfinder". As for me, Low-Carbon development is not only a reality but an ideal. Associated with my identity as a "Low-Carbon pathfinder" are many people, things and scenes which I will never forget. Fearing, however, that time would dilute the color of these memories, I chose to write them down in this book titled "Exploring the Path for Low-Carbon Development".

Global climate change is a major threat to the very existence of mankind. People, pursuing for a secure and better life, go beyond their geographic borders, national and racial boundaries to gather together and discuss Low-Carbon development, which, in turn, deepens their political, economic, and cultural connections. Low-Carbon development surely benefits all of us now and our future generations. It will, however, take a long time and the strenuous efforts of us all, rather than a few people, to achieve Low-Carbon development.

Blue sky was once always within our sights and not something of a rarity. But now, it seems to be a luxury too dear to buy. Clear water and blue sky are precious gifts from nature, which should be cherished by us. As present, although the Chinese government has taken much effort to promote Low-Carbon development, participation by enterprises and the public is low. Seeking Low-Carbon development should not be a remedial action born out of remorse or the painful redemption of a region or an industry after its resources, environment, and ecology are damaged, but a concept that is buried deep in people's hearts and reflected in their daily actions. Although quite a number of people with lofty ideals have already devoted themselves to the Low-Carbon cause, Low-Carbon is still a mere slogan for many. And ordinary people still do not know much about Low-Carbon for lack of knowledge. Without a heightened understanding, they take no actions. This has become a vicious circle. As this circle repeats itself, it will become harder to realize Low-Carbon development.

This book, taking my own experience as the lead, records the start and progression of climate change work in China. And it aims to let more people know why Low-Carbon development is needed and what it is meant, and call on more "Low-Carbon pathfinders" to embark on the journey.

The book is so named, i.e., "Exploring the Path for Low-Carbon Development" or "The Low-Carbon Pathfinder" because I cherish my identity of being a "Low-Carbon pathfinder", and more importantly, the ones covered in the book are not only myself, but all the "Low-Carbon pathfinders" who have contributed to mitigating climate change.

It has taken me one year to write this book. During this period, I have received help from many people. Here I would like to express my heartfelt thanks to them all.

Tsinghua University Press has lent support to the publication of my book, for which I am truly grateful.

I would like to thank Mr. Xie Zhenhua, China Special Envoy for Climate Change, for taking time out of his busy schedule to read and write a preface to my book.

I would like to thank Mr. Kevin Rudd, former Prime Minister of Australia, for writing a preface to my book.

I would like to thank Mr. Jie Tang, Practice Manager, Energy &. Extractives, East Asia and Pacific, World Bank for writing a preface to my book too.

I would like to thank Mr. Su Jun, professor at Tsinghua University's School of Public Policy & Management, Mr. Henry Lee, professor at Harvard's Kennedy School, Mr. Lu Yuebing, Chairman of the Board of Directors of Air Liquide(China) Investment Co., Ltd, Mr. Che Wei, Vice President of Danfoss Group China and Mr. Xu Hongcai, Vice President of the American Branch of Western Returned Scholars Association for their kind recommendation.

I would like to thank the leaders and colleagues of NDRC, SPDRC and Ministry of Ecology and Environment for their strong support and assistance throughout my Low-Carbon pathfinding journey.

My thanks shall also go to the teachers and students of the Green Development Research Center of Shanxi University, especially Professor Yang Jun and Associate Professor Cong Jianhui for their valuable opinions and suggestions on the planning and structuring of the book. As the book contains a large number of graphic materials, the sorting of these materials is a daunting job. Without their help, it would have not been possible to complete the book.

I also want to thank those "Low-Carbon pathfinders" who have been working with me hand in hand and shoulder to shoulder. It has been a true honor walking with you all on the Low-Carbon pathfinding journey, and it is my strong wish to build a Low-Carbon future together with you.

Finally, I have to thank my family who has been supporting me unconditionally for so long. My parents have given me the love that I nurture for life, my wife given me the life that I love, and my son given me the expectation and hope for the future. Being a "workaholic", I have always been negligent in family affairs. Therefore, I am especially indebted to them and grateful for their tolerance and understanding.

President Xi Jinping has announced at the 75th United Nations General Assembly (UNGA) that China will aim to hit peak emissions before 2030 and for carbon neutrality by 2060, and drawn up a blueprint for China's Low-Carbon development for the next 10 to 40 years. "The way ahead is long and has no ending, yet high and low I'll search with my will unbending". I would like to share this Chinese proverb with all of you upon the publication of my book. As there is still a long way to go before Low-Carbon development is realized, I shall always be on the way.

—WU DONGSHENG

Taiyuan, March 2021